校企合作物流专业系列丛书

互联网+创新型“十四五”精品教材

# 现代物流基础

微课版

主　编◎方　艳　殷　锐　叶影霞

副主编◎张晓玲　邵燕妮　鲁夏平　王　阳



哈爾濱工程大學出版社

Harbin Engineering University Press

## 内 容 简 介

本书采用项目任务式教学，融入了物流相关行业发展的新理念、新模式和新技术，融合了物流管理职业技能等级认证内容。本书共七个项目，主要包括现代物流概述、物流功能要素管理、企业物流和物流企业认知、现代物流管理、国际物流认知、行业物流认知、现代物流发展趋势认知等内容。

本书语言简洁、通俗，案例丰富、典型，既可作为应用型本科院校、职业院校、技工类院校相关专业的教材，又可作为相关从业人员参考资料。

**图书在版编目（CIP）数据**

现代物流基础 ： 微课版 / 方艳，殷锐，叶影霞主编.
哈尔滨 ： 哈尔滨工程大学出版社，2025. 8. -- ISBN
978-7-5661-4845-2

Ⅰ. F252

中国国家版本馆 CIP 数据核字第 2025MV0104 号

现代物流基础（微课版）
XIANDAI WULIU JICHU（WEIKE BAN）

**选题策划** 张林峰
**责任编辑** 张林峰

出版发行 哈尔滨工程大学出版社
社　　址 哈尔滨市南岗区南通大街 145 号
邮政编码 150001
电　　话 0451-82519989
经　　销 新华书店
印　　刷 唐山唐文印刷有限公司
开　　本 787 mm×1 092 mm 1/16
印　　张 16
字　　数 410 千字
版　　次 2025 年 8 月第 1 版
印　　次 2025 年 8 月第 1 次印刷
书　　号 ISBN 978-7-5661-4845-2
定　　价 49.80 元

http://www.hrbeupress.com
E-mail:heupress@hrbeu.edu.cn

# 前　言

党的二十大报告指出，“坚持尊重劳动、尊重知识、尊重人才、尊重创造，实施更加积极、更加开放、更加有效的人才政策”“着力形成人才国际竞争的比较优势。加快建设国家战略人才力量”“深化人才发展体制机制改革……把各方面优秀人才集聚到党和人民事业中来”。

现代物流业的发展水平已然成为衡量一个国家或地区综合实力的关键标志。一方面，物流反映了该国或地区的基础设施建设完善程度，先进的交通枢纽、仓储设施等硬件条件是物流高效运行的基石；另一方面，物流行业涉及的信息技术应用、供应链管理协同能力等软要素，更是体现了该地在科技创新、组织管理等领域的综合素养。

我国的物流业正以令人瞩目的速度蓬勃发展，已成为经济增长的关键驱动力，物流贯穿于经济活动的每一个细微之处，其重要性不言而喻。然而，在这种发展趋势下，真正适应各物流岗位的应用型人才缺口越来越大。鉴于此，我们特组织专家和一线骨干老师编写了此书。本书具有以下特色。

（1）内容全面系统。本书构建了完备的现代物流知识体系，从物流基础概念，到运输、仓储等核心活动要素，再到企业物流、第四方物流运作模式和行业新趋势，全方位覆盖物流领域关键知识板块，让读者掌握现代物流全貌。

（2）理论实践融合。本书穿插了大量真实物流企业、电子商务平台物流运作、制造企业供应链协同等实际案例，帮助读者将抽象理论迅速转化为解决实际问题的能力，做到学以致用。

（3）知识更新及时。本书将国际物流、智慧物流和绿色物流等前沿理念与创新实践融入教材内容，使读者所学知识紧跟行业发展步伐。

本书由方艳（河源职业技术学院）、殷锐（河源职业技术学院）、叶影霞（河源职业技术学院）担任主编，由张晓玲（广西工业职业技术学院）、邵燕妮（辽宁地质工程职业学院）、鲁夏平（河源职业技术学院）、王阳（广州铁路职业技术学院）担任副主编。本书的相关资料和售后服务可扫封底微信二维码或登录 www.bjzzwh.com 下载获得。

由于编者水平有限，书中难免存在不足之处，恳请广大读者批评指正。

编　者

# 目　录

项目一　现代物流概述 …… 1

任务一　现代物流初步认知 …… 3

任务二　物流职业规划设计 …… 13

项目二　物流功能要素管理 …… 22

任务一　运输管理 …… 25

任务二　仓储管理 …… 35

任务三　包装管理 …… 43

任务四　装卸搬运管理 …… 50

任务五　流通加工作业管理 …… 56

任务六　配送管理 …… 61

任务七　物流信息认知 …… 68

项目三　企业物流和物流企业认知 …… 79

任务一　企业物流认知 …… 81

任务二　物流企业认知 …… 90

任务三　物流园区认知 …… 95

项目四　现代物流管理 …… 107

任务一　物流成本管理 …… 109

任务二　物流质量管理 …… 118

任务三　供应链物流管理 …… 126

任务四　物流标准化认知 …… 143

任务五 第四方物流运作认知 …… 148

**项目五 国际物流认知 …… 157**

任务一 国际物流的基本知识 …… 159
任务二 国际物流业务认知 …… 166
任务三 保税制度与保税物流认知 …… 182
任务四 国际物流运作认知 …… 187

**项目六 行业物流认知 …… 197**

任务一 农业物流认知 …… 199
任务二 工业物流认知 …… 207
任务三 商业物流认知 …… 214

**项目七 现代物流发展趋势认知 …… 220**

任务一 智慧物流认知 …… 222
任务二 绿色物流认知 …… 229
任务三 冷链物流认知 …… 234
任务四 电子商务物流认知 …… 238
任务五 物流金融认知 …… 242

**参考文献 …… 250**

# 项目一　现代物流概述

## 项目导读

在数字经济与全球化交织的时代，现代物流已成为驱动商业文明的核心动力。从清晨收到的生鲜包裹到跨国企业的全球供应链协同，物流以“空间价值”和“时间价值”重构着人类生产生活方式。在当今全球化的商业浪潮中，物流已成为经济发展的关键纽带。本项目将为读者揭开现代物流的神秘面纱。从物流的起源与发展脉络讲起，清晰把握其演变历程。深入剖析现代物流的内涵，帮助读者理解这一复杂体系的核心要义。同时，理解物流在企业运营及社会经济中的关键作用。通过学习本项目，读者将构建起现代物流的基本认知框架，为后续深入学习物流知识领域奠定坚实基础。

## 学习目标

### ◆ 知识目标

- 了解现代物流业的产生和发展。
- 掌握现代物流业的基本特征。
- 理解现代物流业的职能、作用、岗位特点及现代物流人才需求。

### ◆ 能力目标

- 能正确理解现代物流的基本概念，并对社会经济活动中的物流问题提出相应观点和见解。
- 能对物流领域的发展进行分析。

### ◆ 思政目标

- 引导读者树立服务国家物流产业的目标。
- 建立大国自信，增强读者民族自豪感。
- 引导读者领悟新发展理念、高质量发展、“十四五”规划的意义。

## 知识导图

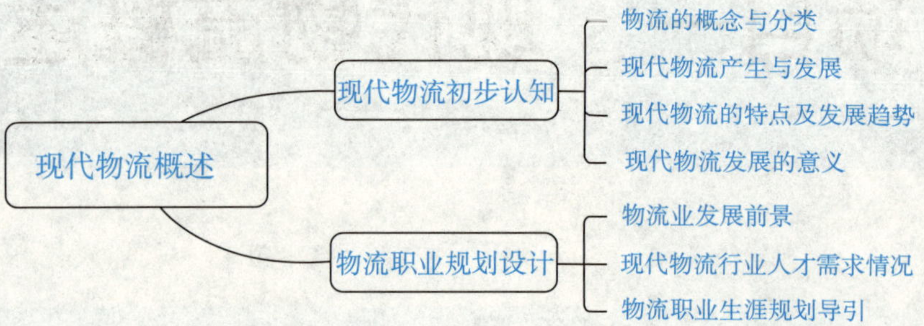


## 案例导入

### 国内物流园区从 1.0 到 4.0

**1. 标准不一的普通物流园区 1.0 时代(1949—2001 年)**

行业内通常将 1949—2001 年定义为我国物流发展的 1.0 和 2.0 时期。这一阶段的物流园区数量较少，分布较分散，主要集中在区域经济发达、生产已具规模化、接受新观念意识强的沿海地区。这一时期的仓库无统一标准的普通仓，只要求具有一般通用的库房和堆场功能，仓库设施简单，储藏货物种类繁杂，作业过程和保管方法均靠运维自行调整。

**2. 单一功能高端物流园区 2.0 时代(2001—2012 年)**

随着信息技术的不断变革，驱动着各个行业的快速发展。电子商务及快递快运业务的发展与成熟，不断壮大了民营物流企业的规模。2003 年，我国最大的电子商务公司淘宝成立；2004 年，京东进入电子商务领域，成立现在的京东商城。同时，顺丰、四通一达等快递企业纷纷成立和发展。

**3. 多功能高端物流园区 3.0 时代(2012—2019 年)**

国内物流园区发展的 3.0 是技术驱动时期，理念创新、技术创新、制度创新和管理创新驱动着物流园区由偏存储型、单一功能的标准设施开发向一体化、多功能、智能化方向发展。智慧物流的提出、多式联运的熟练运用、无车承运人的合法化等创新理念逐步渗透物流的各个环节。

**4. 智慧物流园区 4.0 时代(2019 年—未来)**

信息技术发展一直是现代物流变革的核心和关键。移动物联网的发展，产业互联网大潮的推动，云计算、大数据、物联网与物流自动化等技术的成熟，正推动着物流业走向互联网化，带来了物流业的新一轮革命，使物流业即将进入“物流互联网”时代，即物流 4.0 时代。这一时期的物流园区将呈现以下五大特征。

(1) 万物智联

通过信息互联网和设施物联网，加快园区业务线上化转型，推动物流园区设施设备全面接入互联网。以信息互联、设施互联带动物流互联，打造线上园区智能管理、线下业务高效操作，助力创新业务开展。如2019年投运的京东物流北京亚洲一号5G物流园便开始探索和实践身份识别、智能调度、AR量方、车路协同、数字库存、无感安防、自动驾驶、实时追踪等十多个关键场景的应用和落地。

(2) 数字转型

充分利用各类信息技术，实现物流园区数据可采集、可录入、可传输、可分析，实现一切数据业务化，打破信息不对称和信息孤岛，提升物流数字化水平，再造物流园区业务流程和运营模式。2021年11月，中国南山开发(集团)有限公司即与华为签署战略合作协议，将围绕行业数字化转型、产业科技赋能联合创新、智慧园区、智慧物流、数字能源等领域开展战略合作。

(3) 智能升级

瞄准高标准仓储设施标准，满足高增长、高附加值物流服务需求，加快推进物流园区智能化水平，提高园区整体运作效率，逐步用机器替代人。改变传统物流园区的运作方式，保障运作安全，优化人才结构。

(4) 产业融合

通过企业间的交流与合作，加强物流园区与产业集聚区的融合发展，集中制造商贸业的采购、分销、物流、维修等非核心业务在物流园区集中，提升产业服务的专业化、社会化水平，助力区域经济价值链升级。

(5) 绿色低碳

通过精益化园区管理和科技手段，以及对新能源的投入，加速布局光伏、风电、储能、新能源交通等基础设施，推动物流园区的绿色低碳发展。目前，合肥东宝湾、青白江东宝湾等已被中国仓储与配送协会认定为"一级绿色仓库"。

(案例来源：根据《国内物流园区从1.0到4.0，浅谈宝湾物流的探索与实践》改编)

## 任务一　现代物流初步认知

### 任务引入

2022年国务院发布《"十四五"现代物流发展规划》提到现代物流一头连着生产，一头连着消费，高度集成并融合运输、仓储、分拨、配送、信息等服务功能，是延伸产业链、提升价值链、打造供应链的重要支撑，在构建现代流通体系、促进形成强大国内市场、推动高质量发展、建设现代化经济体系中发挥着先导性、基础性、战略性作用。那什么是物流呢？

## 任务

请以小组为单位，搜索物流相关知识并走访调查当地不同类型物流公司，撰写调查报告《我们眼中的物流》，如实阐述所调研企业业务范围、运营模式等内容，探讨物流与生活的关系，分析发展现代物流业发展的现实意义。

## 任务准备

(1)以“现代物流业”“企业物流”“农村物流”“工业物流”等为关键词，检索并阅读相关的物流文献。

(2)以小组为单位，前往当地的制造企业、流通企业和物流企业等进行实地调研，了解物流企业的经营和运营模式等。

## 任务重点与实施

# 一、物流的概念与分类

快递、外卖及废旧商品回收都是生活中常见的物流活动，都是为满足一定的经济与社会活动要求，在相关行为人或单位的监控与组织运营下，借助运输、储存、包装及信息技术等手段实现了物(包裹、盒饭及废品)从供应地向接受地的实体流动，这正是现代物流的内涵所在。

扫码看视频

### (一)物流的基本概念

《物流术语》(GB/T 18354－2021)中将物流定义为，“根据实际需要，将运输、储存、装卸、搬运、包装、流通加工、配送、信息处理等基本功能实施有机结合，使物品从供应地向接收地进行实体流动的过程”。其中将物品或货物定义为，“经济与社会活动中实体流动的物质资料。”

根据国家标准对物流的定义准确理解应该包括以下几方面。

(1)物流活动中涉及的物品可以包括原材料、半成品、成品、回收品及废弃物等，但这些物品产生实体流动的前提是满足经济与社会活动需要。

(2)现代物流过程主要关注物品的流动属性与物品的时空变换，并不涉及物品所有权的流转，计量物品价值、实现物品所有权的转移必须依靠商流活动，商流、物流、信息流、资金流一起构成了现代流通活动。其中，商流是经济活动的主题，起引领与主导作用，一般先发生商流后发生物流，但没有物流，商流也无从实现，物流服务滞后会影响商流发展。

(3)物流的过程如何展开其实与物品实体的性质密切相关，不同的物流使用不同方式的物流。如有的货物适宜铁路运输，有的货物需要包装，有的货物需要低温储存等。

## （二）物流的分类

社会经济领域中物流活动无处不在，其基本要素是共同的，但由于物流对象不同、目的不同、范围范畴不同，形成了不同的物流类型。

### 1. 按照物流系统的性质分

(1)社会物流：属于宏观范畴，是全社会物流的整体，因而也称为宏观物流。

(2)行业物流：属于中观物流，它是指在一个行业内部所发生的物流活动。

(3)企业物流：属于微观物流，它是从企业角度研究有关物流活动。

### 2. 按照物流活动的空间范围分

(1)地区物流：是指在一国疆域内，根据行政区或地理位置划分的一定区域内的物流。

(2)国内物流：指为国家的整体利益服务在国家自己的领地范围内开展的物流活动。

(3)国际物流：是指在两个或两个以上的国家(或地区)之间进行的物流。

### 3. 按照物流在企业生产经营过程中所处的阶段分

(1)采购物流：采购物流是指包括原材料等一切生产物资的采购、进货运输、仓储、库存管理、用料管理和供应管理，也称为原材料采购物流。

(2)生产物流：生产物流是指在生产工艺中的物流活动。

(3)销售物流：是生产、流通企业出售商品时，物品从生产者或持有者转移至用户的物流活动。

(4)回收物流：指不合格物品的返修、退货及周转使用的包装容器从需方返回到供方所形成的物品实体流动。

(5)废弃物流：指将经济活动中失去原有使用价值的物品，根据实际需要进行收集、分类、加工、包装、搬运、储存等，并分别送到专门处理场所时所形成的物品实体流动。

### 4. 按照从事物流的主体不同分

(1)第一方物流（First-Party Logistics）：由物质提供者（生产或流通企业）自己承担将产品或商品送到物质需求者手中的物流运作，也就是供方物流或销售物流，是由供应商到各个用户的物流。

(2)第二方物流(Second-Party Logistics)：由物质需求者自己解决所需物质的物流问题。

(3)第三方物流(Third-Party Logistics)：由物流的供应方与需求方以外的物流企业提供的物流服务。

(4)第四方物流(Fourth-Party Logistics)：一个供应链的集成商，是供需双方及第三方的领导力量。

伴随生产、流通、消费、回收这一社会大商流过程的社会大物流过程，可划分为与之对应的企业物流会物流、生活物流及逆向物流。物流活动与商流活动的相互联系与基本支撑关系如图 1-1 所示。

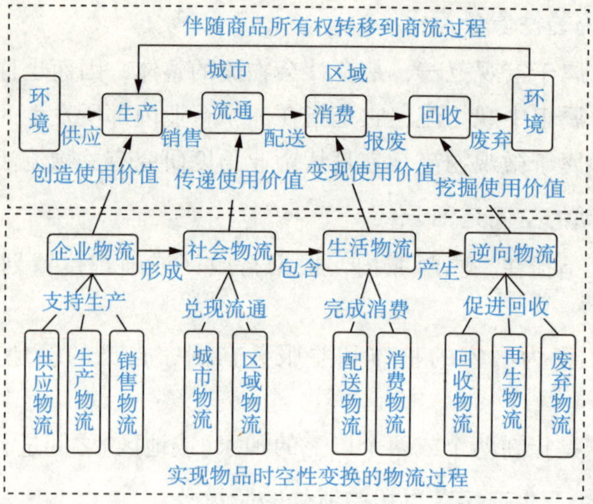


图 1-1　物流活动与商流活动的相互联系与基本支撑关系

小提示

从不同的角度划分，物流的分类还有很多，例如，以某种物质命名，有煤炭物流、钢材物流、家电物流、药品物流等；以行业划分，有农业物流、工业物流、商业物流等；从物流的特殊性角度看，有危险品物流、贵重物品物流等。

## 二、现代物流的产生与发展

### （一）物流的起源

早在"物流"这个词语诞生之前，物流活动作为一种社会经济活动，就伴随着人类社会的产生而存在，历史久远。中国历史上著名的"丝绸之路""茶马古道""郑和下西洋"等古代商贸交易实质上就是"物流"活动的一种体现。

人们对于物流的认识，来自于生产销售产品过程中的实际需要。但是真正意义上的"物流"一词起源于 20 世纪初，最早由美国提出，原意为"实物分配"或"货物配送"，是供应链活动的一部分，是为了满足客户需要而对商品、服务消费及相关信息从产地到消费地的高效、低成本流动和储存进行的规划、实施与控制的过程。物流的发展大致经历了以下四个阶段。

#### 1. 第一阶段：孕育和萌芽阶段

从 20 世纪初到 20 世纪 50 年代，这一阶段是物流概念的孕育和萌芽阶段。

物流概念产生于1905年。美国陆军少校琼西·贝克于1905年在其所著的《军队和军需品运输》一书中提出了军事后勤的概念，认为“与军备的移动与供应相关的战争的艺术的分支就叫物流”，这是从军事后勤的角度提出的。

1915年，美国市场营销学者阿奇·萧在《市场流通中的若干问题》一书中提出了实体配送的概念，他指出，在市场分销中存在两类活动：一类叫创造需求，也就是通过广告促销、市场分析、销售网络等手段，让更多的人来购买企业的产品；另一类叫物资实体分销，也就是怎样更省钱、更及时地将客户订购了的商品送到客户手中。他认为这两类活动虽然不同，但在市场分销中相互平衡、相互依赖，并提到“物资经过时间或空间的转移，会产生附加价值”。此时的物流指的是产品销售过程中的实体配送。学术界一般较为认同阿奇·萧是第一个正式提出物流概念的人。

物流概念主要来源于两个方面：一是从经济活动中市场营销的角度来定义物流，即实体配送、分销物流，它实际上就是把企业的产品怎样分送到客户手中的活动，基于这个认识，物流被视为市场营销活动的附属职能；二是从军事后勤的角度来定义物流，即Logistics，主要是指物流的供应保障、运输储存等。

### 2. 第二阶段：实体配送阶段

从20世纪50年代中期开始到80年代中期，实体配送概念得到了广泛的应用、认可与发展，从而在当时物流研究与应用中占据了统治地位，并且从美国走向了全世界，成为世界一致公认的、比较统一的物流概念，因而形成和发展了物流管理学，促进了物流学派、物流产业和物流领域的产生和发展。

20世纪50年代中期，美国的实体配送概念传到了日本，在日本得到了认同和发扬，以后又逐渐传到欧洲、北美；20世纪70年代末期开始传到我国。这样，全世界各个国家基本上都接受了这样的物流概念。

### 3. 第三阶段：现代物流学阶段

从20世纪80年代中期开始，由于物流业的迅猛发展，使全世界都自然的意识到，物流已不仅限于分销领域，而是涉及包括企业物资供应、企业生产、企业分销及企业废弃物再生等全范围和全领域。故而我们应该扩大概念的内涵，原来的实体配送概念已不适应形势，应采用Logistics作为物流的概念。1985年，美国国家配送管理协会正式更名为物流管理协会，并将实体配送改为物流。

但其内涵则是在各个专业物流全面高度发展的基础上，基于企业供、产、销等全范围、全方位物流问题，无论是广度、深度，以及涵盖的领域、档次都与第一阶段的军事后勤学上的物流概念有着不可比拟的差别。因此这个阶段的Logistics，不能译为后勤学，更不能译为军事后勤学，而只能译为现代物流学。它是一种适应新时期所有企业（包括军队、学校、事业单位）的集成化、信息化、一体化的物流学概念。

20世纪90年代，随着对外开放力度的加大，大量跨国公司进入中国，将现代物流Logistics的理念传播到中国。

#### 4. 第四阶段：供应链管理阶段

2001 年，美国物流管理协会进一步修订了物流定义，修订后的定义为：物流是供应链过程的一部分，它是对商品、服务及相关信息在起源地到消费地之间有效率和有效益的正向和反向移动与储存进行的计划、执行与控制，其目的是满足客户要求。由此定义可以看出，物流已经明确是供应链的一部分，供应链的概念比物流的概念更加宽泛，物流管理必须从供应链的角度进行。2005 年，美国物流管理协会正式更名为供应链管理专业协会，这次更名体现了物流向供应链概念的转化，也标志着现代物流全面进入供应链时代的开始。2007 年，该协会对物流进行了如下解释：物流是供应链管理的一部分，以满足客户需求为目的，对货物、服务和相关信息在产出地和消费地之间的有效、高效的正向和反向流动与存储进行计划、执行和控制。20 世纪末，供应链(supply chain，SC)及相关理论在中国物流界得到广泛传播。

### (二)现代物流业的发展现状

世界银行于美国东部时间 2023 年 4 月 21 日发布了衡量各国快速可靠跨境运输货物能力的 2023 年物流绩效指数报告。我国物流绩效指数在全球 139 个国家/地区中，排名第 19 位。

我国使用“物流”一词是 20 世纪 80 年代从日本引进的，但在中国，物流形式的活动早已存在。早期中国，镖局形式就是一种广义的物流活动。我国物流业的发展从计划体制下的完全国有化、政府指令性，逐步转变为政府主导、市场运作的模式；经营方式也由功能单一或简单的功能组合，逐步转变为能够提供全链路、一体化、现代化的综合物流服务。总体来说，我国物流业的发展历程，大致可以分为以下四个阶段。

#### 1. 第一阶段(1949—1978 年)：“储”与“运”组合

在传统的计划经济体制下，国家对生产资料和重要的生活资料(消费品)实行计划生产、计划分配和计划供应。

这一时期的物流表现为“储运”，国有储运企业成为物流的主体力量。分散在各流通系统的储运企业，主要为本系统中的各级批发企业的经销、代销活动服务，其业务活动基本上表现为传统的储存、运输及简单的包装与流通加工。严格地说，这样的单一性活动还不是现代意义的“物流”。

#### 2. 第二阶段(1978—2000 年)：创新发展社会化物流服务

在改革开放以后，我国经济持续健康发展，迫切需要提升物流业服务水平与保障能力。商业、物资等行业主管部门。积极借鉴美国、德国等发达国家的物流发展成功经验，纷纷出台相关政策措施，组织开展理论研究、学术交流与培训活动，引导传统储运企业进一步深化改革，推动传统储运业向现代物流业转变。

1992 年 5 月，中华人民共和国国内贸易部(以下简称国内贸易部)印发《关于加强商业物流(配送)中心发展建设工作的通知》，要求商业储运企业进一步深化改革探索发展物流中心、配送中心，并对上海、广东等地的部分商业储运企业进行试点；原物资部也在同期组织物资代理与加工配送试点。

1995 年 8 月，原国内贸易部印发《关于进一步推动商业物资储运业改革与发展的意见》，提出储运业改革与发展的目标，是逐步建立与生产和流通协调发展的，以专业化、社会化、现代化、国际化为特征的储运体系。在这一阶段，储运企业从行业自身特点与优势出发调整经营方向，储运主业不断加强与发展，物流功能进一步完善，并逐步向现代物流(配送)中心发展。

### 3. 第三阶段(2000—2010 年)：现代物流业快速发展

新世纪开始，物流业受到国家各级政府的高度重视，国家加强对物流业的发展规划，物流政策环境得到明显改善，我国现代物流业步入快速发展轨道。

2000 年，我国“十五”物流发展总目标正式确立；2001 年，原国家经贸委等六部委印发《关于加快我国现代物流发展的若干意见》；2004 年，国家发展和改革委员会等九部委出台《关于促进我国现代物流业发展的意见》。各地也纷纷出台相关法规和政策措施，规划建设物流园区、物流中心、配送中心，有效地促进了各种物流功能和要素的集成与整合。

在国家和地方政府的大力推动下，相关企业积极参与，转型或创新发展现代意义的物流业务，我国物流产业规模不断扩大，产业结构发生重大变化，民营物流企业与外资、中外合资物流企业快速发展并形成一定规模，涌现出一批现代化的物流中心、配送中心，区域性物流网络逐步形成。这一阶段，我国物流行业呈现出可持续发展的态势。

### 4. 第四阶段(2010 年—目前)：物流业转型升级与高质量发展

2011 年国务院办公厅印发《国务院办公厅关于促进物流业健康发展政策措施的意见》，提出切实减轻物流企业税收负担等具体措施；2012 年，商务部发布《商务部关于促进仓储业转型升级的指导意见》，引导仓储企业由传统仓储中心向多功能、一体化的综合物流服务商转变；2016 年，国务院办公厅转发国家发展和改革委员会《物流业降本增效专项行动方案(2016—2018 年)》。2019 年 2 月，国家发展和改革委员会等部门联合印发《关于推动物流高质量发展促进形成强大国内市场的意见》出台构建高质量物流基础设施网络体系等措施，以巩固物流降本增效成果，增强物流企业活力，提升行业效率效益水平畅通物流全链条运行。

2022 年 5 月，国务院办公厅印发《“十四五”现代物流发展规划》(以下简称《规划》)，这是我国现代物流领域第一份国家级五年规划，对于加快构建现代物流体系、促进经济高质量发展具有重要意义。《规划》提出按照“市场主导、政府引导，系统观念、统筹推进，创新驱动、联动融合，绿色低碳、安全韧性”原则，到 2025 年，基本建成供需适配、内外联通、安全高效、智慧绿色的现代物流体系，物流创新发展能力和企业竞争力显著增强，物流服务质量效率明显提升，“通道+枢纽+网络”运行体系基本形成，安全绿色发展水平大幅提高，现代物流发展制度环境更加完善。

在一系列政策推动下，我国物流进入创新驱动的注重质量发展的重要阶段，无论是在市场规模，还是在物流技术与管理方面均领跑世界物流产业(美国供应链调研与咨询公司数据显示，我国早在2012年就坐上了全球物流业市场规模的第一把交椅)，跨行业、多层次多要素联动的产业创新模式初步呈现。

## 三、现代物流的特点及发展趋势

### （一）我国现代物流发展的特点

#### 1. 物流企业加大并购力度，行业整合提速

物流产业的进入壁垒较低，不仅造成了物流产业的高度集中，还造成了物流产业的价格竞争加剧。大型物流企业可以发挥规模效应，发挥其在网络覆盖和运力配置上的时效性、安全性和经济性。小型企业的服务职能较少，综合化程度较低，具有较差的管理能力、竞争能力、信息能力，以及不规范的经济秩序，这些都不能满足现代物流追求动态运作，快速响应的需要。这就促使了物流企业之间通过并购来提高企业竞争力。

#### 2. 通用物流与专业物流分化

近年来物流行业内的通用与专业分化趋势日益明显，专业化逐渐成为物流企业的发展方向。通用物流对客户的依赖性低于专业物流，其市场规模大于专业物流，但是竞争也更加激烈。对于某些企业来说，在物流环节中，对特殊要求较少的情况下，与专业物流相比，通用物流具有客户门槛较低，对自身资源要求较少，更具成本优势。将通用物流和专业物流区分开来，可以更好地满足企业对物流的不同要求，使其能够更好地适应自己的发展。

#### 3. 服务范围不断向供应链两端延伸

目前我国物流企业与制造业的联动深入发展、建立深度合作关系，物流服务范围不断向供应链两端延伸。一些物流企业从只承担少量简单物流功能外包的第三方物流，拓展到全面介入制造企业供应链的第四方物流。在供应链上游为制造企业提供原材料与零部件采购服务、原材料入场物流服务、原材料库存管理服务等。在供应链下游为制造企业提供生产线后端物流加工服务、产成品销售物流服务、零部件、售后物流服务等，物流专业化服务水平和效益显著提高。

业内形成一批具有一定规模、富有国际竞争力的领先供应链管理企业，与此同时，国家政策大力支持，鼓励和引导更多的物流企业向供应链两端延伸服务范围。

### （二）我国物流行业的发展趋势

受信息技术、自动化及人工智能等技术变革的影响，现代物流行业呈现集聚化、融合化、数字化及智能化等以下六大发展方向。

#### 1. 加快物流枢纽资源整合

依托国家物流枢纽整合区域物流设施资源，引导应急储备、分拨配送等功能设施

集中集约布局，支持各类物流中心、配送设施、专业市场等与国家物流枢纽功能对接、联动发展，促进物流要素规模集聚和集成运作。

### 2. 构建国际国内物流大通道

依托国家综合立体交通网和主要城市群、沿海沿边口岸城市等，促进国家物流枢纽协同建设和高效联动，构建国内国际紧密衔接、物流要素高效集聚、运作服务规模化的“四横五纵、两沿十廊”物流大通道。“四横五纵”国内物流大通道建设，要畅通串接东中西部的沿黄、陆桥、长江、广昆等物流通道和连接南北方的京沪、京哈—京港澳(台)、二连浩特至北部湾、西部陆海新通道、进出藏等物流通道，提升相关城市群、陆上口岸城市物流综合服务能力和规模化运行效率。加快“两沿十廊”国际物流大通道建设，对接区域全面经济伙伴关系协定等，强化服务共建“一带一路”的多元化国际物流通道辐射能力。

### 3. 完善现代物流服务体系

围绕做优服务链条、做强服务功能、做好供应链协同发展，完善集约高效的现代物流服务体系，支撑现代产业体系升级，推动产业迈向全球价值链中高端。加快运输、仓储、配送、流通加工、包装、装卸等领域数字化改造、智慧化升级和服务创新，补齐农村物流、冷链物流、应急物流、航空物流等专业物流短板，增强专业物流服务能力，推动现代物流向供应链上下游延伸。

### 4. 延伸物流价值链条

把握物流需求多元化趋势，加强现代物流科技赋能和创新驱动，推进现代物流服务领域拓展和业态模式创新。发挥现代物流串接生产消费作用，与先进制造、现代商贸、现代农业融合共创产业链增值新空间。提高物流网络对经济要素高效流动的支持能力，引导产业集群发展和经济合理布局，推动跨区域资源整合、产业链联动和价值协同创造，发展枢纽经济、通道经济新形态，培育区域经济新增长点。

### 5. 强化现代物流对社会民生的服务保障

围绕更好满足城乡居民生活需要，适应扩大内需、消费升级趋势，优化完善商贸、快递物流网络。完善城市特别是超大、特大城市物流设施网络，健全分级配送体系，实现干线、支线物流和末端配送有机衔接、一体化运作，加强重点生活物资保障能力。补齐农村物流设施和服务短板，推动快递服务基本实现直投到建制村，支撑扩大优质消费品供给。加快建立覆盖冷链物流全链条的动态监测和追溯体系，保障食品、药品消费安全。鼓励发展物流新业态新模式，创造更多就业岗位，保障就业人员权益，促进灵活就业健康发展。

### 6. 提升现代物流安全应急能力

统筹发展和安全，强化重大物流基础设施安全和信息安全保护，提升战略物资、应急物流、国际供应链等保障水平，增强经济社会发展韧性。健全大宗商品物流体系。

加快构建全球供应链物流服务网络，保持产业链供应链稳定。充分发挥社会物流作用，推动建立以企业为主体的应急物流队伍。

## 四、现代物流发展的意义

现代物流业几乎涉及了第一、二、三产业的所有领域和部门，无论在广度还是深度上都具有很好的发展前景，是国民经济的综合性和支柱性产业之一，在国民经济中占有重要地位。对社会发展和再生产起着重要作用，是提高宏观经济效益的重要保证。现代物流的发展程度已成为衡量一个国家现代化水平和综合国力的重要因素，推进现代物流业的发展意义重大。

### （一）现代物流对微观经济运行的作用

#### 1. 物流是企业生产连续进行的前提条件

在现代企业生产经营中，物流贯穿于从生产计划到把产成品送达顾客手中的整个循环过程之中。企业生产经营的全部职能都要通过物流得以实现，因此，物流是企业生产连续进行的必要前提条件。

#### 2. 物流是保证商流顺畅进行的基础

在商品流通过程中，一方面要发生商品所有权的转移，即实现商品的价值（商流）；完成商品从生产地到消费地的空间转移，即发生商品的实体流动（物流），以便实现商品的使用价值。商流引起物流，物流为商流服务。没有物流过程，商流就不能最后完成，包含在商品中的价值和使用价值就不能真正实现。

#### 3. 物流信息是企业经营决策的重要依据

物流信息在整个经济信息系统中占有越来越重要的地位，许多生产企业和流通企业都建立了设备先进的物流信息中心，以便及时掌握企业内部和外部的物流信息，作为企业生产经营决策的重要依据。例如，利用计算机网络将超市、配送中心和供应商、生产企业联结起来，形成一个以配送中心为枢纽的商品、物流业和生产企业的有效组合。借助计算机迅速及时的信息传递和分析，通过配送中心的高效率作业与及时配送，将信息快速反馈给供应商和生产企业，从而形成一个高效率、高能量的商品流通网络，为企业管理决策提供重要依据。

#### 4. 增强企业竞争力，实现企业战略

在当今经济全球化、消费需求多样化的时代，企业面临范围更大、速度更快、种类更多的生产要素组合与产品组合。特别是大型企业、跨国企业，不但产品与服务的销售范围是全球化的，而且生产或原材料供应也是全球化的，这就要求必须在更大的范围内组织供应、生产、销售等阶段的物流，以获得产品、价格、服务等竞争优势。因此，物流已不仅是实现价值、降低成本、促进销售的手段，还是直接决定产品、价格与销售，从而直接参与价值创造过程，是决定企业经营成败的战略问题。

### （二）现代物流对宏观经济运行的作用

**1. 物流是社会经济大系统的动脉系统，是联结社会生产各部门成为一个有机整体**

任何一个社会(或国家)的经济是由众多的产业、部门、企业组成的。这些企业又分布在不同地方。区、城市和乡村，它们之间互相供应产品，用于对方的生产性消费和个人生活消费。它们互相依赖而又相互竞争，形成极其错综复杂的关系。物流就是维系这些关系的纽带。尤其是现代科学技术的发展已经引起和正在引起经济结构、产业结构、消费结构的一系列变化的情况下，物流像链条一样把众多不同类型的行业、复杂多变的产业部门及成千上万种产品联结起来，成为一个有序运行的国民经济整体。

**2. 物流的发展对商品生产的规模、产业结构的变化及经济发展速度具有制约作用**

一方面，流通规模必须与生产发展的规模相适应，这是市场经济运行的客观要求。而流通规模的大小在很大程度上取决于物流效能的大小。例如，只有在铁路运输、水路运和汽车运输有了一定发展的情况下，煤炭、水泥等量大、体重的产品才有可能成为大量生产、大量消费的产品，这些商品的生产规模才有可能扩大。另一方面，物流技术的发展能够改变产品的生产和消费条件，从而为经济的发展创造重要的前提。例如，肉、奶、蔬菜、水果等农产品在没有物流技术做保证时，往往只能保存几天到十几天的时间。当物流技术有了充分发展时，这类商品就能在较短时间内进入更为广阔的市场和消费领域。随着物流技术的迅速发展，物品流转速度将会大大加快，从而能够加速经济的发展。

**3. 物流的改进是提高经济效益的重要源泉**

由于物流组织的好坏直接影响着生产过程能否顺利进行，决定着物品的价值和使用价值能否实现，而且物流成本已经成为生产成本和流通成本的重要组成部分，而物流将是“大幅度降低成本的宝库”。因此，通过采取合理组织运输、减少装卸次数、提高装卸效率、改进商品包装和装卸工具来减少物流损耗等措施，降低物流费用，将能真正成为企业“第三利润”的源泉。

# 任务二　物流职业规划设计

## 任务引入

在经济全球化、电子商务、O2O、新零售等多重力量推动下，我国物流业正加速从传统物流向现代物流转型，由此衍生出的多个新兴细分领域将产生大量人才需求，为物流类人才创造更多的就业机会。作为一名大学生，如果想在未来职场取得一定成就，在现代物流行业发展中发挥出自己的聪明才智，更好地服务社会，就需要做好职业规划，在明确的职业发展目标下不断努力，增强职业竞争力，实现职业理想。

## 任务

根据对现代物流行业的理解，与从事物流行业的企业人士、专业教师等进行访谈，撰写《我的职业生涯发展规划》，明确物流职业发展路径、人才需求要求等，通过SWOT分析，完成自己的职业生涯规划设计。

## 任务准备

(1)与从事物流行业的企业人士、专业教师等进行访谈，了解物流人才职业发展路径及物流人才需求要求。

(2)全面分析自身性格、兴趣，结合访谈获得的信息，对自己的职业生涯发展进行分析，完成职业生涯发展规划。

## 任务重点与实施

# 一、物流业发展前景

现代物流行业作为国民经济先导性、基础性、战略性产业。涉及领域广，吸纳就业人数多，在促进产业结构调整、转变经济发展方式和增强国民经济竞争力等方面有着举足轻重的作用。现代物流一头连着生产，一头连着消费，高度集成并融合运输、仓储、分拨、配送、信息等服务功能，是延伸产业链、提升价值链、打造供应链的重要支撑，在构建现代流通体系、促进形成强大国内市场、推动高质量发展、建设现代化经济体系中发挥着先导性、基础性、战略性作用。

### (一)我国物流产业的发展形势

世界银行最新发布的《2023年物流绩效指数报告》中，我国物流绩效综合排名由2018年的26位升至20位。其中物流基础设施、国际货运能力两方面排名位于全球前10%，达到国际先进水平；基础设施排名超越美国、法国等发达经济体，比2018年提高6位；国际货运能力比2018年提高4位，我国船队规模达到2.5亿吨，同比增长10%左右。

(1)物流资源整合提质增速。国家物流枢纽、国家骨干冷链物流基地、示范物流园区等重大物流基础设施建设稳步推进。物流要素与服务资源整合步伐加快，市场集中度提升，中国物流企业50强2020年业务收入较2015年增长超过30%。航运企业加快重组，船队规模位居世界前列。民航货运领域混合所有制改革深入推进，资源配置进一步优化。

(2)物流结构调整加快推进。物流区域发展不平衡状况有所改善，中西部地区物流规模增速超过全国平均水平。运输结构加快调整，铁路货运量占比稳步提升，多式联运货运量年均增速超过20%。仓储结构逐步优化，高端标准仓库、智能立体仓库快速发展。快递物流、冷链物流、农村物流、即时配送等发展步伐加快，有力支撑和引领消费结构升级。

(3)科技赋能促进创新发展。移动互联网、大数据、云计算、物联网等新技术在物流领域广泛应用，网络货运、数字仓库、无接触配送等“互联网+”高效物流新模式新业态不断涌现。自动分拣系统、无人仓、无人码头、无人配送车、物流机器人、智能快件箱等技术装备加快应用，高铁快运动车组、大型货运无人机、无人驾驶卡车等起步发展，快递电子运单、铁路货运票据电子化得到普及。

(4)国际物流网络不断延展。我国国际航运、航空物流基本通达全球主要贸易合作伙伴。截至2020年底，中欧班列通达欧洲20多个国家的90多个城市，2023年中欧班列共开行了1.7万列，发运190万标箱。另外，在国际道路运输方面，去年完成货运量同比增长了105%。在深化我国与共建“一带一路”国家经贸合作中发挥了国际物流大动脉作用。企业海外仓、落地配加快布局，境外物流网络服务能力稳步提升。

(5)营商环境持续改善。推动现代物流发展的一系列规划和政策措施出台实施，特别是物流降本增效政策持续发力，“放管服”改革与减税降费等取得实效。物流市场监测、监管水平明显提升，政务服务质量和效率大幅改善。物流标准、统计、教育、培训等支撑保障体系进一步完善，物流诚信体系建设加快推进，行业治理能力稳步提升。

我国物流超大规模市场优势明显，物流市场潜力较大。但是随着我国经济结构调整和国际需求挑战，物流需求也将由规模扩张向存量结构调整转型。物流市场有待优化升级，物流企业要坚持创新发展理念，深刻融入实体经济供应链服务环节，以高效能物流服务助力经济高质量发展。

### （二）物流产业结构

现代物流产业是指将运输、仓储、装卸、加工、整理、配送、信息等方面有机结合，形成完整的供应链，加速原材料、产成品流动，为用户提供多功能、一体化综合性服务的行业，如图1-2所示。物流产业连接上下游多个产业，对经济带动性强。物流业从产业结构上可以分为设施层、平台层、服务层和应用层，每一层要依赖多个行业，也辐射多个行业。服务层是物流产业链的核心环节，连接货主和客户，是设施层和平台层价值的直接体现。服务层分成基础性服务、第三方物流服务和第四方物流服务，其中以第三方物流服务为关键。

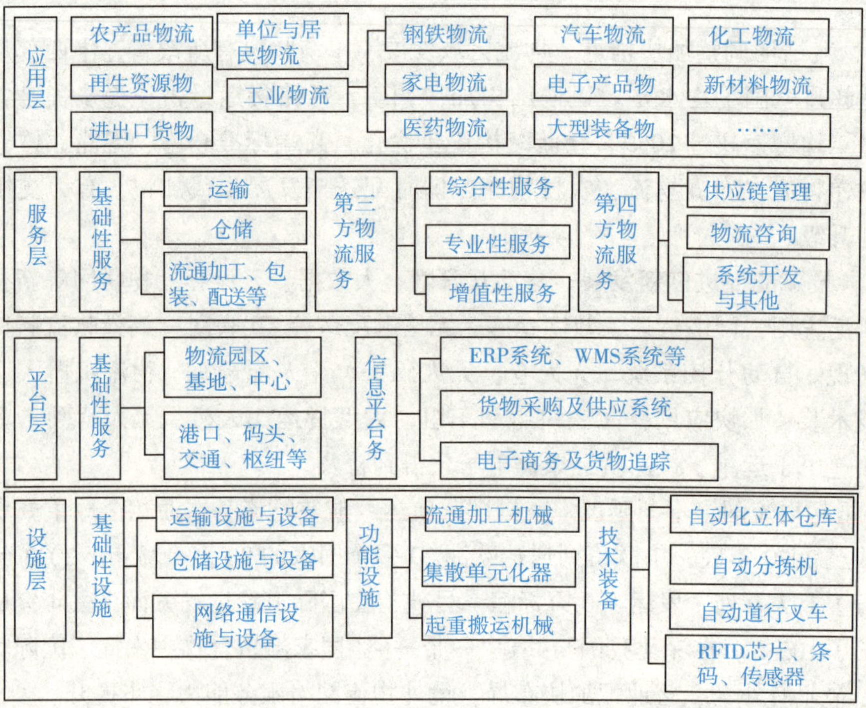


图 1-2　现代物流产业结构

## 二、现代物流行业人才需求情况

物流管理涵盖了生产、流通及生活等领域，主要包括物流企业、商品流通企业、生产制造企业等相关的物流管理岗位及岗位群。随着电子商务的快速发展和国家政策层面的大力推进，如自由贸易区、“一带一路”倡议、跨境电子商务、城市配送、智慧物流等出席举措相继出台，物流业得以快速发展，由此对物流人才形成巨大需求。

扫码看视频

### （一）现代物流行业岗位人才需求

目前，我国对于物流人才的需求基本可以分为三个层次：高端物流人才、中端物流人才和多技能操作型物流人才。

#### 1. 高端物流人才

高端物流人才主要能从战略高度对企业物流进行规划和管理，并能根据物质资本实体流动的规律，应用管理的基本原理和科学策略，对物流活动进行计划、组织、指导、协调、制约和监督，使各项物流活动实现最优的协调与配合，降低物流成本，提高效益。因为物流行业本身就是一个大区域的概念，仓储、运输、信息化等环节多，交叉面大，所以物流高端人才必须有驾驭多区域工作和掌握多环节工作的能力，这也是培养时间最长、难度最大的人才类型。

### 2. 中端物流人才

中端物流人才主要负责企业具体事宜的计划与指挥，需具备某一领域具休的管理经验。还应具备良好的协调沟通与管理能力，以及一定的战略决策能力。能够全程掌控项目的开发和运作，能够参与项目的谈判、成本的制约和服务质量的监督。这些管理人员不但要熟悉物流部门的运作，同时要了解相关部门的运作，使物流运作与其他环节协调发展，从而提高物流部门的运作效率。

### 3. 多技能操作型物流人才

多技能操作型物流人才是指能够熟练运用各种现代化、自动化的物流设施设备、懂得计算机及网络相关知识、具有扎实的英语基础、能够不断学习更新的高级技能型物流人才。该类人才也是随着现代科学技术在物流领域的应用，企业的物流相关部门和各大物流企业的需求越来越大而产生。同时，由于物流业又是一个动态的、连续的竞争激烈的行业，这就要求操作人才还应该具备在作业过程中，不断优化作业流程，持续改善作业方式，提高作业效率和服务水平的能力，这样企业才有持续的生命力。

## （二）物流行业岗位类别分析

物流行业是一个跨行业、跨部门的综合性产业，因此物流行业的岗位结构也较其他行业岗位结构复杂，且涉及到的专业领域也更广泛。

### 1. 从物流业务所涉及的环节来看

现代物流业的人才需求大体可以分为两大类：一是通用性物流人才；二是专业性物流人才。通用性物流人才与客户行业无关；专业性物流人才则与客户所处的行业紧密相关，这类人才必须对所处行业有非常深刻地了解，如医药物流人才必须熟悉医药行业，汽车物流人才必须熟悉汽车行业。物流企业通用性岗位如图 1-3 所示。

(1) 高级物流管理人员要求对物流企业的管理有着深刻地认识和理解，能有效管理和运作整个物流企业。这类人员可以说是物流市场上的高端人才，通常也是紧缺的人才。

(2) 物流服务营销人员要求对客户所在行业有很好地了解，同时了解专业的物流知识，具备销售方面的知识和技巧。

(3) 物流方案设计人员要求对客户所在行业具备深层次的了解，如行业的供应状况、生产周期、生产特点等，从而有针对性地设计出满足客户要求的物流解决方案。

(4) 供应链管理人员要求具备对物流项目进行管理的能力，了解客户所在行业特点和需求，具备一定的项目管理知识和技能。

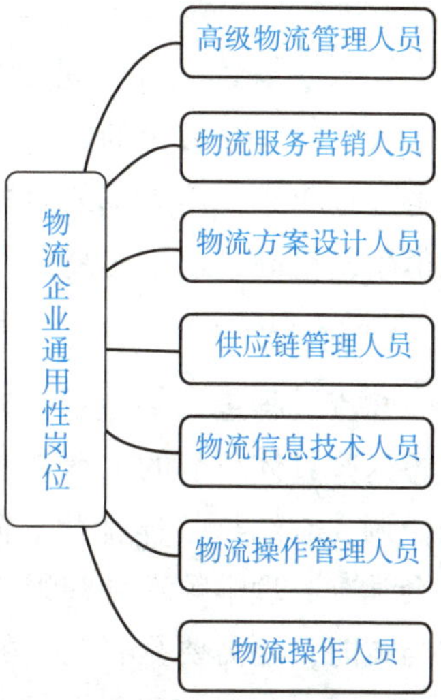


图 1-3　物流企业通用性岗位

(5)物流信息技术人员要求具备将客户的服务需求转换为系统功能的技术能力，能解决供应链管理中各种信息系统方面的突发性问题，既要懂物流业务，又要懂物流信息技术。

(6)物流操作管理人员要求熟悉运输、仓储、配送、装卸搬运、流通加工、包装报关报检、货运代理等物流知识，具备标准化流程下的控制和操作能力。

(7)物流操作人员要求能按照标准流程完成某个作业过程，有一定的操作经验知识技能即可，不需具备太多的专业知识。

### 2. 从物流业务所涉及的功能模块来看

现代物流业的人才需求主要分为三大模块，即仓储管理、运输管理和配送管理，每个管理模块又包含了一系列的基础管理岗位，如图1-4所示，如仓储管理模块包括入库管理、在库管理和出库管理，入库管理又包括入库准备、验收、装卸搬运、归档等工作。

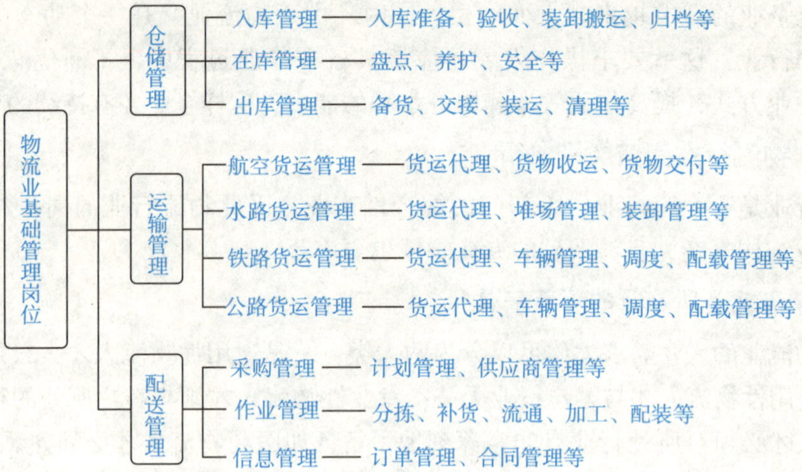


图1-4　物流业基础管理岗位

## (三)现代物流人才应具备的知识、能力和素质结构

人才培养是教育的活动过程，培养具有创新精神和实践能力的人才是高校的根本任务。近年来，用人单位对毕业生在知识结构、思维方式及综合技能等方面的需求期望值不断提高，这也对高校教育提出了以下新的要求。

### 1. 物流业涉及面广泛，需要宽广的知识面

物流过程包括供应、生产、仓储、配送、运输、回收等多个环节，物流人员既要熟悉这些具体环节的工程知识，又要掌握其管理学与经济学知识，还要懂得物流环节的协调、制约与整体优化。除了这些专业知识外，物流人员还需要财务管理、法律、社会学、心理学等综合知识。因此现代物流管理专业学生不仅需要具有深厚的专业知识与技能，还需要具有较强的创新能力及坚实的管理基础、较强的业务能力及科学的策略，同时还要加强文化养成和素质教育。未来物流人才必须具有综合性、应用性、宽口径的知识体系，做到基础扎实，适应面宽。

### 2. 现代物流人才需具备较强的实践操作能力

现代物流业区别于其他行业的一个重要特点就是实践性强。物流从业人员不但要有扎实的现代物流理念，而且要有一定的实践经验。物流业是跨多种行业的复合型服务行业，环节复杂繁多，岗位技能要求高、操作性强。无论是从事物流业务管理，还是进行物流系统分析和物流系统规划设计，都要求物流从业人员具备一定的实际操作技能和分析、解决实际理由的能力。

### 3. 现代物流人才需具备良好的思维方式

物流活动是实现商品空间位置及所有权转移的过程，物流服务是动态、连续的服务。由于思维方式的不严谨不周密导致物流方案和环节发生的差错，轻者可使物流企业增加费用成本，造成损失，重者则可能使物流过程中断，交易失败，造成客户重大损失，引起法律纠纷，承担重大法律后果。因此，从决策者到关键执行人，都要在物流方案设计及执行过程中，保持良好的思维方式，制订出最佳方案。

### 4. 现代物流人才需具备团队合作和应变协调能力

物流行业竞争激烈，物流信息瞬息万变，物流流程多种多样，物流客户、物流从业人员参差不齐。作为物流管理人才，在变化中要完成物流活动，团队合作和应变协调能力很重要。另外，由于物流作业环节多，物流服务的消费者直接参与服务产品的生产、销售和使用全过程，因此，物流从业人员需要与上下游环节岗位人员协作，与客户协调沟通，这都需要很强的团队合作和应变协调能力。

### 5. 现代物流人才需具备创新能力

现代物流人才需具备一定的创新意识和创造能力，才能使物流人才的培养与物流产业的发展相适应。在目前物流市场不成熟、不完善的情况下，物流企业中物流人才的创新能力是决定企业未来竞争成败的关键因素。

### 6. 现代物流人才需具备良好的素质

现代物流人才需具备良好的思想道德素质、文化素质、业务素质、身体心理素质，从而形成相对稳定的心理品质。

## 三、物流职业生涯规划导引

当代大学生结合所学专业开展职业生涯规划，一是能利于合理地规划学习生活，学好知识与技能更好发挥自我潜能，提高创业创新能力；二是能够结合用人单位的要求调整好自己的心态，从基层做起，稳步发展；三是遇到困难挫折时候，不会轻易放弃，能更好坚定信心。现代物流管理学生在开展物流管理职业生涯规划主要遵循以下步骤。

### 1. 树立正确的生涯发展信念

树立正确的生涯发展信念是职业生涯成功的基本前提。没有积极向上的信念，事业的成功也就无从谈起。所以在制定生涯规划时，首先就要树立人生志向，并为之付出努力。

### 2. 自我评估

全方位了解自己的兴趣、爱好、特长、性格、学识、技能、组织管理及协调能力，取长补短，进而对自己的职业做出正确的选择。

### 3. 生涯机会的评估

生涯机会的评估主要是评价周围环境可能会对你的职业产生的影响。合理分析环境的有利或有害因素，才能在复杂的环境中趋利避害，使生涯规划更加具有实际意义。

### 4. 职业方向定位

在以上几点都已进行了评价了之后，就可以初步开始确定个人的职业发展方向，如发展领域，职业，职位等。

### 5. 设定发展目标

目标分为长期目标和短期目标，长期目标是最终目的，短期目标是中转站，可以让自己在奋斗路上不迷茫、不彷徨，一直有中转站指明努力方向。

### 6. 制定行动方案并实施计划

行动是关键。没有为了达成目标的行动，就不能达成目标，也就谈不上事业上的成功，给自己制定具体的计划与明确措施便于开展行动。

## 项目总结

本项目围绕现代物流概述，系统梳理了物流发展脉络，从古代简单运输逐步演进至如今复杂多元的现代物流体系。深入阐释现代物流内涵，明确其涵盖运输、仓储、包装、配送等多环节的集成运作模式。同时，详细剖析物流在企业降本增效、提升服务质量，以及推动社会经济循环中的关键作用。通过本项目的学习，读者已掌握现代物流的基本概念、构成要素及重要价值，对物流学科有了初步且全面的认知，为后续深入学习各物流环节运作原理和方法筑牢根基。

## 项目习题

### 一、判断题

1. 降低物流成本可以以牺牲物流服务质量为条件。(　　)

2. 网上商城的客户订单分散繁多，批量大(小)、批次小(多)、短周期，很难单独考虑物流的经济规模，因而物流成本较高，使得库存上升。(　　)

3. 服务水平越高，物流成本肯定越高。因此，要提高物流服务水准，将不可能降低物流成本。(　　)

4. 现代物流开展电子商务，从而实现了商物合一。(　　)

5. 物流系统的目标是整个物流系统的成本最低，物流系统的目标是一成不变的。(　　)

6. 物流是处在社会经济大环境之中，由若干相互依赖、相互制约的部分紧密结合

而形成的具有特定功能的有机整体，所以物流是一个系统。(　　)

二、选择题

1. 第二次世界大战之前，对物流的认识和观念始终处于启蒙与产生之中，关于物流的系统理论(　　)。

A. 尚未形成　B. 正在形成　C. 已经形成　D. 不清

2. 物流管理时，需要在兼顾成本和服务的前提下，对物流系统要素进行合理配置，实现物流系统的(　　)。

A. 服务优化　B. 功能优化　C. 成本优化　D. 整体优化

3. 企业对与物料流入有关的所有活动进行计划、组织和控制的物流作业是(　　)。

A. 物料管理　B. 物料采购与保管　C. 企业物流　D. 企业物资管理

4. “Logistics”一词，最早出现在(　　)。

A. 企业生产领域　B. 企业流通领域　C. 军事后勤领域　D. 仓库管理领域

5. 为加快流通效率，物流系统需要通过物流标准化来促进物流各环节衔接的(　　)。

A. 灵活性　B. 一致性　C. 协调性　D. 连接性

6. 现代物流学阶段发生在(　　)。

A. 20 世纪初 ~50 年代　B. 20 世纪 80 年代 ~21 世纪初

C. 20 世纪 50 年代 ~80 年代中　D. 20 世纪 80 年代中期至今

三、简答题

1. 现代物流业发展经历了哪几个阶段?

2. 我国物流业经历了哪几个发展阶段?

3. 现代物流业对于经济的发展有哪些促进作用?

4. 按照企业生产经营过程分现代物流业如何分类?

四、案例分析

中投产业研究院发布的《2024—2028 年中国物流行业投资分析及前景预测报告》指出，2023 年 1 ~12 月，全国社会物流总额为 352.4 万亿元，按可比价格计算，同比增长 5.2%，增速比上年提高了 1.8 个百分点。其中，工业品物流总额为 312.6 万亿元，同比增长 4.6%；进口货物物流总额为 18 万亿元，同比增长 13%；单位与居民物品物流总额为 13 万亿元，同比增长 8.2%；农产品物流总额为 5.3 万亿元，同比增长 4.1%；再生资源物流总额为 3.5 万亿元，同比增长 17.4%。2024 年 1 ~8 月，全国社会物流总额 225.0 万亿元，按可比价格计算，同比增长 5.4%，比 1 ~7 月回落 0.1 个百分点；8 月份当月增长 4.7%，比 7 月份回落 0.6 个百分点。

问题

根据中投产业的报告，你认为中国物流产业发展前景如何？作为物流专业的学生，你觉得该如何做才能更好适应未来物流市场的发展变化?

# 项目二 物流功能要素管理

## 项目导读

在物流行业波涛汹涌的“商海”中，物流功能要素如同一艘坚固的“舰船”，为货物的流通开辟道路。本项目围绕物流功能要素管理展开，深入剖析运输、仓储、包装、装卸搬运、流通加工、配送及物流信息等关键要素内涵、作用及管理策略。通过本项目学习，读者将掌握各物流功能要素运作原理，学会合理规划各功能要素的运作，提升物流效率与效益，为未来职业发展筑牢根基。

## 学习目标

◆ **知识目标**

- 理解运输、仓储、包装、装卸搬运、流通加工、配送、物流信息等物流基本要素的概念、特点和作用。
- 掌握运输、仓储、包装、装卸搬运、流通加工、配送、物流信息等物流基本要素涵盖的内容、合理化的措施。
- 了解现代物流基本要素涉及的相关的设施设备、信息化技术。

◆ **能力目标**

- 能够针对经济社会活动中的物流问题进行合理化分析并提出建议。
- 能够运用物流基本要素知识分析现实的物流活动需求。

◆ **思政目标**

- 培养读者爱岗敬业、诚实守信的职业素养。
- 培养读者绿色环保、安全和责任意识。
- 培养读者勇于探索、精益求精的工匠精神 。

## 知识导图

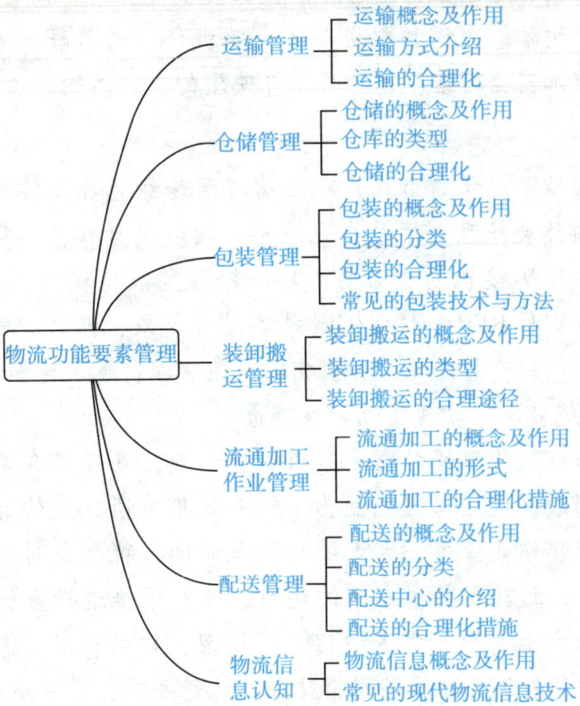


## 案例导入

### 智能物流创新——“共享托盘”鲁达包装

#### 一、企业基本情况

山东鲁达包装是山东省唯一一家以经营大型物流运输包装企业为主营业务的品牌企业。该公司秉承客户至上信念，全心全意为客户服务，在为客户提供优良产品的同时，输出企业持续的产品价值。公司设计生产的托盘不断创新，满足了客户新颖、高端、质好的产品需求，已经拥有各项质量认证证书、质量保障证书等三十多项。

#### 二、共享托盘创新基本情况

(1)新模式创新

2019年9月，共享租赁托盘正式和山东宇佳物流有限公司建立合作，在山东全境范围内建立可视化的智能管理平台，对物流的全流转过程进行跟踪、监控，以实现托盘包装的使用、回收、存储、维护、清理等，建设可共享的、完整的、全面的信息化物流模式，对运行中的共享托盘做全方位管控，明确划分各个环节的责任制管理，做到100%回收，让宇佳物流的一次性包装物流运输全面减量。

(2)新技术应用

共享托盘带有电子芯片，绿色可循环智能物流包装工具，可回收、可复用。通过互联网技术平台的管理，为宇佳物流仓库的商品提供安全的外包装和智能技术应用。

同时优化分拣、运输、仓储和配送等各个物流环节的管理，大幅提升宇佳物流的工作效率，以一种更加安全简洁环保和可循环使用的方式运输。

## 三、具体做法

通过托盘租赁和循环流通的形式，建立物流运输绿色环保体系。建立中国托盘共用系统，在全国范围开展托盘利用社会化服务，实现托盘作业一贯化，建立高效物流系统，为我国物流和国际接轨创造必要条件。特别是依托现代高度发展的信息技术，将先进的托盘使用方式和RFID、GPS/GIS技术结合起来，开展智能化托盘租赁、托盘管理服务，为企业提供一个智能化、可视化的高效管理信息平台和运作条件。

(1)提高物流系统效率，改善物流服务质量

建立托盘共用系统，实现托盘联运和机械化作业，既可以有效避免人工搬运造成的货物堆放错误、损毁，也可以避免货物未能有效集装所造成的计数差错。实行托管联运，可以提高机械化作业效率，大大缩短供货时间，特别是对鲜活的农产品具有更为现实的经济价值。通过托盘共用系统的运行，有利于推进托盘标准化从而提高物流系统标准化水平，大大推进和托盘密切相关的货架、货运车辆、输送机和集装箱等物流设备的标准化，使得物流系统设备规格协调、运转顺畅、能够高效运行。

(2)提高运输质量，提升运输安全

共享托盘坚固耐用，不需要担心损坏，不需要维修，优越的耐冲击性，重压或撞击时不易碎裂，可长期使用。特殊的包装材质和结构设计不受环境温度影响，全程无须更换包装，大幅度降低商品在运输过程中的破损率，而且防水、防潮、防虫蚀，减少潮湿、污损等引起的货损货差，提高运输质量，从而减少物流仓储的经济损失。

(3)强化物联网技术应用，实现可视化管理

托盘共用系统和RFID技术结合，实现电子信息化管理，将能对物流进行全程监控，实现物流可视化。在集装单元系统中应用，将RFID芯片封装在托盘上，通过对托盘的管理与控制间接了解货物的有关信息则可能借助RFID、GIS、GPS等技术达到物流可视化的要求。

(4)节约社会经济资源，保护生态环境。目前，我国拥有托盘大约有8亿个以上，并年均以2 000万~3 000万个的速度在递增。其中绝大部分是木质托盘，而一棵成材大树最多只能制造6个标准托盘。如果建立托盘共用系统，可以减少一次性木质托盘的使用数量，同时由于提高了托盘使用效率，可以节约1/3左右的托盘。木托盘使用数量的减少可以有效节约森林资源、保护生态环境。对于其他材质的托盘，如塑料托盘，由于提高使用效率也影响到石油资源的消耗价值。

(案例来源：根据案例《“共享托盘”鲁达包装—智能物流创新案例》改编)

# 任务一　运 输 管 理

## 任务引入

某物流公司承接了广西某公司自北海到上海的一批货物运输业务，该批重量为1 000吨。根据托运人要求，有40吨急用，需要在7天内送达上海。已知：北海到上海(经南宁)的铁路里程2 519千米；北海到上海的公路里程：2 424千米，北海港到上海吴淞港的海里程为1 235海里。

## 任务

(1)请根据该运输任务，确定可供选择的运输方式？请标明运输方式、具体线路、需要标注重要物流节点。

(2)根据客户的要求，请确定最优的运输方案，并阐述理由。

## 任务准备

(1)先学习掌握各种运输方式的优缺点、运输效率和运输成本。

(2)以小组为单位，搜集相关货物运输的网站信息，查阅资料，确定各种运输工具从始发地到目的地的价格、所需时间、需要经过的物流节点，最终根据运输成本、运输时长确定最优运输方案。

## 任务重点与实施

### 一、运输的概念及作用

《物流术语》(GB/T 18354－2021)中对运输的定义："运输是利用载运工具、设施设备及人力等运力资源，使货物在较大空间上产生位置移动的活动。"对物品进行较长距离空间移动，是创造空间效益的主要方式，扩大了经济活动的范围，是现代产业发展的重要支柱。

运输是物流的核心业务之一，也是物流主要功能要素之一，承担了物流过程中很大一部分责任。运输的两大功能：一种功能是物品转移，即实现物质实体的长距离运动；另一种功能是物品存放。从本质上看，运输车辆也是一种临时储存设施。

小提示

1. 运输和搬运的区别：运输是在较大范围内的活动；搬运是在同一地域内的活动。

2. 运输和配送的区别：配送专指分拣配货，然后运输，是短距离、小批量的运输，是运输的“送”与“配”共同构成的活动。

运输业在社会经济发展中起着重要的作用，主要体现在以下方面。

### （一）运输生产是物质生产过程的延续

没有运输，生产过程无法延续，产品无法送达市场，消费也无法进行。只有通过各种运输方式，才能把原材料、燃料等送达生产地，把产品运往消费地区。因此，运输业和其他部门的联系要比其他企业更加广泛，几乎和所有企业都发生直接或间接的关系。运输畅通与否，对企业的连续生产，充分发挥生产资金的作用，以及加速商品流通，都具有极其深远的影响。

### （二）运输业是保证社会生产和生活有序进行的必要条件

运输业是国民经济的重要部门之一，它的存在和发展对促进经济乃至整个社会的发展具有广泛而深刻的意义。运输业的发展包括运输业服务水平和质量的改进，运输费用的降低和运输速度的提高。有助于新资源的开发、落后地区经济的发展、扩大原料供应范围和销售市场、改进工农业的布局、增进社会福利、抑制通货膨胀、降低社会生产成本，最终促进社会生产的发展和经济的繁荣。

### （三）运输业促进资源的开发和合理配置

为了开发条件好的资源，有时需要增加建设投资，或者长距离运输产品，虽然增加了运输费用，但这种资源的开发一般投资省、成本低，在一定条件下是有利的。发达的运输业，可以减少在途物资数量，缩短商品的流通时间，减少物资储备，从而减少商品在流通过程中的数量，节省流通资金；质量良好的运输条件能减少货物的损耗。

## 二、运输方式介绍

### （一）运输方式的分类

运输方式可以根据运输设备及工具、运输线路、运量大小、运输的协作程度等进行分类，具体见表 2-1。

扫码看视频

表 2-1　运输方式的分类

| 分类标准 | 运输方式 | 主要内容 |
| --- | --- | --- |
| 运输工具 | 水路运输 | 使用船舶在水上通道进行的运输方式 |
| | 公路运输 | 使用货运汽车在公路上进行的运输的方式 |
| | 铁路运输 | 使用铁路车辆在铁路上进行的运输方式 |
| | 航空运输 | 使用飞机或其他航空器通过空路进行的运输方式 |
| | 管道运输 | 利用管道输送气体、液体、粉状固体的运输方式 |
| 运输线路 | 干线运输 | 干线运输是利用高速公路、国道等公路干线，进行中长距离、大数量的运输，是进行远距离空间位置转移的重要运输形式 |
| | 支线运输 | 支线运输指与干线相接的分支线路上的运输，是利用较低级别公路完成的干线运输与收发货地点之间的补充性运输形式，路程较短，运输数量相对较小 |
| | 二次运输 | 干线、支线运输到站后，站与仓库或指定接货地点之间的运输 |
| | 厂内运输 | 承担大型工业企业内车间与车间、车间与仓库间的运输任务 |
| 运量大小 | 整车运输 | 同一个托运人一次托运货物的重量、体积、形状或者性质需要单独使用一辆或一辆以上的货车装运的运输方式 |
| | 零担运输 | 托运一批次货物数量较少时，装不足或者占用一节货车车皮(或一辆运输汽车)进行运输在经济上不合算，而由运输部门安排和其他托运货物拼装后进行运输 |
| 运输协作程度 | 一般运输 | 孤立地采用不同运输工具或采用同类运输工具但没有形成有机协作关系的运输方式 |
| | 联合运输 | 一次委托，由两家以上运输企业或用两种以上运输方式共同将一批货物送到目的地的运输方式 |
| 运输中途是否换装 | 直达运输 | 直达运输是在组织货物运输时，利用一种运输工具从起运站、起运港一直到目的站、目的港，中途不经过换载、不入库储存的运输方式 |
| | 中转运输 | 在组织货物运输时，在货物运往目的地的过程中，在途中的车站、港口、仓库进行转运换装的运输形式，称为中转运输 |

## (二)五种主要运输方式介绍

### 1. 铁路运输

铁路运输(图 2-1)一直是我国最主要的货物运输方式，截至 2024 年底，全国铁路营业里程达到 16.2 万公里，铁路运输网的辐射区域几乎覆盖了全国所有县市。通过铁路能够实现以低成本对大量商品实施运输，并且可以提供较高频率的货物运输服

图 2-1　铁路运输

务。铁路运输的主要货物有煤炭、建筑材料、矿石、钢铁、石油、谷物、水泥等。这些产品都有一个共同的特点，那就是低价值和高密度，并且运输成本在商品售价中所占的成本比较大。

铁路运输具有如下优点。

(1)输送能力强，适合大量低价产品的长途运输。

(2)单个车辆的大负载加上各种类型的车辆，使其几乎可以承载任何商品，而且重量和体积没有限制。

(3)高速在五种基本运输方式的平均速度位居第二，仅次于航空运输。

(4)铁路运输受气候和自然条件的影响较小，在常规方面具有运输优势。

(5)可以方便地实现背装运输，集装箱运输和多式联运。

铁路运输缺点如下。

(1)铁路专用线，固定成本很高，原投资较大，建设周期较长。

(2)铁路是由火车组织的，在运输过程中，需要有火车的编组，分解和调配等操作环节，占用时间较长，从而增加了在途货物的运输时间。

(3)铁路运输中的货物损坏率较高，由于装卸时间的原因，货物损坏或丢失事故通常比其他运输方式多。

(4)无法实现"门到门"运输，通常要依靠其他运输方式来配合，才能完成运输任务。

铁路运输主要适用于大型，重货物的长途运输。

### 2. 公路运输

公路运输(图 2-2)有着很强的灵活性，车辆能够在各种类型的路面上行驶。与其他运输方式相比，公路运输货运公司通常在终端建设方面的投入较少，成本主要来源于燃油费用与司机人工成本。2023 年，公路货物运输总量 403.4 亿吨，比上年增长 8.7%；公路货物运输周转量 73 950.2 亿吨公里，比上年增长 6.9%；2024 年全年货物运输总量为 56 874 571 万吨，公路货物运输量占总货运量比重约为 73.64%。公路货运市场仍是中国物流体系的核心，尽管近年来，我国水路和铁路运输占比逐步提升，但公路货运凭借灵活性在中短途运输和"最后一公里"配送中保持主导地位。

图 2-2　公路运输

公路运输在时间方面的机动性也比较大，车辆可随时调度、装运，各环节之间的衔接时间较短。尤其是公路运输对客、货运量的多少具有很强的适应性，因而在批发商进行商品配送或在仓库和零售商之间进行商品配送的过程中都有绝对的优势。现在，除少部分商品采用航空运输以外，城际货物运输活动几乎都是通过公路运输进行的。

公路运输具有如下优点。

(1)可以直接把货物从发货处送到收货处，实行门对门一条龙服务。

(2)适于近距离运输，而且近距离运输费用较低。

(3)容易装车。

(4)适应性强，可作为其他运输方式的衔接手段。易于衔接铁路、水路运输以及航空运输，有利于疏通商品，是综合运输体系的重要组成部分，是物资集散的有效工具。

公路运输具有如下缺点。

(1)不适宜大批量运输。公路运输的经济半径，一般在300公里以内。

(2)长距离运输运费相对昂贵。

(3)易污染环境，发生事故。

(4)消耗能量多。

公路运输主要适用于近距离、小批量的货运和铁路、水运难以到达地区的长途、大批量货运及铁路运输、水运优势难以发挥的短途运输。

### 3. 水路运输

水路运输(图2-3)是各主要运输方式中兴起最早、历史最长的运输方式。水路运输是以船舶为主要运输工具、以港口或港站为运输基地、以水域包括海洋、河流和湖泊为运输活动范围的一种运输方式。水运仍是世界许多国家最重要的运输方式之一。2023年水路运输完成货物运输量93.7亿吨，比上年增长9.5%；2023年水路运输完成货物运输量129 951.5亿吨公里，比上年增长7.4%。

图2-3　水路运输

水路运输有以下四种形式。

(1)沿海运输是使用船舶通过大陆附近沿海航道运送客货的一种方式，一般使用中、小型船舶。

(2)近海运输是使用船舶通过大陆邻近国家海上航道运送客货的一种运输形式，视航程可使用中型船舶，也可使用小型船舶。

(3)远洋运输是使用船舶跨大洋的长途运输形式，主要依靠运量大的大型船舶。

(4)内河运输是使用船舶在陆地内的江、河、湖、川等水道进行运输的一种方式，主要使用中、小型船舶。

水路运输的优点如下。

(1)运能大，能够运输数量巨大的货物。

(2)通用性较强，客货两宜。

(3)能实现远洋运输大宗商品，是发展国际贸易的强大支柱。

(4)运输成本低，能以最低的单位运输成本提供最大的货运量，尤其在大宗货物或散装货物运输时，采用专用船舶运输，经济效果更为明显。

水路运输的主要缺点如下。

(1)受自然气象条件因素影响大。由于季节、制约的程度大，内河运输一年中中断运输的时间较长。

(2)营运范围受到限制，如果没有天然航道则无法运输。

(3)航行风险大，安全性弱。

(3)运送速度慢，准时性差，经营风险增加。

(4)搬运成本与装卸费用高，这是因为运能最大，所以导致了装卸作业量最大。

水路运输的适用范围如下。

(1)承担大批量货物，特别是集装箱的运输任务。

(2)承担原料半成品等效货运输。

(3)承担国际贸易运输，即远距离、运量大，不要求快速抵达国外目的港的客货运输。

#### 4. 航空运输

航空运输(图 2-4)是现代物流中的重要组成部分，其提供的是安全、快捷、方便和优质的服务。近年来，随着中国成为世界制造中心的趋势渐趋明显，已经有越来越多的鲜活产品(如水果、鲜花、海鲜等)、精密机械产品(如医疗器械)、电子产品(如计算机)、商务文件、通讯产品(如手机)需要通过飞机来进行运送。

图 2-4　航空运输

航空运输的主要优点如下。

(1)快速：空运是所有运输方式中最快的，能够实现全球范围内的紧急货物运输。

(2)灵活：空运能够到达许多无法通过海运或陆运到达的目的地。

(3)对货物限制较少：相对于海运，空运对货物的种类和尺寸限制较少。

(4)适于紧急运输：对于紧急货物或高价值货物，空运是最快的选择。

航空运输的主要缺点如下。

(1)成本高：空运是所有运输方式中最昂贵的。

(2)容量有限：尽管空运相对灵活，但容量有限，不适合大量货物的运输。

(3)易受天气影响：飞机本身受到天气的影响非常大，如遇到大雨、大风、雾等恶劣天气，航班就不能得到有效保证，这对航空货物造成的影响就比较大。

(4)机场设施：空运需要依赖机场设施，如果机场拥堵或故障，可能会影响运输。

因此，航空运输主要适合价值高、运费承担能力很强的货物和紧急需要的物资。如贵重设备的零部件、高档产品、救灾抢险物资等。

### 5. 管道运输

管道运输(图 2-5)是用管道作为运输工具的一种长距离输送液体和气体物资的运输方式。采用管道进行长距离运输油气资源的运输将油气田、炼油厂、港口、铁路、公路和用户连接起来，形成网络。管道运输及其成本低，安全性高，污染小，可连续不间断运输等优势，成为目前油气资源的主要运输方式。

图 2-5 管道运输

管道运输的优点如下。

(1)运量大：一条输油管线可以源源不断地完成输送任务。根据其管径的大小不同，其每年的运输量可达数百万吨到几千万吨，甚至超过亿吨。

(2)占地少：运输管道通常埋于地下，其占用的土地很少，运输管道埋藏于地下的部分占管道总长度的95%以上能有效节约土地资源。

(3)管道运输建设周期短、费用低。

(4)管道运输安全可靠、连续性强。由于石油天然气易燃、易爆、易挥发、易泄露，采用管道运输方式，既安全，又可以大大减少挥发损耗。由于管道基本埋藏于地下，气候条件影响小，可以确保运输系统长期稳定地运行。

(5)管道运输耗能少、成本低、效益好。管道运输是一种连续工程，运输系统不存在空载行程，因而系统的运输效率高。

管道运输的缺点如下。

(1)专用性强：承运的货物比较单一，只适合运输如石油、天然气、化学品、碎煤浆等气体和液体货物。

(2)灵活性差：管道运输不容随便扩展管线。实现“门到门”的运输服务时，需要与铁路运输或汽车运输、水路运输配合才能完成全程输送。

(3)专营性强：管道运输的成产与运销混为一体，不提供给其他发货人使用。

## (三)运输方式的选择

运输方式的选择包括单一运输方式选择和联运选择，通常应满足运输的经济性、安全性和便利性等基本要求。在实际运用当中，公路、铁路、水路、航空和管道运输五种基本运输方式各有优缺点，影响运输方式选择的因素包括货物特性、运输批量、运输距离、运输时间和运输成本等。所以企业在选择运输方式环境、运输服务的目标，以及其他多方面的要求，运用定性分析与定量分析相结合的方法进行综合比较和分析。选择最为合理的运输方式或运输方式组很有必要，选择运输方式的定性分析方法一般依靠经验判断，如图 2-6 所示。而定量方法在企业的实际操作中并不常用，可以采用运筹学中决策论的相关方法。

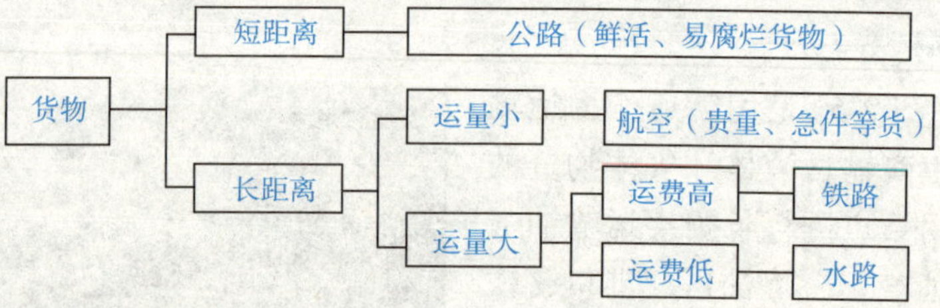


图 2-6　运输方式选择的定性分析

## 三、运输的合理化

### （一）不合理运输的表现形式

#### 1. 单程空驶

单程空驶指由于车货信息不匹配或事先运输计划不周，出现启程或者返程空驶的现象。出现空驶的主要原因有以下几点。

(1)能利用社会化的运输体系而不利用，却依靠自备车送货提货。

(2)由于工作失误或计划不周，造成货源不实，车辆空去空回，形成双程空驶。

(3)车辆过分专用，无法搭运回程货，只能单程实车，单程回空周转。

**对点案例**

**精准匹配车、货资源——开启"互联网+物流"的全新时代**

在传统货运中，货主与车主通常很难直面地沟通和互动，线下普遍信息普遍被中介掌握，信息传播局限、效率低下，信息的不对称让大量车主找不到货，货主找不到车，空返率高居不下。车主不得不面临长时间找货、支付高额信息费等问题，而货主也不得不面对货运成本高、货物安全无保障等问题。

"货车帮"APP 由贵阳货车帮科技有限公司推出，是公司利用大数据、云计算及互联网等技术手段，打造的公路物流互联网信息平台，车货匹配是其核心业务。通过精准匹配车源和货源，在没有第三方介入的情况下促成司机与货主快速达成交易，有效破解了货车拉不到货、货找不到车的难点。该平台拥有诚信司机会员 520 万人、诚信货主会员 125 万家，日货源信息达 700 万条，平台发布货物日周转量达 135.9 亿吨公里，占中国公路货物日周转量的 74.3%。

#### 2. 对流运输

对流运输也称"相向运输""交错运输"，指同一种货物，或彼此间可以互相代用而又不影响管理、技术及效益的货物，在同一线路上或平行线路上作相对方向的运送，而与对方运程的全部或一部分发生重叠交错的运输称对流运输，如图 2-7 所示。

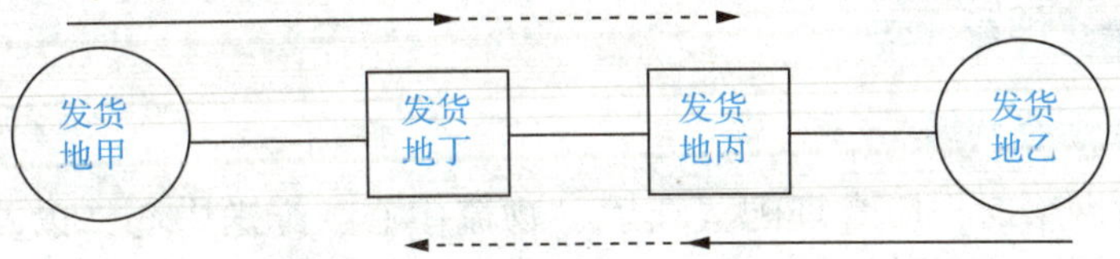


图 2-7　对流运输

### 3. 迂回运输

迂回运输是舍近取远的一种运输，可以选取短距离进行运输而不办，却选择路程较长路线进行运输的一种不合理形式。一般当计划不周、地理不熟、组织不当而发生的迂回，才属于不合理运输。如果最短距离有交通阻塞、道路情况不好或有对噪声、排气等特殊限制而不能使用时发生的迂回，不能称不合理运输。

### 4. 重复运输

重复运输有两种形式：一种是本来可以直接将货物运到目的地，但是在未达目的地之处，或目的地之外的其他场所将货卸下，再重复装运送达目的地；另一种形式是同品种货物在同一地点一面运进，同时又向外运出。重复运输的最大问题是增加了非必要的中间环节，这就延缓了流通速度，增加了费用，增大了货损。

### 5. 倒流运输

倒流运输是指货物从销地或中转地向产地或起运地回流的一种运输现象。其原因在于，往返两程的运输都是不必要的，形成了双程的浪费。

### 6. 过远运输

过远运输指调运物资舍近求远，近处有资源不调而从远处调，这就造成可采取近程运输而未采取，拉长了货物运距的浪费现象。

### 7. 运力选择不当

运力选择不当指未选择各种运输工具优势而不正确地利用运输工具造成的不合理现象，常见形式有：弃水走陆；铁路、大型船舶的过近运输；运输工具承载能力选择不当。

### 8. 托运方式选择不当

对于货主而言，在可以选择最好托运方式而未选择，造成运力浪费及费用支出加大的一种不合理运输。例如，应选择整车未选择，反而采取零担托运，应当直达而选择了中转运输，应当中转运输而选择了直达运输等都属于这一类型的不合理运输。

### 9. 超限运输

超限运输是指超过公路建筑限界规定的长度、宽度、高度的限界或总负载超过公路、公路构造物限载标准的车辆在公路上行驶的行为。

### (二)运输合理化途径

#### 1. 合理配置运输网络

在规划运输网络时，应合理配置仓库、物流中心、配送中心，以及中转站、货运站、港口、空港物流节点。例如，企业为了确保市场占有率，就需要考虑利用多个仓库、配送中心，合理配置仓库这些网络节点，如仓库如何布局、密度多大、相距多远等。

#### 2. 选择最佳的运输方式

由于铁路、公路、水路、航空、管道等运输方式各具特点，所以在货物运输中要根据实际情况选择适宜的运输方式。例如，长距离、大批量的货物运输宜采用铁路或水路运输；小批量、多品种、近距离的货物运输宜采用公路运输；体积小、价值高的货物运输和紧急救灾、抢险物资的运输适合航空运输方式。在中、短距离运输中，企业可以实施铁路公路分流和“公代铁运输”。

#### 3. 提高运输工具的实载率

运输工具实载率包括两方面含义：一是单车实际载重与运距之乘积和标定载重与行驶里程之乘积的比率；二是车船的统计指标，即一定时间内车船实际完成的货物周转量占车船载重吨位与行驶千米乘积的百分比。

#### 4. 发展社会化运输体系

运输社会化的含义是发展运输的大生产优势，实行专业分工，改变一家一户自成运输体系的状况一家一户的小运输生产，车辆自有、自我服务，不能形成规模，且运量需求有限，难以自我调剂因而容易经常出现短缺、运力选择不当(由于运输工具有限，选择范围太窄)、不能满载等现象。

#### 5. 采用先进的运输技术设备

不断开发特殊运输技术和采用先进的运输工具是实现运输合理化的重要途径。例如，利用专用装及罐车可以解决粉状、液态物运输损耗大、安全性差等问题。

#### 6. 采用合理的运输策略和模式

要实现运输合理化，还必须采用合理的运输策略。企业可以根据实际情况，尽量采用直达运输、共同运输、集装箱运输等策略。随着运输业及物流技术的发展，应大力推广多式联运化运输等先进的运输模式。

**对点案例**

**宜宾港铁水联运**

宜宾港铁路集疏运中心项目，是长江干线12个铁水联运设施联通项目之一，位于宜宾三江新区、翠屏区境内，线路与内六铁路一步滩站接轨。

该项目于2023年底投运，使得内昆铁路与长江黄金水道在宜宾实现了无缝连接，宜宾港运输通道得以直接接入国家干线铁路网，打通了宜宾铁水联运“最后一公里”。

项目建成后的效果如下。

(1)有效降低运输成本。宜宾港目前的铁水联运，连接了港口与宜宾北站，这两者公路车程超过20公里，而现在有了进港铁路，运输成本直接从0.8元/吨公里降到了约0.2元/吨公里，费用大幅降低。云南的大宗物资通过“铁水联运”每年可省下成本约120万元。

(2)极大运输效率方面。一船3 000吨的宜宾外采的煤矿，需要上百辆次货车转运，而火车只需一车皮就能运完，效率大大提高。

(3)有效推动区域经济一体化。进港铁路一端始于宜宾港的重件区，几乎横跨宜宾港全部作业区，最终在宜宾市一步滩站，通过内六线与省外接轨。小范围内，其腹地可延伸至攀西、云南、贵州等区域；往远看，可通过沪昆线、南昆线延伸至东南亚、北部湾、粤港澳大湾区，宜宾港因此成为连接西南地区与长江经济带的重要枢纽，有助于推动区域间的经济交流与合作，促进西部大开发战略的实施。

(4)减少碳排放，促进绿色发展。相较于公路运输，铁路运输在耗能上更加的节能环保，而且铁路可以提高货物吞吐量，从而可有效减少运输过程中的碳排放。

# 任务二　仓储管理

## 任务引入

京东物流目前运营超1 500个仓库，含云仓生态平台的管理面积在内，京东物流仓储总面积超过3 100万平方米。在京东亚洲一号仓广泛应用的天狼货到人系统，准确率高达99.99%，存储能力是普通仓库的3倍以上，在拣货效率上是普通人工仓的5倍以上。亚洲一号的机械臂的创新应用混拆混码技术，京东商品体系目前有超1 000万SKU，且品类规格各有不同，混拆混码就是运用基于深度学习的3D视觉、运动规划及控制、垛型规划等核心技术，可同时码放多个含有不同SKU的托盘，实时生成满足不同业务与标准作业程序(standard operating procedure，SOP)规范的稳定垛型，可将不同SKU的货物码放至同一托盘，且支持同时处理多个托盘。

## 任务

（1）通过文献检索和实地企业仓库调查，对比分析京东仓储与当地企业仓储的发展情况。

（2）针对所调查的企业仓库管理情况，选择一家作为研究对象，分析其管理中存在的优缺点，并提出改进意见。

## 任务准备

（1）文献搜索、视频观看京东智慧仓库的运营情况。

（2）以小组为单位，前往所在区域企业仓库进行实地调查，分析企业仓库现状并进行讨论分析，撰写调查报告。

## 任务重点与实施

### 一、仓储的概念及作用

仓储是通过仓库对商品与物品的储存与保管。“仓”即仓库，为存放、保管、储存物品的建筑物和场地的总称，可以是房屋建筑、洞穴、大型容器或特定的场地等，具有存放和保护物品的功能。“储”即储存、储备，表示收存以备使用，具有收存、保管、交付使用的意思。《物流术语》（GB/T 18354－2021）对仓储的定义：“仓储是利用仓库及相关设施设备进行物品的入库、存贮、出库的活动。”

扫码看视频

仓储在物流活动中的作用主要体现在以下方面。

（1）仓储是物流的主要功能要素之一。在物流体系中，运输和仓储被称为两大支柱，运输承担着改变物品空间状态的重任，仓储则承担着改变物品时间状态的重任。

（2）仓储是整个物流业务活动的必要环节之一。仓储作为物品在生产过程中各间隔时间内的物流停滞，是保证生产正常进行的必要条件，它使上一步生产活动顺利进行到下一步生产活动。

（3）仓储是保持物资原有使用价值和物资使用合理化的重要手段。生产和消费的供需在时间上的不均衡、不同步造成物资使用价值在数量上减少，质量上降低，只有通过仓储才能减小物资损害程度，防止产品一时过剩浪费，使物品在效用最大的时间发挥作用，充分发挥物品的潜力，实现物品的最大效益。

（4）仓储是加快资金周转、节约流通费用、降低物流成本，提高经济效益的有效途径。有了仓储的保证，就可以免除加班赶工的费用，免除紧急采购的成本增加。

同时，仓储也必然会消耗一定的物化劳动和活劳动，还大量地占用资金，这些都说明仓储节约的潜力是巨大的。通过仓储的合理化，就可以加速物资的流通和资金的周转，从而节省费用支出，降低物流成本，开拓“第三利润源泉”。

小提示

仓储活动像一把双刃剑，库存太少会导致缺货，而库存过多又会出现库存积压，影响企业的资金周转。如何合理地控制商品的库存数量，是做好仓储管理非常重要的工作之一。

## 二、仓库的类型

仓库是保管、储存物品的建筑物和场所的总称。物流中的仓库功能已经从单纯的物资存储保管，发展到具有担负物资的接收、分类、计量、包装、分拣、配送、存盘等多种功能。仓库管理是指商品储存空间的管理。

仓库根据不同的标准可进行不同的分类，常见的仓库分类方式有以下几种。

### （一）按保管货物的特性分类

#### 1. 原料仓库

原材料仓库是用来储存生产所用的原材料的，这类仓库一般比较大。

#### 2. 产品仓库

产品仓库的作用是存放已经完成的产品，但这些产品还没有进入流通区域，这种仓库一般是附属于产品生产工厂。

#### 3. 冷藏仓库

冷藏仓库是用来储藏那些需要进行冷藏储存的货物，一般多是农副产品、药品等，对于储存温度有要求的物品。

#### 4. 恒温仓库

恒温仓库和冷藏仓库一样也是用来储存对于储藏温度有要求的产品。

#### 5. 危险品仓库

危险品仓库从字面上就比较容易理解它是用于储存危险品的，危险品由于可能对人体及环境造成危险，因此在此类物品的储存方面一般会有特定的要求，如许多化学用品就是危险品，储存时有专门的条例。

### （二）按仓库的隶属关系分类

#### 1. 自用仓库

自用仓库是指某个企业建立的供自己使用的仓库，仓库一般由企业自己进行管理。

#### 2. 营业仓库

营业仓储是指仓储经营人以其拥有的仓储设施，向社会提供商业性仓储服务的仓储行为。该类型仓库以盈利为目的，第三方物流企业所建仓库属于营业仓库。

#### 3. 公共仓库

公共仓库是国家和公共团体为了公共利益而建设仓库，这是一种专业从事仓储经营管理的、面向社会的、独立于其他企业的仓库。

### (三)按仓库用途分类

#### 1. 采购供应仓库

采购供应仓库主要用于集中储存从生产部门收购的和供国际间进出口的商品，一般这一类的仓库库场设在商品生产比较集中的大、中城市或商品运输枢纽的所在地。

#### 2. 批发仓库

批发仓库主要是用于储存从采购供应库场调进或在当地收购的商品，这一类仓库一般贴近商品销售市场，规模同采购供应仓库相比一般要小一些，既从事批发供货，也从事拆零供货业务。

#### 3. 零售仓库

零售仓库主要用于为商业零售业做短期储货，一般是提供店面销售，零售仓库的规模较小，所储存物资周转快。

#### 4. 储备仓库

储备仓库一般由国家设置，以保管国家应急的储备物资和战备物资。货物在这类仓库中储存时间一般比较长，并且储存的物资会定期更新，以保证物资的质量。

#### 5. 中转仓库

中转仓库处于货物运输系统的中间环节，存放那些等待转运的货物，一般货物在此仅做临时停放，这一类仓库一般设置在公路、铁路的场站和水路运输的港口码头附近，以方便货物在此等待装运。

#### 6. 加工仓库

具有产品加工能力的仓库被称为加工仓库。

#### 7. 保税仓库

保税仓库是指经海关批准设立的专门存放保税货物，以及其他未办结海关手续货物的仓库。储存于保税仓库内的进口货物经批准可在仓库内进行改装、分级、抽样、混合和再加工等，这些货物如再出口则免缴关税，如进入国内市场则须缴关税。各国对保税仓库货物的堆存期限均有明确规定。设立保税仓库除为贸易商提供便利外，还可促进转口贸易。

### (四)按仓库自动化程度分类

#### 1. 普通仓库

普通仓库无现代化设备，即使有也为数很少。

#### 2. 智能化仓库

智能化仓库全部利用计算机系统操作，所以又称为“无人仓库”。货物进出库的验放、存取、分拣、配货、配送、统计、结算等操作，全部自动化。

## 三、仓储的合理化

### （一）不合理仓储等表现形式

不合理仓储的表现形式主要包括仓储时间过长、数量过大或过小、条件不足或过剩及结构失衡。

#### 1. 仓储时间过长

仓储时间过长会导致货物因长时间存储而老化或失去使用价值，如货物因储存时间过长过期或变质等。

#### 2. 数量过大或过小

仓储数量过大可能造成货物积压，增加资金占用和保管费用；而数量过小则可能影响消费，降低客户服务水平。

#### 3. 条件不足或过剩

仓储环境未能满足货物的特定需求，如温度、湿度控制不当，可能导致货物损坏或变质。

#### 4. 结构失衡

结构失衡指仓储布局不合理，如危险品货物未专库专放，或仓库内禁止人员生活居住的规定未得到执行。

此外，不合理仓储还可能是由于销售预测不准确、采购不力等原因导致仓库中堆积了不必要的货物，或者未能及时处理呆滞物料，占用了仓库空间。这些情况都直接影响了仓储的效率和效果

### （二）仓储合理化的标志

#### 1. 质量标志

质量标志是指保证被仓储物的质量，是完成仓储功能的根本要求。在仓储中增加了多少时间价值或是得到了多少利润，都是以保证质量为前提的。仓储合理化的主要标志中，为首的应是反映使用价值的质量。

#### 2. 数量标志

数量标志是在保证功能实现前提下有一个合理的数量范围。

#### 3. 时间标志

时间标志是在保证功能实现前提下，寻求一个合理的仓储时间，这是和数量有关的问题，仓储量越大而消耗速率越慢。

#### 4. 结构标志

结构标志从被储物不同品种、不同规格、不同花色的仓储数量的比例关系对仓储

合理性的判断，尤其是相关性很强的各种货物之间的比例关系更能反映仓储合理与否。

#### 5. 分布标志

分布标志是指不同地区仓储的数量比例关系，以此判断当地需求比，以及对需求的保障程度，也可以此判断对整个物流的影响。

#### 6. 费用标志

费用标志需要考虑仓租费、维护费、保管费、损失费、资金占用利息支出等，才能从实际费用上判断仓储的合理与否。

### （三）仓储合理化的主要途径

#### 1. ABC 分类控制法

ABC 分类控制法是指将库存货物按重要程度细分为特别重要的库存(A 类货物)；一般重要的库存(B 类货物)和不重要的库存(C 类货物)三个等级，针对不同类型级别的货物进行分别管理和控制的方法。如对于 A 类货物可以采用重点管理法，对于 C 类货物可以采用批量管理法。

#### 2. 适当集中库存

适当集中库存是利用储存规模优势，以适度集中储存代替分散的小规模储存来实现合理化。过分分散则每一处的储存保证的对象有限，互相难以调度调剂，则需分别按其保证对象要求确定库存量。而集中储存易于调度调剂，集中储存总量可大大低于分散储存之总量。过分集中储存，储存点与用户之间距离拉长，储存总量虽降低，但运输距离拉长，运费支出加大，在途时间长，又迫使周转储备增加。所以，适度集中的含义是主要在这两方面取得最优集中程度。

#### 3. 加速总的周转，提高单位产出

储存现代化的重要课题是将静态储存变为动态储存，周转速度一快，会带来一系列的合理化好处。如资金周转快、资本效益高、货损小、仓库吞吐能力增加、成本下降等。具体做法如采用单元集装存储，建立快速分拣系统都有利于实现快进快出，大进大出。

#### 4. 采用有效的“先进先出”方式

“先进先出”能保证每个被储物的储存期不致过长。有效的先进先出主要方式如下。

(1)贯通式货架系统

利用货架的每层形成贯通的通道，从一端存入货物，从另一端取出货物，物品在通道中自行按先后顺序排队，不会出现越位等现象，能很好达到先进先出的效果。

(2)“双仓法”仓储

给每种被储物准备两个仓位或货位，轮换进行存取，规定必须在一个货位中取尽时才可补充，实现“先进先出”。

(3)计算机存取系统

采用计算机管理，在入库时向计算机输入时间记录，编入一个简单地按时间顺序输出的程序，取货时计算机就能按时间标志给予指示，以保证“先进先出”。这种计算

机存取系统还能将“先进先出”保证不做超长时间的仓储与快进快出结合起来，即在保证一定先进先出的前提下，将周转快的货物随机存放在便于存取之处，以加快周转，减少劳动消耗。

### 5. 提高仓容利用率

提高储存密度和仓容利用率可以相对降低储存成本，减少占有面积。常见提高仓容利用率的方法如下。

(1)采用高垛的方法以增加储存的高度

采用高层货架仓库或采用集装箱等，可以比一般的堆存方法大大增加储存高度。

(2)缩小库内通道宽度以增加储存有效面积

具体方法为采用窄巷式通道，配以轨道式装卸车辆，以减少车辆运行宽度的要求用侧叉车等，以减少转弯宽度的要求。

(3)减少库内通道数量以增加储存有效面积

具体方法为采用密集型货架、各种贯通式货架；采用不依靠通道的桥式起重机技术等。

### 6. 采用有效的储存定位系统

储存定位是指对储存对象的储存位置采用科学的反映方法。如“四位数定位”是传统手工管理中采用的科学方法。四位数指四个号码，分别是序号、架号、层号、位号。这就使每个货位都有了固定编号，在物品入库时，把位置编号记录在账，提货时按编号指示，很快就能把物品找出来。提高劳动效率，减少差错，而且便于清点；还可以避免对储存对象固定定位，可在进货时采取自由定位，这样可以充分利用空余货位，而不需专位待货，也有利于提高仓库的储存利用率。

### 7. 采用有效的监测清点方式

有效的检测清点能保证储存物品的数量与质量。检测清点的具体方式有以下三种。

(1)“五五化”堆码方式

储存物堆垛时，以“五”为基本计数单位，堆成总量为“五”的倍数的垛形，如梅花五、重叠五等，堆码后，有经验者可过目成数，大大加快了人工点数的速度，且少差错。

(2)光电识别系统

光电识别系统是指在货位上安装光电识别装置对库存物品进行扫描，并将自动显示出来，这种方式不需人工清点就能准确掌握库存的实际物品数目。

(3)电子计算机监控系统

电子计算机监控系统是用电子计算机指示物品的存取，可以防止人工存取所容易出现的差错。在被储存物品上采用条形码认寻技术，使识别装置和计算机连接，每存取一件物品，识别装置自动识别条形码并输入计算机，计算机会自动做出存取记录。这样只需向计算机查询即可了解所储存物品的准确情况，而无须再建立一套监测系统。

### 8. 用现代储存保养技术

采用现代储存保养技术，能有效避免仓储物质量损坏。常用的储存保养技术有以下三种。

(1)气幕隔潮

在潮湿地区或雨季，仓库打开库门作业时，由于空气交换会导致室外的潮湿空气会很快进入库内，一般库门、门帘等设施隔绝潮湿空气的效果不理想。气幕防潮就是在库门上方安装鼓风设备，使之在门口处形成一道气流。由于这道气流有较高压力和流速，在门口便形成一道气墙，可有效阻止库内外空气的交换，防止湿气侵入。气幕还可以起到保持室内温度的隔热作用。

(2)气调储存

气调储存是指通过调节和改变环境的空气成分，从而抑制被储存物品的化学变化和生物变化，抑制害虫生存及微生物活动，以达到保持被储存物品质量的目的。调节和改变空气成分主要通过在密封环境中更换配合好的气体、出入某种成分的气体或者抽去或降低某种成分气体等方式实现。气调方法对于有新陈代谢作用的水果、蔬菜、粮食等物品的长期保质、保持储存很有效。

(3)塑料薄膜封闭

塑料薄膜封袋、封箱，可有效地造就封闭小环境，阻隔内外空气交换，完全隔绝水分。在封闭环境内如果再加入杀虫剂、缓蚀剂或某种抑制微生物生存的气体，则内部可以长期保持，形成长期稳定的储存小环境，该方法对水泥、化工产品、钢材等做防水封装，可以防变质和锈蚀。

### 9. 采用集装箱、集装袋、托盘等运储装备一体化的方式

采用集装箱后，本身便是一栋仓库，不需要再有传统意义的库房，在物流过程中，也就省去了入库、验收、清点、堆垛、保管、出库等一系列储存作业，因而对改变传统储存作业有很重要意义，是储存合理化的一种有效方式。

**对点案例**

#### “数字”赋能确保仓储作业提质增效

仓储的有效运行直接影响物资采购准确性和生产进度能否有序开展，是物资采购和生产环节的重要结合点。库存物资管理的准确性直接影响订货需求平衡即物资订货的准确性，影响物资是否能够及时准确地提供给生产线，影响采购成本控制和库存指标的控制。

某企业将智能仓储 IWMS 系统与 SAP 系统相结合，对入库物料的名称、批次、数量、入库时间等信息进行精细化管理。

智能仓储设施设备与系统投入使用，使得出入库存取效率和准确率有了显著提升。作业人员无须再拿着纸质清单一一核对物料，而只需拿着 PDA 扫描电子标签即可确认物料。每个器件从开始都会有其专属二维码，工人出入库均需对二维码扫码确

认，这样可以避免很多人为失误造成的问题，还能将数据实时同步到系统中以便数据统计查询。自动化立体仓库使用使得原材料库内货位大幅增加，料箱增加格口划分，更好地实现了对物料进行批次性管理，存储量较之前增长了近70%。两台AGV智能机器人代替工人搬运物料箱，根据智能算法规划最优行动路径，取件高度可达2 500 mm，可一次性提取7箱物料，大大加快了物料存取效率，经统计物料存取效率较之前提高了近50%。物料仓库与操作人员工作区相互独立，作业人员坐在工位上就可轻松完成物料存取工作，更解决了大体积物料的存取难题。

# 任务三　包装管理

## 任务引入

小张和他的同学经常通过电子商务平台购买生鲜水果。但在多次购买的经历中，发现当水果仅用纸箱包装，没有其他防护包装时候，就会出现收到货的水果外包装损坏、水果出现磕坏破损的情况，有时候忘记及时取货还会出现水果腐烂的情况。针对这种情况，该如何改进该类商品的包装以保障商品质量呢？

## 任务

(1)选择某一类产品，通过文献检索和实地调研，分析该类商品的运输包装和销售包装有什么区别？该商品在运输包装和商品包装中各采用了哪些包装技术，分析其包装的合理性。

(2)针对电子商务平台生鲜水果的运输包装提出包装改进建议。

## 任务准备

(1)文献搜索、视频观看了解包装对于现代物流体系的重要、运输包装和销售包装的区别。

(2)以小组为单位针对某一类商品包装技术应用情况进行分析讨论。

## 任务重点与实施

### 一、包装的概念及作用

根据《物流术语》(GB/T 18354－2021)中对包装的定义：“包装是为在流通过程中

保护产品、方便储运、促进销售，按一定技术方法而采用的容器、材料及辅助物等的总体名称。”也指为了达到上述目的而采用容器、材料和辅助物的过程中施加一定技术方法等的操作活动。包装在商品的流通、销售和使用中起着非常重要的作用。

### （一）保护商品

保护商品是产品包装盒的重要作用之一。产品在流通过程中，可能受到外界各种因素的影响，引起商品破损、污染、渗漏或变质。科学合理地包装，能使商品抵抗各种外界因素的破坏。

### （二）便于流通

包装为产品流通提供了条件和方便。将产品按一定的数量、形状、规格、大小及不同的容器进行包装，而且在商品包装外面通常都印有各种标志，反映被包装物的品名、数量、规格、颜色及整体包装的体积、毛重、净重、厂名、厂址及储运中的注意事项等，这样既有利于商品的分配调拨、清点计数，也有利于储运效果，提高产品的经济效益。

### （三）促进销售

精美的产品包装可起到美化商品、宣传商品和促进销售的作用。包装既能提高商品的市场竞争力，又能以其新颖独特的艺术魅力吸引顾客、指导消费，成为促进消费者购买的主要动力。

### （四）方便消费

包装随产品的不同，形式各种各样，便于消费者携带、保存和使用。包装上的绘图、商标和文字说明等，既方便消费者辨认，又介绍了商品的成分、性质、用途、使用和保管方法，起着方便与指导消费的作用。

### （五）节约费用

合理的包装可以使零散的商品以一定数量的形式集成一体，从而大大提高装载容量并方便装卸运输，可以节省运输费、仓储费等各项费用支出。有的包装还可以多次回收利用，节约包装材料及包装容器的生产，有利于降低成本，提高经济效益。

## 二、包装的分类

### （一）根据包装在流通过程中的作用分类

根据包装在流通中过程中的作用可分为以下几种。

#### 1. 工业包装

工业包装主要用于原材料部件和半成品/成品的运输和储存，以加强运输和保护商品为主要目的。

#### 2. 商业包装

商业包装主要用于销售和展示，以外观美观、装饰性和适应市场需求为特点。

### （二）根据包装容器质地分类

根据包装容器质地分类，可分为以下几种。

#### 1. 硬包装

硬包装是指在取出内装物后，容器形状基本不变，材料坚硬且质地牢固的包装。例如，木盒、玻璃瓶、金属罐等。

#### 2. 半硬包装

半硬包装介于硬包装和软包装之间，主要以硬纸盒为代表。

#### 3. 软包装

软包装指在取出内装物后，容器形状会发生变化，材质较柔软的包装。常见的软包装有纸袋、塑料袋等。

### （三）根据包装适用范围分类

根据包装适用范围可分为以下几种。

#### 1. 通用包装

通用包装是按照一定的标准尺寸制造的包装，用于包装各种无特殊要求或标准尺寸的产品。

#### 2. 专用包装

专用包装是针对特定产品进行设计和制造的包装，例如，蛋糕盒、药物包装等。

### （四）根据包装使用次数分类

根据包装使用次数可分为以下几种。

#### 1. 一次性包装

一次性包装是只能使用一次，不能回收和复用。一次性包装通常会随产品一起出售或在销售过程中被消费。

#### 2. 多次用包装

多次用包装是可以经过适当的加工和整理后重复使用，具有环保和经济效益。

#### 3. 周转包装

周转包装是工厂和商店用于多次使用的包装容器，如托盘和周转箱等。

## 三、包装的合理化

### （一）不合理包装的表现

#### 1. 包装不足

包装不足可以造成在流通过程中的损失及降低物流效率。包装不足主要包括四个方面。

(1)包装强度不足，导致包装防护性不足，造成被包装物的损害。

(2)包装材料水平不足，由于包装材料选择不当，材料不能很好地承担运输防护及促进销售的作用。

(3)包装容器的层次及容积不足，缺少必要层次与所需体积不足造成损失。

(4)包装成本过低，不能保证有效地包装。

#### 2. 包装过剩

包装过剩主要包括以下四个方面。

(1)包装强度设计过高。

(2)包装材料选择不当，选择过高。

(3)包装成本过高。

(4)包装技术过高。

#### 3. 包装污染

包装污染主要体现在以下两个方面。

(1)包装材料中大量使用的纸箱、木箱、塑料容器等，要消耗大量的自然资源。

(2)商品包装的一次性、豪华性，甚至采用不可降解的包装材料，严重污染环境。

### (二)包装合理化措施

包装的合理化往往用整体物流效益与微观包装效益的统一来衡量，包括包装材料、包装技术、包装方式的合理组合及运用。合理包装应满足以下五个方面的要求。

#### 1. 包装尺寸标准化

包装尺寸与物流设备密切相关，如托盘、集装箱等。只有彼此相互匹配，才能实现整个物流过程合理化和效率化。因此，有必要根据系统的观点规定包装的标准尺寸，从而促进实现包装尺寸的标准化。

#### 2. 包装作业机械化

包装作业机械化不但使包装作业的效率提高，减少了手工包装作业的强度，而且是实现劳动力节约的基础。包装作业机械化应该从逐个包装机械化开始，然后到装箱、封口及捆扎等包装作业结束。

#### 3. 包装轻薄化

因为包装仅仅是保护性的，不具备产品使用价值，所以在同等的强度、寿命及费用下，使用更轻、更薄、更小的包装有助于提高装卸搬运的效率，同时轻薄、短小的包装更便宜，还有利于节约资源。

#### 4. 包装大型化

由于交易单位的大型化及物流过程中装卸搬运的机械化，包装的大型化趋势随之提高。如出售大批量的日用杂货或食品商店由于销售量大，就必须采用托盘包装、集合包装。而且包装单位大型化可以节省劳动力，减少包装成本。

#### 5. 包装绿色化

绿色包装是指无污染或少污染的符合环保要求的各类包装物品，主要包括纸包装、可降解塑料包装、生物包装和可食性包装等，它们是包装业的发展主流。随着人们对资源有限性的认识加深，包装材料的回收利用逐渐受到重视。绿色包装是包装业的发展主流，今后应大力推行包装容器的循环使用。

对点案例

### 箱箱共用做工业物流包装行业低碳转型“开拓者”

根据弗若斯特沙利文最新数据，2021 年全球循环包装产业规模达 1 001 亿美元，中国物流包装市场规模约为 7 600 亿元，其中 90% 以上的包装都为一次性物流包装。

箱箱共用是一家面向全球工业制造业提供智能包装技术和循环服务的平台型科技企业。

截至 2022 年，箱箱共用已为非危化学品、食品饮料、化妆品、汽车和家电零部件等行业的近 2 000 家全球知名和行业头部企业提供智能工业包装技术和循环运营服务，先后在“博世无锡工业园”“美的微清灯塔工厂”“欧莱雅苏州尚美碳中和工厂”“海尔中德智慧园区”等工业园区和世界级灯塔工厂场景落地。

目前，箱箱共用已在中国部署 30 个中心仓、200 个前置仓、2 500 家上下游服务网点，通过数字化循环服务系统，以中心仓为核心服务原点，前置仓为服务保障，借助第三方专业物流、仓储服务资源整合，构建智能高效、线上线下融合的工业物流包装循环服务体系。

箱箱共用为各领域头部企业提供专业服务，例如，家电行业与美的、海尔合作；工业制造业方面与施耐德、博世等公司合作，美妆护肤与欧莱雅、妮维雅等公司合作，为智能可循环包装在各行业的应用起到示范性作用。

## 四、常见包装技术与方法

### （一）防震保护技术

为了防止产品遭受损坏，就要设法减小外力的影响，防震包装是指为减缓内装物受到冲击和振动，保护其免受损坏所采取的一定防护措施的包装。防震包装主要有以下三种方法。

#### 1. 全面防震包装方法

全面防震包装方法是指内装物和外包装之间，全部用防震材料填满进行防震的包装方法。

#### 2. 部分防震包装方法

对于整体性好的产品和有内装容器的产品，仅在产品或内包装的拐角或局部地方使用防震材料进行衬垫即可。所用包装材料主要有泡沫塑料防震垫、充气型塑料薄膜防震垫和橡胶弹簧等。

#### 3. 悬浮式防震包装方法

对于某些贵重易损的物品，为了有效地保证在流通过程中不被损坏，外包装容器比较坚固，然后用绳、带、弹簧等将被装物悬吊在包装容器内，在物流中，无论是哪种操作环节。内装物都被稳定悬吊而不与包装容器发生碰撞，从而减少损坏。

### （二）防破损保护技术

缓冲包装有较强的防破损能力，因而是防破损包装技术中有效的一类。此外还可以采取以下几种防破损保护技术。

#### 1. 捆扎及裹紧技术

捆扎及裹紧技术的作用，是使杂货、散货形成一个牢固整体，以增加整体性，便于处理及防止散堆来减少破损。

#### 2. 集装技术

利用集装，减少与货体的接触，从而防止破损。

#### 3. 选择高强保护材料

通过外包装材料的高强度来防止内装物受外力作用破损。

### （三）防锈包装技术

#### 1. 防锈油防锈蚀包装技术

大气锈蚀是空气中的氧、水蒸气及其他有害气体等作用于金属表面引起电化学作用的结果。防锈油包装技术就是根据这一原理将金属涂封防止锈蚀的。

#### 2. 气相防锈包装技术

气相防锈包装技术就是用气相缓蚀剂(挥发性缓蚀剂)，在密封包装容器中对金属制品进行防锈处理的技术。

### （四）防霉腐包装技术

包装防霉烂变质的措施，通常是采用冷冻包装、真空包装或高温灭菌方法。冷冻包装的原理是减慢细菌活动和化学变化的过程，以延长储存期，但不能完全消除食品的变质；高温杀菌法可消灭引起食品腐烂的微生物，可在包装过程中用高温处理防霉。有些经干燥处理的食品包装，应防止水汽浸入以防霉腐，可选择防水汽和气密性好的包装材料，采取真空和充气包装。机电产品的大型封闭箱，可酌情开设通风孔或通风窗等相应的防霉措施。

### （五）防虫包装技术

防虫包装技术，常用的是驱虫剂，即在包装中放入有一定毒性和嗅味的药物，利用药物在包装中挥发气体杀灭和驱除各种害虫。也可采用真空包装、充气包装、脱氧包装等技术，使害虫无生存环境，从而防止虫害。

### （六）危险品包装技术

交通运输及公安消防部门按规定将危险品分为十大类，即爆炸性物品、氧化剂、压缩气体和液化气体、自燃物品、遇水燃烧物品、易燃液体、易燃固体、毒害品、腐蚀性物品、放射性物品等，有些物品同时具有两种以上危险性能。

对有毒商品的包装要明显地标明有毒的标识。防毒的主要措施是包装严密不漏、不透气。

对有腐蚀性的商品，要注意商品和包装容器的材质发生化学变化。金属类的包装容器，要在容器壁涂上涂料，防止腐蚀性商品对容器的腐蚀。

对黄磷等易自燃商品的包装，宜将其装入壁厚不少于 1 毫米的铁桶中，桶内壁须涂耐酸保护层，桶内盛水，并使水面浸没商品，桶口严密封闭，每桶净重不超过 50 公斤。再如通水引起燃烧的物品——碳化钙，遇水即分解并产生易燃乙炔气，对其应用坚固的铁桶包装，桶内充入氮气。如果桶内不充氮气，则应装置放气活塞。

对于易燃、易爆商品，防爆炸包装的有效方法是采用塑料桶包装，然后将塑料桶装入铁桶或木箱中，每件净重不超过 50 公斤，并应有自动放气的安全阀，当桶内达到一定气体压力时，能自动放气。

### （七）特种包装技术

#### 1. 充气包装

充气包装是采用二氧化碳气体或氮气等不活泼气体置换包装容器中空气的一种包装技术方法，因此也称为气体置换包装。通过降低氧气的浓度，抑制微生物的生理活动、酶的活性和鲜活商品的呼吸强度，以达到防霉、防腐和保鲜的目的。

#### 2. 真空包装

真空包装是将物品装入气密性容器后，在容器封口之前抽真空，使密封后的容器内基本没有空气的一种包装方法。该方法可以避免或减少脂肪氧化，抑制了某些霉菌和细菌的生长。

#### 3. 收缩包装

收缩包装就是用收缩薄膜裹包物品（或内包装件），然后对薄膜进行适当加热处理，使薄膜收缩而紧贴于物品（或内包装件）的包装技术方法。

#### 4. 拉伸包装

拉伸包装是依靠机械装置在常温下将弹性薄膜围绕被包装件拉伸、紧裹，并在其末端进行封合的一种包装方法。由于拉伸包装不需进行加热，所以消耗的能源只有收缩包装的二十分之一。拉伸包装可以捆包单件物品，也可用于托盘包装之类的集合包装。

#### 5. 脱氧包装

脱氧包装是在密封的包装容器中，使用能与氧气起化学作用的脱氧剂与之反应，从而除去包装容器中的氧气，以达到保护内装物的目的。脱氧包装方法适用于某些对氧气特别敏感的物品，用于那些即使有微量氧气也会促使品质变坏的食品包装中。

对点案例

### 前沿包装技术：智能包装、纳米包装和条码包装

**1. 能显示食品新鲜度的智能包装**

智能包装是指对环境因素具有“识别”和“判断”功能的包装技术，它可以识别和显示包装空间的温度、湿度、压力，以及密封程度、时间等一些重要参数。

这种包装用来包装鱼类或海鲜，采用四个带有能检测 pH 值变化的电子感应装置，其中一个安放在包装外部，另外三个放置在包装内部，这样便于形成对比；如果内部三个感应件色彩由黄变红，这说明内装物已经变质了。这种智能包装极大地方便了消费者对商品的选择，也较好地保证了消费者的利益。

**2. 纳米包装技术**

由纳米技术制成的材料具有较高的机械性能，使用寿命更长，可用于特种包装，如耐蚀包装、防火防爆包装、危险品包装等。另外，纳米包装材料生态性能较好，具有很强的紫外线吸收和光催化降解能力，可通过降解作用避免对环境造成危害。

**3. 商品包装上的第二代条形码——RFID**

射频识别技术(radio frequency identifcation，RFID)通常被称为电子标签。这是一种非接触式的自动识别技术，它通过射频信号自动识别目标对象并获取相关数据。RFID 标签具有可读写、反复使用和耐高温、不怕污染等传统条形码所不具备的优势，处理数据过程无须人工干预。

RFID 标签被广泛地应用在包装上，如英国政府为了达到控制烟草行业的走私偷税和伪劣造假的目标，规定必须在香烟盒子上贴上 RFID 标签。

# 任务四　装卸搬运管理

任务引入

联华公司是上海首家发展连锁经营的商业公司，经过多年的发展，已成为中国最

大的连锁商业企业之一。联华便利物流中心总面积800平方米，由4层楼的复式结构组成。为了实现货物的装运，配置的装卸搬运机械设备主要为：电动叉车8辆、手动托盘搬运车20辆、垂直升降机2台、笼车1 000辆、辊道输送机5条、数字拣选设备2 400套。在装卸搬运时，操作过程如下。

来货卸下后，把其装在托盘上，由手动叉车将货物搬运至入库运载处，入库运载装置上升，将货物送上入库输送带。当接到向第一层撤送指示的托盘经过升降机平台时，不再需要上下撤运，直接从当前位置经过一层的入库输送带自动分配到一层入库区等待入库；接到向二至四层搬送指示的托盘，由托盘垂直升降机自动传输到所需楼层。

## 任务

以小组为单位，选择一家企业，调查该企业的目前所使用的装卸搬运设备的应用情况，并结合实际，讨论分析该企业所使用的装卸搬运设备的合理性、必要性、优劣势，是否有需要改进的地方，并制作PPT进行汇报。

## 任务准备

(1)文献搜索、观看视频了解当前仓库、配送中心等场所常用的装卸设备。

(2)总结分析各类装卸设备的适用场景。

## 任务重点与实施

### 一、装卸搬运的概念及作用

《物流术语》(GB/T 18354－2021)中装卸的定义：“物品在指定地点以人力或机械载入或卸出运输工具的作业过程，主要包括物品的装载、卸货、移动、货物堆码上架、取货、备货、分拣等作业及附属于这些活动的作业，通常指物品上下方向的移动。”搬运的定义为：“在同一场所内，对物品进行水平移动为主的物流作业。”

装卸搬运在物流系统中的作用如下。

#### 1. 衔接作用

装卸搬运是物流各环节之间不可或缺的衔接环节。无论是运输、储存、包装、流通加工还是配送等物流活动，都需要通过装卸搬运来实现物品的转移和连接。没有装卸搬运，物流各环节就无法形成一个有机的整体，物流活动也就无法进行。

#### 2. 保障作用

装卸搬运的质量直接影响到物流活动的质量和效率。如果装卸搬运作业不当，可能会导致物品损坏、丢失或延误，从而影响整个物流过程的顺利进行。因此，科学合理地装卸搬运作业是保障物流活动顺利进行的重要基础。

#### 3. 影响物流效率

装卸搬运的效率直接影响到物流系统的整体效率。如果装卸搬运作业效率低下，会导致物流系统整体运行缓慢，增加物流成本。而提高装卸搬运效率，则可以缩短物流时间，降低物流成本，提高物流系统的整体效率。

#### 4. 支持其他物流活动

装卸搬运是支持其他物流活动顺利进行的重要条件。例如，在运输过程中，装卸搬运作业的质量直接影响到运输工具的装载率和运输效率；在储存过程中，装卸搬运作业的质量则直接影响到物品的储存密度和储存稳定性。

#### 5. 促进物流合理化

通过科学合理地装卸搬运作业，可以促进物流系统的合理化。例如，采用先进的装卸搬运设备和技术，可以减少人力消耗，降低劳动强度；通过优化装卸搬运作业流程，可以减少作业时间，提高作业效率；通过合理的装卸搬运作业布局，可以提高物流系统的整体运行效率。

装卸搬运在物流中起着至关重要的作用。在物流活动中，必须高度重视装卸搬运作业的质量和效率，采用科学合理的装卸搬运方式和技术手段，以确保物流系统的整体运行效率和效益。

## 二、装卸搬运的类型

### （一）按装卸搬运的物流设施、设备对象分

#### 1. 仓库装卸

仓库、堆场、物流中心等处所进行的装卸搬运，配合货物出入库、维护保养等活动，以堆垛、拆垛、上架、挪动、移送等操作为主。

#### 2. 铁路装卸

铁路装卸是对火车车皮进行装货和卸货，一般一次作业就能实现一车皮的装卸。

#### 3. 汽车装卸

汽车装卸一般一次装卸的批量不大，由于汽车具有灵活性，可以减少或者去除搬运活动，从而直接利用装卸作业进行物流设施与汽车之间的货物过渡。

#### 4. 港口装卸

包括码头前沿的装船和后方的支持性装卸搬运，装卸流程较复杂，需要经过多次装卸才能完成作业。

### （二）按装卸搬运的作业特点

#### 1. 间歇装卸

间歇装卸具有灵活性和机动性，装卸地点可以大范围变动，一般用于货流不固定的货物。

#### 2. 连续装卸

连续装卸多用于同种大批量散装货物或者通过连续输送机械不断输送的小件杂货，作业连续无间隔。

### （三）按被装卸搬运货物的主要运动形式分

#### 1. 垂直装卸

垂直装卸采用起重机、叉车、提升机等装卸设备对货物进行提升或降落的装卸活动。

#### 2. 水平装卸

水平装卸借用能和汽车水平接靠的适高站台、汽车和货车之间的平移工具等，在不改变被装货物势能的前提下，实现货物平移。

### （四）按装卸搬运对象分类

#### 1. 单件货物装卸

单件货物装卸是指对以箱、袋等形态的货物进行单件、逐件的装卸搬运。

#### 2. 散装货物装卸

散装货物装卸是指对煤炭、化肥、粮食、矿石、水泥等块状、粒状、粉状货物进行的装卸搬运。

#### 3. 集装货物装卸

集装货物装卸先将货物集零为整，形成集合包装或托盘、集装箱等集装货物，再进行装卸搬运。

### （五）按装卸搬运的机械设施和作业方式

#### 1. 吊上吊下方式

吊上吊下方式是采用各种起重机械吊起重物，垂直移动实现装卸，并在吊车运行的范围内或回转的范围内实现搬运和依靠搬运车辆实现小搬运。

#### 2. 叉上叉下方式

叉上叉下方式是利用叉车从货物底部托起货物，并依靠叉车的运动进行货物位移，搬运完全靠叉车本身货物，可不经中途落地直接被放置目的地。

#### 3. 滚上滚下方式

滚上滚下方式是利用叉车或者半挂车、汽车承载货物，连同车辆一起开上船，到达目的地后再从船上开下来。

#### 4. 移上移下方式

移上移下方式是在两车之间（例如，汽车和火车）进行靠接，然后利用各种方式，不使货物垂直运动，而是靠水平移动从一辆车上推移到另一辆车上。

### 5. 散装散卸方式

散物进行装卸，一般从装点将货物直接输送到卸点，中间不落地，这是集装卸与搬运于一体的装卸方式。

## 三、装卸搬运的合理化途径

### （一）消除无效的装卸搬运

消除无效的装卸搬运不但可以节省不必要的人力、物力消耗，而且可以减少货物的损耗，具体包括以下措施。

#### 1. 实现装卸搬运次数的最小化

通过合理的设计，尽可能实现货物运输与装卸搬运的合理化，尽量减少二次装卸搬运和临时停放。

#### 2. 提高装卸搬运的纯度

有些货物要在去除水分、杂质之后再进行搬运，货物的纯度越高，装卸搬运效率越高。

#### 3. 包装适度

在有效保护货物质量的前提条件下，货物要避免过度包装，尽可能提高货物净重占装卸搬运毛重的比例。

### （二）提高装卸搬运灵活性

物料装卸、搬运的灵活性，根据物料所处的状态，即物料装卸、搬运的难易程度，可分为不同的级别。如果很容易转变为下一步的装卸搬运而不需过多做装卸搬运前的准备工作，则活性就高；如果难于转变为下一步的装卸搬运，则活性低。

为了对活性有所区别，并能有计划地提出活性要求，使每一步装卸搬运都能按一定活性要求进行操作，对于不同放置状态的物品做了不同的活性规定，这就是活性指数分为 0 ~ 4 共五个等级，如图 2-8 所示。活性指数越高，物品越容易进入装卸搬运状态。

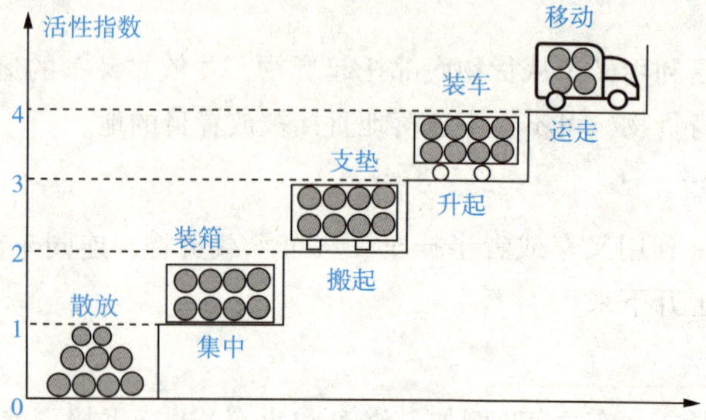


图 2-8　装卸搬运活性指数

**讨论** 货物装卸搬运活性指数越高越好吗？

### （三）装卸搬运路线的合理化

装卸搬运路线的长短与作业效率直接相关。因此，应合理确定车辆停放位置，确定货物存放场所，设计出入库作业程序，以减少货物移动的距离，避免迂回装卸搬运。

### （四）装卸搬运作业的文明化

野蛮装卸搬运容易造成货物破损、丢失现象，同时对搬运机械、运输工具造成损伤，导致破损费用居高不下。因此，在装卸搬运过程中应提倡文明操作，科学运营，按照不同货物的要求及运输包装所提供的指示进行合理地作业，以保证货物、设备的安全。

### （五）装卸搬运的省力化

在货物的装卸搬运过程中，应尽可能地利用货物本身的重量，消除重力的不利影响，以减轻劳动强度和能量的消耗。例如，从汽车或火车车厢卸货时，可以利用车厢与地面之间的高度差，使用溜槽、溜板之类的简单工具，依靠货物的自重，从高处自动滑到地面，达到省力的目的。

人力的负重行走要持续抵抗货物重力的影响，同时还要行进，因此会消耗大量的体力，此时，如果能够配合以简单的工具，如将货物放在台车上，货物的重力由台车承担，人们只要克服移动的阻力就行了，可以大大节省体力的消耗。

### （六）装卸搬运的机械化

机械化不但能够完成人力所难以完成的超大、超重货物的装卸搬运作业，将人从繁重的体力劳动中解放出来，而且能够大幅度提高物流装卸搬运的效率，提高装卸搬运的经济效果。尤其对于危险品的装卸搬运而言，机械化能够保证人和货物的安全。根据不同的货物种类及数量，合理选择装卸搬运机械，有利于降低单位装卸搬运费用。

**讨论** 货物装卸的机械化程度是不是越高越好？

### （七）装卸搬运的集装化

集装化是实现装卸搬运合理化的重要途径，可以充分利用机械进行操作。在装卸搬运作业中，通过叉车与托盘的结合可以有效提高装卸搬运的效率，大量节约作业时间及作业的灵活性。同时，由于不直接触及货物本身，可以达到保护货物的效果，防止货物缺失，数量的确认也变得更容易。如我国出口日本的金鱼缸和其他瓷器，按照传统方式，破损率高达50%，采用集装箱进行装卸搬运和运输后，破损率仅为0.5%。

**查一查** 装卸搬运的集装化主要从哪些方面做起？

### （八）创建物流“复合终端”

“复合终端”即对不同运输方式的终端装卸场所，集中建设不同的装卸设施。其优点在于取消了各种运输工具之间的中转搬运，因而有利于物流速度的加快，减少装卸搬运活动所造成的物品损失；由于各种装卸场所集中到复合终端，这样就可以共同利用各种装卸搬运设备，提高设备的利用率；在复合终端内，可以利用大生产的优势进行技术改造，大大提高转运效率；减少了装卸搬运的次数，有利于物流系统功能的提高。

# 任务五　流通加工作业管理

## 任务引入

当人们在超市进行购物时候，经常可以在超市生鲜货架上看到摆放的各类洗净的蔬菜、水果；已经切割好的不同品质的猪肉、羊肉、牛肉等；还有各类制作好的咸菜、食物半成品等。这些商品的分类、清洗、贴商标和条形码、包装、装袋等是在摆进货柜之前就已进行了加工作业，但这些流通加工都不是发生在商品的产地，而是发生在流通领域。

## 任务

以小组为单位，前往超市、物流公司等进行调研，了解商品常见的流通加工形式、产生的价值变化，分析流通加工在物流活动中的作用，根据调研情况撰写调研报告《为什么要对商品进行进行流通加工》。

## 任务准备

(1)文献搜索流通加工相关资料，了解流通加工与生产型加工的区别。

(2)深入物流公司、超市等，对生活中涉及到的流通加工活动进行调研，讨论开展流通加工作业的价值与意义。

## 任务重点与实施

### 一、流通加工的概念及作用

#### (一)流通加工的概念

扫码看视频

根据《物流术语》(GB/T 18354 - 2021)中对流通加工的定义：“流通加工是物品在从生产地到使用地的过程中，根据需要施加包装、计量、分割、分拣、贴标签、刷标识、组装等作业的总称。”流通加工是流通中的一种特殊形式，它是物品从生产领域向消费领域流动的过程中，为了促进销售、维护产品质量和提高物流效率，对物品进行的加工，使物品发生物理、化学或性状的变化。

流通加工与一般生产线型加工相比较，在加工方法、加工组织、生产管理方面无显著区别。其差别主要表现在加工对象、加工内容、加工目标、加工主题等方面。

#### 1. 加工对象不同

流通加工的对象是进入流通过程的商品，具有商品的属性；而生产加工对象不是最终产品而是原材料、零配件及半成品。

#### 2. 加工内容不同

流通加工大多是简单加工，主要是解包分包、裁剪分割、组配集合、废物再生利用等；而生产加工一般是复杂加工。流通加工对生产加工是一种辅助及补充。特别需要指出的是，流通加工绝不是对生产加工的取消或代替。

#### 3. 加工目的不同

生产加工的目的在于创造物资的价值和使用价值，使它们能成为人们所需要的商品；而流通加工的目的则在于完善其使用价值，主要是为了方便流通、运输、储存、销售，让物资充分利用。生产加工以交换和消费为目的，流通加工有时候是以自身流通为目的。

#### 4. 所处领域及实施加工的主体不同

流通加工处在流通领域，由商业或物流企业完成，而生产加工处在生产领域，由生产企业完成。

**思考**　商品的加工哪些需要在工厂完成，哪些可以在配送中心完成？

### （二）流通加工在现代物流活动中的作用

#### 1. 提高原材料利用率

利用流通加工环节进行集中下料，是将生产厂直运来的简单规格产品，按使用部门的要求进行下料。例如，将钢板进行剪板、切裁；钢筋或圆钢裁制成毛坯；木材加工成各种长度及大小的板、方等。北京、济南、丹东等城市对平板玻璃进行流通加工（集中裁制、开片供应），玻璃利用率从60%提高到85%～95%。

#### 2. 进行初级加工，方便用户

用量小或临时需要的使用单位，缺乏进行高效率初级加工的能力，依靠流通加工可使使用单位省去进行初级加工的投资、设备及人力从而搞活了供应，方便了用户。目前发展较快的初级加工有：将水泥加工成混凝土，将原木或板材加工成门窗，冷拉钢筋及冲制异型零件钢板打孔等。

#### 3. 提高加工效率及设备利用率

由于建立集中加工点，可以采用效率高、技术先进、加工量大的专门机具和设备。

能有效降低加工费用及原材料成本。

#### 4. 充分发挥各种输送手段的最高效率

流通加工环节一般设置在消费地，因为从生产厂到流通加工这一阶段输送距离长，而从流通加工距离消费地距离短。因此，第一阶段的运输可以生产厂与流通加工点之间进行定点、直达、大批量的远距离输送，可以采用船舶、火车等大量输送的手段，降低运输成本；第二阶段则是利用汽车和其他小型车辆来输送经过流通加工后的多规格、大批量、多用户的产品。这样可以充分发挥各种输送手段的最高效率，加快输送速度，节省运力运费。

#### 5. 改变功能，提高收益

在流通过程中进行一些改变产品某些功能的简单加工，能提高产品销售的经济效益。例如，某些制成品(如洋娃娃玩具、时装、轻工纺织产品、工艺美术品等)在进行简单的装潢加工改变产品外观功能，能使产品售价提高20%以上。

对点案例

### 联华生鲜食品加工配送中心

联华生鲜食品加工配送中心是我国国内目前设备最先进、规模最大的生鲜食品加工配送中心之一。联华生鲜食品加工配送中心总投资6 000万元，建筑面积35 000平方米，年生产能力20 000吨，其中肉制品15 000吨，生鲜盆菜、调理半成品3 000吨，西式熟食制品2 000吨，产品结构分为15大类约1 200种生鲜食品。

每天由各门店的电脑终端将当日的生鲜食品要货指令，发送给配送中心的电脑系统加以处理，之后产生两条指令清单，一条指令会直接提示采购部门按具体的需求安排采购，另一条指令会即时发送给各加工车间中控制加工流水线的电脑控制系统，按照当日的需求进行食品加工。更为巧妙的是，这个系统还会根据门店的要货时间和前往各门店的送货路线远近自动安排生产次序，这样就能够保证生鲜食品当日加工、当日配送和当日销售，从而强化了生鲜食品配送中心最重要的竞争优势——鲜！

各种肉类的切片、切丝、切丁，甚至分切后成品的自动分盆、称重、分拣、贴标，都是由电脑系统控制完成。在配送中心偌大的加工车间内，只有不到10名各自盯着眼前电子屏幕的操作工，屏幕上完整地显示出当前配送物品的各种信息，同时也在不断接收到最新的供货指令加工单。以一盒肉糜为例，从原料投入到包装完毕，整个过程不超过20分钟。

## 二、流通加工的形式

目前常见的流通加工形式主要有以下几点。

#### 1. 剪板加工

剪板加工是指在固定地点设置剪板机或各种剪切、切削设备，将大规格的金属材料裁切为小尺寸的板料或毛坯。

#### 2. 集中开木下料

集中开木下料是指把原木锯裁成各种木板、木方，同时把碎片、碎屑集中加工成各种规格的夹板板材，甚至还可以进行打眼、凿孔等初级加工。

#### 3. 燃料掺配加工

燃料掺配加工是指将各种煤或其他一些发热物资，按不同的配方进行掺配，形成能产生不同热的各种燃料。

#### 4. 冷冻加工

冷冻加工是指为解决鲜活商品、药品等在流通中的保鲜、装卸，搬运问题，采取的低温冷冻的加工。

#### 5. 分选加工

分选加工是指对农副产品进行分等、分级的挑选分类工作。

#### 6. 精制加工

精制加工是指对农牧副渔产品去除无用部分，甚至进行切分、洗净、分装的工作。

#### 7. 分装加工

分装加工是指对商品按零售要求进行新的包装，例如，大包装改小包装、散装改小包装、运输的包装改适合销售的包装等。

#### 8. 组装加工

组装加工是指对出厂配件、半成品进行组合安装。

#### 9. 定做加工

定做加工是指特别为使用者加工制造适合个性的非标准用品，这些东西往往不适合由生产企业批量生产出来，只好由流通加工企业为其量身定做。

## 三、流通加工的合理化措施

### （一）流通加工的不合理

#### 1. 流通加工地点设置得不合理

流通加工地点设置及布局状况是决定整个流通加工是否有效的重要因素。一般为方便物流的流通加工环节应该设置在产出地，设置在进入社会物流之前。另外，即使是产地或需求地设置流通加工的选择是正确的，还有流通加工在小地域范围内的正确选址问题。如果处理不善，仍然会出现不合理。例如，交通不便，流通加工与生产企业或用户之间距离较远，加工点周围的社会环境不好等。

#### 2. 流通加工方式选择不当

流通加工方式包括流通加工对象、流通加工工艺、流通加工技术、流通加工程度等。流通加工方式的确定实际上是与生产加工的合理分工。分工不合理，把本来应由生产加工完成的作业错误地交给流通加工来完成，或者把本来应由流通加工完成的作业错误地交给生产过程去完成，都会造成不合理。

#### 3. 流通加工作用不大，形成多余环节

有的流通加工过于简单，或者对生产和消费的作用都不大，未能解决品种、规格、包装等问题，相反却增加了作业环节，这也是流通加工不合理的重要表现形式。

#### 4. 流通加工成本过高，效益不好

流通加工的一个重要优势就是它有较大的投入产出比，因而能有效地起到补充、完善的作用。如果流通加工成本过高，不能实现以较低投入实现更高使用价值的目的，则可以认为是很合理的。

### （二）流通加工的合理化措施

#### 1. 流通加工和配送结合

将流通加工设置在配送点中。一方面按配送的需要进行加工，另一方面加工又是配送作业流程中分货、拣货、配货的重要一环，加工后的产品直接投入到配货作业，这就无须单独设置一个加工的中间环节，而使流通加工与中转流通巧妙地结合在一起。

#### 2. 流通加工和配套结合

配套是指对使用上有联系的用品集合成套地供应给用户使用。配套的主体来自各个生产企业，如方便食品中的方便面，就是由其生产企业配套生产的。但是，有的配套不能由某个生产企业全部完成，如方便食品中的盘菜、汤料等。这样，在物流企业进行适当的流通加工，可以有效地促成配套，大大提高流通作为供需桥梁与纽带的能力。

#### 3. 流通加工和合理运输结合

利用流通加工，在支线运输转干线运输或干线运输转支线运输等这些必须停顿的环节，不进行一般的支转干或干转支，而是按干线或支线运输合理的要求进行适当加工，提高运输及运输转载水平。

#### 4. 流通加工和合理商流结合

通过流通加工，提高了配送水平，促进了销售，使加工与商流合理结合。此外，还可以通过简单地改变包装加工形成方便的购买量，通过组装加工解决用户使用前进行组装、调试的难处，有效促进商流。

#### 5. 流通加工和节约结合

节约能源、节约设备、节约人力、减少耗费是流通加工合理化重要的考虑因素。

流通企业应该树立社会效益第一的观念，以实现产品生产的最终利益为原则，只有在生产流通过程中不断补充、完善为己任的前提下才有生存的价值。

# 任务六　配 送 管 理

## 任务引入

在日常生活中，人们经常看到不同的配送活动，有快递每日不定时配送到收货人手中，有美团外卖点餐后及时配送订餐人家中，有新鲜牛羊奶每天早上九点准时配送到订奶户家中。在生活中的这些配送活动中，其配送过程都是一样的吗？有没有不一样的特点呢？

## 任务

以小组为单位，对生活中所涉及的配送活动进行调研(如美团APP、学校周边的快递点、蔬菜生鲜配送公司)等进行调研，理解配送的业务流程和形式，并比较不同的配送活动相同点和不同点，撰写调研报告《这就是配送》。

## 任务准备

(1)文献搜索配送的作业流程、模式及我国配送的发展现状等知识。

(2)以小组为单位调查身边的配送活动，比较其异同，结合查询到的资料进行分析，撰写调研报告。

## 任务重点与实施

## 一、配送的概念及作用

### (一)配送的概念

根据《物流术语》(GB/T 18354－2021)中对配送的定义："配送是在经济合理区域范围内，根据用户要求，对物品进行拣选、加工、包装、分割、组配等作业，并按时送达指定地点的物流活动"。将"配"和"送"有机结合起来，配送是一种特殊的、综合的物流活动，是商流与物流相结合，包含物流若干功能要素的一种物流方式。

配送与运输的概念区别：配送是拣选、包装、加工、分割、组配、送货等各种物流活动的有机结合，不是一般性的企业之间的供货和向用户的送货。配送是共同化的服务模式，物流配送共同化包括物流资源利用共同化、物流设施与设备利用共同化、物流管理共同化等。

### 1. 配送提供的是物流服务，因此满足顾客对物流服务的需求是配送的前提

(1)由于在买方市场条件下，顾客的需求是灵活多变的，消费特点是多品种、小批量的，因此配送活动绝不是简单的送货活动，而应该是建立在市场营销策划基础上的企业经营活动。

(2)单一的送货功能无法较好地满足广大顾客灵活多变对物流服务的需求，因此配送活动是多项物流活动的统一体。

### 2. 配送是“配”“送”的有机结合

配送要求合理的配，指在送货活动之前必须依据顾客需求对其进行合理的组织与计划。只有“有组织有计划”的“配”才能实现现代物流管理中的“低成本、快速度”地“送”，有效满足顾客的需求。

### 3. 配送是在经济合理区域范围内的送货

配送不宜在大范围内实施，通常仅局限在一个城市或地区范围内进行。

**思考** 配送和送货都是将货物按照要求送达到目的地，那么，配送和送货有什么区别呢？

## (二)配送的作用

### 1. 推行配送有利于物流运动实现合理化

配送不仅能促进物流的专业化、社会化发展，还能以其特有的运动形态和优势调整流通结构促使物流活动向“规模经济”发展。从组织形态上看，它是以集中的、完善的送货取代分散性、单一性的取货。在资源配置上看，则是以专业组织的集中库存代替社会上的零散库存，衔接了产需关系，打破了流通分割和封锁的格局，很好地满足社会化大生产的发展需要，有利于实现物流社会化和合理化。

### 2. 完善了运输和整个物流系统

配送环节处于支线运输，灵活性、适应性、服务性都比较强，能将支线运输与小搬运统一起来，使运输过程得以优化和完善。

### 3. 提高了末端物流的效益

采取配送方式，通过增大经济批量来达到经济的进货。采取将各种商品配齐集中起来向用户发货和将多个用户小批量商品集中在一起进行发货等方式，以提高末端物流的经济效益。

### 4. 通过集中库存使企业实现低库存或零库存

实现了高水平配送之后，尤其是采取准时制配送方式之后，生产企业可以完全依靠配送中心的准时制配送而不需要保持自己的库存，将企业从库存的包袱解脱出来，

同时解放出大量储备资金，从而改善企业的财务状况。实行集中库存，增加了调节能力，也提高了社会经济效益。此外采用集中库存可利用规模经济的优势，使单位存货成本下降。

#### 5. 简化事务，方便用户

采用配送方式，用户只需要从配送中心一处订购就能达到向多处采购的目的，只需组织多个配送单位的接货便可替代现有的高频率接货，因而大大减轻了用户工作量和负担，也节省了订货、接货等的一系列费用开支。

#### 6. 提高供应保证程度

采取配送方式，配送中心可以比任何企业的储备量更大，因而对每个企业而言，中断供应、影响生产的风险便相对缩小，使用户免去短缺之忧。

#### 7. 配送为电子商务的发展提供了基础和支持

配送通过优化企业库存结构和减少物流配送环节，进而提高配送运行效率，降低配送成本，同时也满足了消费者的个性化需求，大大地提高了客户的满意程度，为电子商务发展奠定坚实基础。

### 对点案例

社区服务电子商务化是未来的一大趋势。闪电购作为我国社区电子商务的领导者，已经率先在我国六个主要城市：北京、上海、广州、深圳、苏州和杭州完成了布局，在绝大部分城区实现了一小时送达的服务。闪电购搭建闪电侠接单平台，通过算法根据用户订单提供的地址、商品品类数量、下单时间等信息，并与后台小店配送范围、营业时间、商品库存、目前配送情况等信息进行匹配，让离用户最近的闪电侠与社区便利店连接在一起，由闪电侠去便利店处接单，再完成“最后一公里”的配送，以最快速地满足客户“一小时内送达”的需求。

## 二、配送的分类

配送根据不同形式可以分为如下几类，见表 2-2。

**表 2-2　配送分类**

| 分类形式 | 类别 | 说明 |
| --- | --- | --- |
| 按实施配送的节点不同进行分类 | 配送中心配送 | 是由专职配送中心进行商品配送，是配送的重要形式 |
| | 仓库配送 | 是以一般仓库为据点来进行配送 |
| | 商店配送 | 是由商业或物资的门市网点开展配送 |
| | 生产企业配送 | 是由生产企业进行配送，尤其是进行多品种产品生产的企业 |

(续表)

| 分类形式 | 类别 | 说明 |
| --- | --- | --- |
| 按配送商品的种类和数量的多少进行分类 | 单(少)品种大批量配送 | 单独一个品种或几个品种就可达到较大输送量，可以实行整车运输，一般由专业性很强的配送中心实行配送 |
| | 多品种少批量配送 | 是根据用户的要求，将所需的各种物品(每种物品的需要量不大)配备齐全，凑整装车后由配送点送达用户 |
| | 配套成套配送 | 是指根据企业的生产需要，把生产每一台件所需要的全部零部件配齐，按照生产节奏定时送达生产企业 |
| 按配送时间和数量的多少进行分类 | 定时配送 | 按规定时间和时间间隔进行配送 |
| | 定量配送 | 指按规定的批量进行配送，但不确定严格的时间，只是规定在一个指定的时间范围内配送 |
| | 定时定量配送 | 指按照规定的配送时间和配送数量进行配送，兼有定时、定量两种方式的优点 |
| 按经营分类 | 销售配送 | 主体是销售企业，或销售企业进行的促销型配送 |
| | 供应配送 | 是客户为了自己的需要采取的配送方式 |
| | 销售—供应一体化配送 | 是销售企业在销售产品的同时，对于那些基本固定的客户及基本确定的配送产品执行有计划地供应 |
| | 代存代供配送 | 是客户将属于自己的货物委托配送企业代存、代供，或委托代订，然后组织对本身的配送 |
| 按物流配送模式分类 | 直接配送 | 指由产品生产商或者供应商承担大部分的送货任务，直接根据客户订单将货物直接送达客户的住所的配送方式 |
| | 连锁企业自营配送 | 由销售企业将商品送达客户的住所的配送方式 |
| | 第三方物流配送 | 指连锁零售企业将其物流配送的任务委托给专业的第三方物流企业进行配送的一种方式 |
| | 共同配送 | 指多个客户联合起来，通过一个或多个配送企业进行配送服务 |

## 三、配送中心的介绍

### (一)配送中心的概念

配送中心是从事货物配备(如集货、加工、分货、拣选、配货)和组织对用户的送货，以高水平实现销售和供应服务的现代流通设施。配送中心是基于物流合理化和发展市场两个需要而发展的，是以组织配送式销售和供应，执行实物配送为主要功能的流通型物流结点。它很好地解决用户多样化需求和厂商大批量专业化生产的矛盾，因此，逐渐成为现代化物流的标识。

配送中心的功能是通过配货和送货完成资源的最终配置，是一种末端物流的结点设施，通过有效地组织配货和送货，使资源的最终端配置得以完成。配送中心在物流供应链环节中，是一处物流节点，为物流下游经销商、零售商、客户配送的工序。利用流通设施、信息系统平台，对物流经手的货物，做倒装、分类、流通加工、配套、设计运输路线、运输方式，为客户提供度身配送服务。配送中心目的在于节约运输成本、保障客户满意度。

## （二）配送中心的特征

### 1. 配送反应速度快

配送中心对上、下游物流配送需求的反应速度越来越快，前置时间越来越短。

### 2. 配送功能集成化

配送功能集成化主要是将物流与供应链的其他环节进行集成，如物流渠道与商流渠道集成、物流功能集成、物流环节与制造环节集成、物流渠道之间的集成。

### 3. 配送作业规范化

强调物流配送作业流程和运作的标准化、程式化和规范化，使复杂的作业简单化，从而大规模地提高物流企业的效率和效益。

### 4. 配送服务系列化

强调配送服务的正确定位与完善化、系列化，除传统的配送服务外，在外延上扩展物流的市场调查与预测、物流订单处理、物流配送咨询、物流配送方案、物流库存控制策略建议、物流货款回收、物流教育培训等系列的服务。

### 5. 配送目标系统化

从系统的角度统筹规划一个整体物流配送活动，不求单个物流最佳化，而要求整体物流活动最优化，使整个物流配送达到最佳。

## （三）配送中心分类

配送中心的分类见表 2-3。

**表 2-3　配送中心的分类**

| 分类方式 | 类别 | 说明 |
|---|---|---|
| 按内部特性分 | 储存型配送中心 | 有很强储存功能的配送中心 |
| | 流通型配送中心 | 无长期储存功能，仅以暂存或随进随出方式进行配货、送货 |
| | 加工配送中心 | 根据用户需要或者市场需要，对配送物进行加工后再配送 |
| 按职能分 | 供应配送中心 | 专门为某个或某些用户(如连锁店、联合公司)组织供应的配送中心 |
| | 销售配送中心 | 以销售经营为目的，以配送为手段的配送中心 |

（续表）

| 分类方式 | 类别 | 说明 |
|---|---|---|
| 按配送范围分 | 城市配送中心 | 以城市范围为配送范围，可直接配送到最终用户 |
| | 区域配送中心 | 以较强的辐射能力和库存准备，向省际、全国乃至国际范围的用户进行配送 |
| 按配送物种分 | 经营散装货物的配送中心 | 主要为加工厂提供原料、石油、汽油等，大多建造在铁路沿线或港口 |
| | 经营原材料的配送中心 | 专门从事原材料配送业务，多是以集装箱为装载单元的货物 |
| | 经营件货的配送中心 | 专门从事成品配送业务货物通常用集装箱和托盘来运输的商品，其中主要是制成品，如食品 |
| | 经营冷冻食品的配送中心 | 这种配送中心具有冷冻功能 |
| | 经营特种商品的配送中心 | 此类配送中心主要经营特种商品，如有毒货物、易燃易爆货物、药品等 |
| 按专业程度划分 | 专业配送中心 | 一是配送对象、配送技术是属于某一专业范畴；二是配送为专业化职能，基本不从事经营的服务型配送中心 |
| | 柔性配送中心 | 配送业务能随时变化，对用户要求有很强适应性，不固定供需关系 |
| | 综合配送中心 | 指配送多种货物或商品，包括日用工业品、生鲜、副食品等 |

**思考** 配送中心的功能是不是越全面越好？为什么？

### （四）配送中心作业流程

配送中心的特性和规模不同，其营运涵盖的作业项目和作业流程也不完全相同，但基本的作业流程如图 2-9 所示。

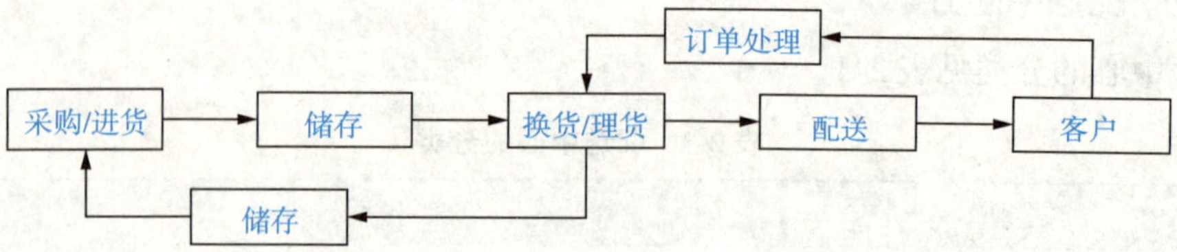


图 2-9 配送中心作业流程

## 四、配送的合理化措施

### （一）不合理配送的表现形式

#### 1. 资源筹措的不合理

不能集中多个客户需要进行批量筹措资源，则不能降低资源筹措费用，反而要多支付一笔配送企业的代筹代办费，因而是不合理的。此外配送量计划不准，资源筹措过多或过少，不考虑建立与资源供应者之间长期稳定的供需关系等都属于资源筹措不合理。

### 2. 库存决策不合理

配送应充分利用集中库存总量低于各客户分散库存的总量的优势，降低客户实际平均分摊的库存负担。如果仅出现库存转移，而未解决库存降低，则是不合理的。此外储存量不足，不能保证随机需求，均属于库存决策不合理。

### 3. 价格不合理

配送价格普遍高于客户自己进货的价格，将会损伤客户的利益，则是一种不合理的表现。反之，价格过低而使配送企业在无利或亏损状态下运行，将会损害销售者的利益，也是不合理的。

### 4. 配送与直达的决策不合理

如果客户需要的货物批量大，可以直接通过社会物流系统均衡批量进货，比通过配送中转送货可能更节约费用。所以，在这种情况下，不直接进货而通过配送，就属于不合理范畴。

### 5. 送货中的不合理运输

车辆达不到满载，包括即时配送过多、过频时会出现这种不合理情况。此外，不合理运输的若干表现形式，在配送中都可能出现，会使配送变得不合理。

### 6. 经营观念不合理

配送企业利用配送手段，向客户转嫁资金、库存困难；在库存过大时，强迫客户接货，以缓解自己的库存压力；在资金紧张时，长期占用客户资金；在资源紧张时，将客户委托的资源挪做他用获利等。

## （二）配送合理化措施

### 1. 合理规划配送中心

合理规划配送中心是企业推进合理化配送的前提和基础。如果配送中心的规划出现失误，就很难避免不合理配送的出现。在规划配送中心时，经营者应充分细致地做好配送中心的数量、规模与分布的规划工作。

### 2. 系统优化配递作业程序

充分挖掘配送的规模效应，大力推行集中采购与共同配送，针对不同商品的不同特性和不同客户的不同要求，选择实施商物一体或商物分离的配送作业模式。积极采用专业化设备、设施及操作程序，提高分拣、配货和流通加工的作业效率。在送货作业中，还应该从运输方式、运输线路等方面入手，全面计划、科学选择，以经济、合理、安全的方式将商品及时送达客户手中。

### 3. 努力提高配递工作的可预见性

配送经营者应加强实际业务中的计划工作，减少临时配送和紧急配送的情况，提高配送工作的可预见性，促进配送合理化程度的提高。

### 4. 积极开展配送增值服务

增值服务是指对具体顾客提供的特殊服务，是超出基本服务之外的一种个性化延伸。配送经营者应根据具体顾客的特定要求和企业的自身特点，积极探索增值服务的形式和方法，拓展增值服务的对象和内容，通过增值服务来促进配送合理化水平的提高。

**思考** 想一想，在开展配送活动的时候可以同步开展哪些配送增值服务，提高配送业务效益？

# 任务七 物流信息认知

## 任务引入

联邦快递是世界最大的快递集团之一，甚至可以让包裹主动传递信息。通过灵活的感应器，可以实现近乎实时的反馈，包括温度、地点和光照，使得客户在任何时间都能了解到包裹所处的位置和环境。而司机也可以在车里直接修改订单物流信息。除此以外，联邦快递正在努力推动更加智能的递送服务，实现在被允许的情况下实时更新和了解客户所处的地理位置，使包裹更快速和精确地送达客户的手中。

## 任务

以小组为单位，通过查找文献的方式理解我国物流信息的发展历程及当前企业普遍使用的物流信息技术，探讨分析我国未来物流信息的发展趋势，形成调研报告《我国物流信息的发展现状及未来》。

## 任务准备

(1)文献检索我国物流信息技术的应用现状、物流信息在现代物流业中的应用及作用。

(2)观察分析人们生活中常见的物流信息技术的应用情况。

## 任务重点与实施

# 一、物流信息概念及作用

根据《物流术语》(GB/T 18354－2021)对物流信息的定义:“物流信息是反映物流各种活动内容的知识、资料、图像、数据和文件的总称。”物流信息是物流活动中各个环节生成的信息，一般伴随物料供应、生产制造到销售的物流活动而产生，与物流活动中的运输、仓储、配送等各种职能有机结合一起，是整个物流活动顺利进行不可缺少的重要组成部分。

从狭义来看，物流信息是指与物流活动有关的信息；从广义来看，物流信息不仅指与物流活动有关的信息，而且包括商流信息。通过对物流不同业务间的各种信息分析，有助于了解不同物流业务过程中的相关物流信息及其不同的物流信息需求、功能需求和决策需求。

### (一)物流信息的特点

与其他信息相比，物流信息除了具有准确性、完整性、实用性、共享性、增值性等信息的一般特点外，还有以下三个特点。

#### 1. 量大、分布广

信息的产生、加工和应用在时间、地点上不一致，在方式上也不相同。这就需要有性能较高的信息处理机构与功能强大的信息收集，传输和存储能力。

#### 2. 具有很强的时效性

绝大多数物流信息动态性强，信息的价值衰减速度快。这对信息管理的及时性要求就比较高。信息都是在一定的时间内才具有价值，即信息具有寿命，当信息的寿命结束时，就意味着信息失去了价值，这样的信息就不能再加以利用了。

#### 3. 信息种类多

信息种类多是指不但本系统内部各个环节有不同种类的信息，而且由于物流系统与其他系统(如生产系统、销售系统、消费系统)等密切相关，因而还必须收集这些相关系统的信息，这就使物流信息的分类、研究、筛选等难度增加。

### (二)物流信息的分类

物流信息的分类如下

#### 1. 按功能分类

根据信息产生和作用所涉及的不同功能领域分类，物流信息包括仓储信息、运输信息、加工信息、包装信息、装卸信息等。对于某个功能领域还可以进行进一步细化，例如，仓储信息分成入库信息、出库信息、库存信息、搬运信息等。

**2. 按环节分类**

根据信息产生和作用的环节，物流信息可分为输入物流活动的信息和物流活动产生的信息。

**3. 按作用层次分类**

根据信息作用的层次，物流信息可分为基础信息、作业信息、协调控制信息和决策支持信息 。基础信息是物流活动的基础，是最初的信息源，如物品基本信息、货位基本信息等。作业信息是物流作业过程中发生的信息，信息的波动性大，具有动态性，如库存信息、到货信息等。协调控制信息主要是指物流活动的调度信息和计划信息。决策支持信息是指能对物流计划、决策、战略具有影响或有关的统计信息或有关的宏观信息，如科技、产品、法律等方面的信息。

**4. 按加工程度的不同分类**

根据加工程度的不同，物流信息可以分为原始信息和加工信息。原始信息是指未加工的信息，是信息工作的基础，也是最有权威性的凭证性信息。加工信息是对原始信息进行各种方式和各个层次处理后的信息，这种信息是原始信息的提炼、简化和综合，利用各种分析工作在海量数据中发现潜在的、有用的信息和知识。

### （三）物流信息在现代物流活动中的作用

物流信息在物流活动中具有十分重要的作用，通过物流信息的收集，传递，存储，处理，输出等，作为决策的依据，对整个物流活动起到指挥、协调、保障的作用。

**1. 引导和协调的作用**

物流信息是随着物资货币及物流当事人的行为等信息载体进入到物流供应链中，同时信息的反馈也随着信息载体反馈到供应链上的各个环节，依靠物流信息机器反馈可以引导供应链与物流布局的变化。协调物资供需间的平衡与人力物力配置，使物流资源合理使用。

**2. 沟通联系的作用**

物流系统是由多个行业，部门等群体构成的经济大系统，内部通过各种指令，计划，文件等物流信息建立关系。因此，物流信息是沟通物流活动各环节之间联系的桥梁。

**3. 管理控制作用**

通过移动通信，计算机信息网，电子数据交换，全球定位系统等技术实现物流活动的电子化，用信息化代替传统的手工作业，实现物流运行，服务质量和成本等的管理控制。

**4. 辅助决策分析的作用**

物流信息是制定决策方案重要基础和关键依据。物流管理决策过程本身就是对物流信息进行深加工的过程，也是对物流活动的发展变化规律性认识的过程。物流信息可以协助物流管理者鉴别评估比较物流战略和策略后的可选方案。

#### 5. 支持战略计划的作用

作为决策分析的延伸，物流战略计划涉及物流活动的长期发展方向和经营方针的制订，作为一种更加抽象，松散的决策，它是对物流信息进一步提炼和开发的结果。

#### 6. 价值增值的作用

一方面，物流信息本身是有价值的，而在物流领域中，物流信息在实现其使用价值的同时，其自身的价值又呈现增长的趋势，即物流信息本身具有增值的特征。另一方面，物流信息是影响物流的重要因素，它把物流的各个要素及有关因素有机地组合并连接起来，已形成现实的生产力和创造出更高的社会生产力。所以，物流信息对提高经济效益起着非常重要的作用。

## 二、常见的现代物流信息技术

### （一）物流信息技术

目前比较成熟的物流信息技术由通信、软件、面向行业的业务管理系统三部分组成，主要包括条形码技术、无线射频识别技术、电子数据交换技术、全球卫星定位系统、地理信息系统等。

#### 1. 条形码技术

条形码技术是指由一定的线条和数字，按照既定的一系列规则和顺序组成的，可以代表不同商品物流信息的一种符号。条形码技术广泛运用于物流领域的运输编码和商品分类等一系列相关的信息中。

#### 2. 无线射频识别技术

无线射频识别技术是利用无线进行扫描，识别其中的码信息，进行数据识别。它也可以简称为射频识别技术。它与条形码的应用相互配合、相互合作。借助于射频阅读器，配合天线进行通信，把商品上的条码标签进行转换，变成计算机可读取的信息，并且由计算机进行储存。

#### 3. 电子数据交换技术

电子数据交换技术就是指由同一领域和相关关联领域，对商业活动和企业各种生产变化的数据进行收集整理，并且根据商业规则和道德标准等一系列的标准进行信息交换，数据交流。

#### 4. 全球卫星定位系统

全球卫星定位系统在生活中各个方面都有应用，在物流中主要实现三维导航定位和监督调度功能，并对紧急情况实行救援。主要保证应急物流，建立物流车辆管理平台等体系的形成。

### 5. 地理信息系统

通过地理信息系统，在物流行业中，主要用于对用户地址进行追踪，找出最合适的配送路径。

**对点案例**

中欧班列通过物联网和全球定位系统技术，实现对列车和货物的实时监控与追踪。例如，每个集装箱都配备了传感器，能够实时监控温度、湿度和位置等关键数据。这些数据通过卫星或移动网络传输到中央管理系统，使得管理人员可以随时掌握货物的状态，并及时采取措施应对任何异常情况。

2024 年 4 月，载着 230 吨冷冻肉的 75083 次中欧班列从中欧班列(沈阳)集结中心驶出，开往俄罗斯莫斯科，这是东北地区开行的首趟冷藏集装箱中欧班列。此次采用的冷藏集装箱技术，能够通过人工设置恒定温度，全程保持-18 ℃的低温环境，为冷冻食品、新鲜蔬果等冷鲜产品提供了安全可靠的运输条件。通过车载温度传感器和远程监控系统，管理人员能够实时监控整个运输过程中的温度变化，确保产品在运输途中始终处于恒定温度。

## (二)物流信息技术的分类

根据物流业务的不同需求和特点，物流信息技术可以分为以下四类。

### 1. 物流信息采集技术

物流信息采集技术包括条码识别技术、射频识别技术、物流信息传输技术等，用于实时采集物流运输中的货物、车辆、人员等信息。这些技术能够实现对物流运输中的信息进行全面和实时地采集，为后续的物流信息处理提供基础数据。

### 2. 物流信息处理技术

物流信息处理技术包括数据库管理、数据挖掘、人工智能等技术，用于对采集到的物流信息进行分析、处理和利用。通过这些技术，物流企业可以对物流信息进行分类、过滤、排序和分析等操作，从而实现物流信息的高效利用和优化。

### 3. 物流信息传输技术

物流信息传输技术包括互联网、移动通信、卫星通信等技术，用于实现物流信息在不同终端之间的传输和共享。

### 4. 物流信息应用技术

物流信息技术在物流管理中的应用主要包括物流管理信息系统、供应链管理系统、电子商务系统等，这些系统能够支持和实现物流业务的各种管理和决策。

(1)物流管理信息系统能够对物流运作中的信息进行采集、传输、处理和分析，实现物流信息的共享和流通，提高物流运作的效率和准确性。

(2)供应链管理系统能够对整个供应链进行全面的管理和协调，提高供应链的运作效率和协同性。

(3)电子商务系统能够实现物流服务的在线订购、查询、支付和评价等功能，提高物流服务的便捷性和透明度。

通过这些系统的应用，物流企业能够更好地管理和优化物流运作，提高物流服务质量和效率，为企业的可持续发展提供有力的支持。

### （三）物流信息技术的发展

#### 1. 物联网技术在物流领域的应用

物联网技术的应用可以通过智能感知技术实现对物流运输中的货物、车辆、人员等信息的实时采集和监控。

通过无线射频识别技术、物联网技术的应用可以通过智能感知技术实现对物流运输中的货物、车辆、人员等信息的实时采集和对货物进行标识和追踪，可以实现对货物在物流运输过程中的实时监控和跟踪。通过全球卫星定位系统技术对运输车辆进行实时监控和跟踪，可以避免货物丢失和延误。通过传感器对运输车辆的温度、湿度等信息进行监测，可以保障货物的安全和质量。通过大数据分析对物流运输的实时监控和跟踪数据进行分析和处理，可以实现对物流运作的实时掌控和调度；通过云计算技术将物流信息集中管理，可以实现对物流运作的统一管理和协同调度。智能仓库可以通过机器人、自动导向车等设备实现对货物的自动化存储、拣选和装载，从而提高仓库的效率和准确性；智能交通可以通过智能化信号控制和路况监测等技术，实现对物流运输的智能化调度和管理。

#### 2. 大数据技术在物流领域的应用

首先，大数据技术可以通过对物流运输环节的数据进行收集、存储和处理，实现对物流运作的全面监控和跟踪。例如，通过对货物的运输路径、时间、温度、湿度等信息进行收集和分析，可以实现对物流运输过程中的安全性和质量的监测和评估。

其次，大数据技术可以通过对物流运作数据的分析和处理，实现对物流运作流程的优化和改进。例如，通过对物流运输过程中的重复工作、浪费、低效等问题进行分析和处理。

最后，大数据技术可以通过对物流运作数据的挖掘和分析，实现对物流运作的决策支持。

#### 3. 人工智能技术在物流领域的应用

人工智能技术是指通过机器学习、深度学习等技术实现对数据的自主分析和决策的一种技术，可以实现对物流运作的自主控制和优化。

首先，人工智能技术可以通过对物流运作数据的分析和处理，实现对物流运作环节的自动化和智能化控制。例如，通过对货物运输路径、运输方式、运输时间等因素进行分析和决策，可以实现对物流运作的自主控制和优化；通过对物流运作中的仓储、装卸、分拣等环节进行自动化和智能化处理，可以提高物流运作的效率和准确性。

其次，人工智能技术可以通过对物流运作数据的深度学习和智能分析，实现对物流运作环节的预测和预警。例如，通过对物流运作数据进行深度学习和分析，可以实现对物流运作环节的趋势分析、风险预警等功能，从而提高物流运作的智能化和预测性。

### 4. 云计算技术在物流领域的应用

云计算技术是指将计算资源、存储资源和应用程序通过互联网进行集中管理和提供的一种技术。在物流领域，云计算技术可以实现对物流运作环节的全面管理和协同调度。

首先，云计算技术可以通过对物流运作数据的集中存储和管理，实现对物流运作环节的全面监控和跟踪。例如，通过将物流运作数据上传到云端，可以实现对物流运作数据的集中存储和管理，从而实现对物流运作环节的全面监控和跟踪。

其次，云计算技术可以通过在线应用程序的共享和协同，实现对物流运作环节的协同调度和管理。例如，通过将物流运作数据上传到云端，并将物流运作应用程序在线化，可以实现对物流运作环节的协同调度和管理，从而提高物流运作的效率和准确性。例如，通过将物流运作数据上传到云端，并将物流运作应用程序在线化，可以实现对物流客户的个性化服务和定制化服务，从而提高客户满意度和忠诚度。

### 5. 区块链技术在物流领域的应用

区块链技术是指将数据存储在不同的区块中，并通过密码学技术进行加密和认证的一种技术，可以实现对数据的去中心化管理和安全性保障。

在物流领域，区块链技术可以实现对物流运作环节的安全性保障和信任度提高。区块链技术可以通过对货物的溯源和追踪，实现对物流运作环节的安全性保障。例如，通过对货物的区块链信息进行记录和认证，可以实现对货物的溯源和追踪，从而保障货物的安全和质量。

通过对物流运作环节的智能合约进行编程和管理，可以实现对物流运作环节的自动化和智能化控制，从而提高物流运作的效率和准确性。区块链技术可以通过对物流运作数据的去中心化管理和安全性保障，实现对物流运作环节的信任度提高。例如，通过对物流运作数据的去中心化管理和加密认证，可以提高物流运作环节的信任度，从而提高物流运作的安全性和稳定性。

**对点案例**

## 顺丰高效物流信息平台，助力冷链物流发展

顺丰冷运将射频识别技术集成到物流信息平台中同时整合了物联网、云计算、大数据分析等先进技术实现了冷链物流的高效管理和精细化控制。该平台具有以下几个主要功能。

**1. 实时温度监控与管理**

冷链运输箱内嵌有射频识别标签，这些标签可以实时监控箱内的温度数据。读写器安装在运输车辆或仓库中，实时读取温度信息，并将数据上传到物流信息平台。一旦温度超出设定范围，系统会立即发出警报，通知相关人员及时处理，从而确保温度敏感货物的安全性。以云南顺丰为例，松茸受温度与湿度的影响较大，因此包装与运输环境也尤为重要，在保鲜技术方面，顺丰通过科学调试打造松茸专属食品级冰袋，在−18 ℃环境冰冻48小时以上，实现30分钟快速预冷，让整颗松茸均匀降温，有效延长保鲜时长12小时以上。

**2. 全程追踪与透明度**

每个冷链运输箱上都有唯一的射频识别标签，通过射频识别技术和物流信息平台，顺丰冷运可以实现对货物的全程追踪。从仓库出发到最终配送，所有运输环节的信息都可以实时记录并上传到平台，确保运输过程的透明度和可追溯性。这不仅提高了管理效率，还增强了客户对冷链物流服务的信任。

**3. 数据分析与资源优化**

物流信息平台通过整合射频识别技术采集的大量数据，利用大数据分析进行深度挖掘和优化。平台能够根据历史数据和实时监控信息，优化运输路径，减少运输时间，提高运输效率。例如，通过分析不同季节和地区的运输需求，平台可以合理调配车辆和仓储资源，确保物流系统的高效运作。

## 项目总结

本项目聚焦现代物流核心，涵盖运输、仓储、包装、装卸搬运、流通加工、配送及物流信息等关键功能要素。运输与仓储是物流的关键环节，分别解决货物的位移与存储问题；包装、装卸搬运、流通加工则在保护、方便流通和增加价值方面发挥重要作用；配送强调按客户需求进行货物配置与送达；而物流信息管理如同中枢神经，连接各环节，实现高效运作与协同。掌握以上要素，是构建物流专业知识体系、理解物流运作机制的核心，能有效提升物流效率，为未来在物流领域的工作提供坚实基础。

## 项目习题

### 一、选择题

1. 通过多种运输方式将农产品从产地运往销地是(　　)的反映 。

A. 形式效用　　　　B. 空间效用

C. 时间效用　　　　D. 占有效用

2. 物流是指物资的物质实体由供应者到需求者的流动，包括(　　)。

A. 物资空间位置的变动和时间位置的变动

B. 物资空间位置的变动和形状性质的变动

C. 物资时间位置的变动和形状性质的变动

D. 物资空间位置的变动、时间位置的变动和形状性质的变动

3. (　　)货架能保证货物先进先出，避免货物的超期存放，符合仓库管理现代化的要求。

A. 驶出式　　B. 驶入式　　C. 转移式　　D. 重力式

4. 水路运输适于(　　)。

A. 运距长、运量大、时间性不太强的运输

B. 运距短、运量大、时间性不太强的运输

C. 运距长、运量小、时间性不太强的运输

D. 运距长、运量大、时间性很强的运输

5. 配送中心规划的主要内容是确定配送中心的(　　)。

A. 规模、数量、地点　　B. 类型、规模、数量

C. 功能、数量、结构　　D. 功能、结构、地点

6. 条形码主要应用于(　　)。

A. 货主信用调查　　B. 车辆位置跟踪

C. 电子单证传递　　D. 货物信息识别

7. 缓冲包装不适合的商品包装是(　　)。

A. 鲜蛋包装　　B. 陶瓷器包装

C. 玻璃仪器包装　　D. 工具包装

8. 利用叉车或半挂车、汽车承载货物，连同车辆一起开上开下船，运到目的地的一种水平装卸方式是(　　)。

A. 叉上叉下　　B. 吊上吊下　　C. 滚上滚下　　D. 移上移下

E. 散装散卸

9. 最具灵活性的运输方式是(　　)。

A. 公路运输　　B. 铁路运输　　C. 航空运输　　D. 远洋运输

10. 不适合航空运输货物的是(　　)。

A. 高附加值产品　　B. 紧急救援物资

C. 生鲜食品　　D. 大宗低值物品

**二、判断题**

1. WMS 是仓储管理系统的简称，是用来管理仓库内商品信息的软件系统。(　　)

2. 自动识别技术指的就是条形码技术。(　　)

3. 在配送作业中的备货，应包括两项具体活动：筹集商品和储存商品。(　　)

4. 铁路运输只承担干线上大批量货物的运输。(　　)

5. 公路运输的最大优点是可以实行门到门的直达运输。(　　)

6. 多式联运的货物主要是集装箱货物。(　　)

7. 理货是配送的一项重要内容，也是配送区别于一般送货的重要标志。(　　)

8. EDI 以确定的报文格式形式进行数据传输和信息交换。(　　)

9. 计算机网络的功能之一是资源共享，它只是指硬件资源的共享。(　　)

10. 运输需求必须具备两个条件，即具有实现位移服务的愿望和具备支付能力，缺少任何一个条件，都不能构成现实的运输需求。(　　)

11. 流通加工是流通中的一种特殊形式，是实现商品配送的前置工作。(　　)

12. 射频识别技术是以无线信道作为运输传媒，建网迅速，通信灵活，是实现移动通信的关键技术之一。(　　)

**三、简答题**

1. 运输的不合理化体现在哪些方面？

2. 仓储的作用在物流活动中是如何体现的？

3. 请简述装卸搬运的合理化措施。

4. 配送与运输活动有什么不同？

5. 如何实现包装的合理化？

6. 为什么要在物流中实现信息化？

**四、调查与研究**

调研内容：关于当地交通建设与货物运输高质量发展的现状调查研究。

调研要求如下。

1. 总体要求

请围绕党的二十大报告提出的“加快建设交通强国”和党的二十届三中全会提出的“完善流通体制，加快发展物联网，健全一体衔接的流通规则和标准，降低全社会物流成本”结合本项目的学习内容，实地走访当地交通主管部门、主要的货物运输枢纽、物流企业，了解当地交通建设与货物运输高质量发展的关系，形成一篇调研报告。

2. 具体要求

(1)准备要足

事先组建调查研究小组(每组 4～5 人)，落实调查对象、调查地点和调查时间，拟定调查提纲和调查问卷，确定调查出行的交通工具，牢记调查过程中的安全要求，注意个人仪表仪态和言谈举止。

(2)选题要准

围绕现代物流高质量发展与交通强国建设的关系，聚焦当地货物运输业发展的政策和举措，从思路、问题、措施、经验、成效等方面着手，发现重点、热点、难点、“痛点”、关注点，保持调研的倾向性和预见性。

(3)内容要实

凡事务求贯彻落实。调查研究材料与内容要真实，要深入当地交通主管部门和机场、港口、货场等场所，实地询问、观察、倾听，及时对当地在货物运输高质量发展实践中创造的有利做法进行挖掘总结，提炼有推广价值的经验成果。

(4)立意要高

货物运输高质量发展调研工作是为相关部门和物流企业决策提供依据，能有针对性地提出分析问题、解决问题的方法措施。

(5)感悟要深

针对货物运输高质量发展，坚持边看、边问、边学、边思，知行合一，真抓实干，在学习中积蓄能量，在调研中摸透实情，把“强国建设”目标学深悟透，提升综合素养和职业能力。

# 项目三　企业物流和物流企业认知

## 项 目 导 读

在物流行业蓬勃发展的今天，企业物流与物流企业作为行业的重要组成部分，正发挥着关键作用。本项目将深入探讨企业物流的基本内容，涵盖其在供应链中的关键作用及运作模式。同时，聚焦物流企业的概念与类型，剖析不同模式下的运营特点。此外，物流园区作为物流网络的关键节点，其概念与功能也不容忽视。通过本项目的学习，读者将理解物流园区与其他物流节点的区别与联系，并掌握物流园区规划的基本步骤和关键内容。这些知识将为读者未来在物流领域的实践与管理奠定坚实基础。

## 学习目标

### ◆ 知识目标

- 了解企业物流的基本内容，能正确理解企业物流的管理要求。
- 了解物流企业的概念、类型，理解物流企业的日常业务要求。
- 了解物流园区的概念和功能，理解物流园区与其他物流结点，掌握物流园区规划的基本步骤和关键内容。

### ◆ 能力目标

- 能够依据物流管理的基本原理和方法，分析企业物流活动。
- 具备合理选择和实施第三方物流的能力。

### ◆ 思政目标

- 培养读者诚信意识、环保意识、规范意识与创新思维。
- 培养读者建立团队合作、吃苦耐劳、敢于担当的精神。

## 知识导图

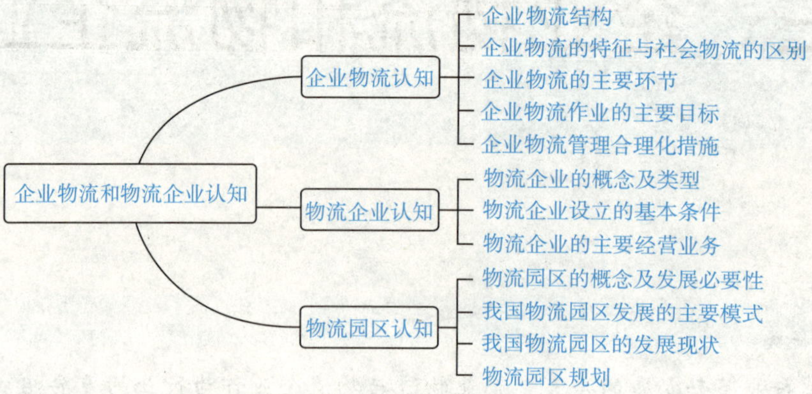


## 案例导入

### 安能物流：新时代背景下的企业变革典范

安能物流是一家行业领先的加盟型全网零担货运企业，一直聚焦于我国广大中小型货主的物流需求。2023 年安能物流全年共实现营收 99.17 亿元，同比增长 6.2%；毛利达 12.68 亿元，同比大增 73.6%。而在 2022 年，安能物流一度出现 4.09 亿元的亏损。安能物流在实现高质量增长的过程中，到底做对了什么？

#### 1. 实施变革“组合拳”

由于近些年我国整体经济增长放缓，大量中小型企业的采购需求减少，导致零担货运市场货量持续横盘，甚至小幅收窄。零担货运产业内部竞争的加剧，使得客户对价格也更加敏感，并导致零担货运企业普遍出现亏损。安能物流敏锐地洞察到这一重要行业变化，从 2022 年第三季度开始，安能物流开启了以“利润+品质”为核心的品牌战略转型。

(1)从组织维度有效解决如何让内部组织趋于专业化，以及如何平衡总部与加盟商(网点)之间的关系。出于对这两方面的考量，安能物流创新出属于自己的组织生态：“协同-平台化”用扁平化组织，构成高效协同，给予平台之上的加盟商更多发展空间。通过精简组织层级，形成更为直接的上传下达机制，组织执行力得到大幅提升。在加盟商端口，安能物流还打造了“销售+运营+客服”一体化的铁三角服务机制，三个人服务一个网点，为网点提供更加精细化的服务赋能。组织执行力的提升，使得安能物流的各个关键业务环节得到了效率改善，并形成了领跑行业的势头。

(2)加强分拨端与运输端的优化。分拨端与运输端零担货运企业成本与运输时效的两个重要因素。在分拨端，安能物流一方面对分拨结构进行了优化，重点打造千吨级主枢纽，将核心枢纽由 12 个增加至 34 个，分拨中心的有效精简，不仅降低了中转频次，促成了成本节降，也助推了品质、时效与服务质量的提升；另一方面精益规划库区，围绕人、场、设备提高分拣效率和人均操作货量，最终实现2023年下半年单位分拨中心成本156元/吨，环比下降17.1%。在运输端，安能物流也推出多项举措，通过拉直运输干线、优化车线规划和投产配置、升级车队管理体系等节降运输成本，实现2023年下半年单位干线运输成本310元/吨，环比下降5.1%。

安能物流综合成本的节降也反馈到了市场上，在我国“卡车之都”湖北十堰市，安能物流让汽车供应链的商户们进一步实现物流降本增效，降低了约30%的综合物流成本。

(3)增加网点密度，优化网点布局。作为全网型企业，网络的密度是竞争的最关键要素之一。2023年底，安能物流共有28 000多家网点，乡镇覆盖率达98.2%，居快运行业第一。即使是在偏远的西藏，安能也设立了30个网点，覆盖全境74个县市，成为国内首家西藏全覆盖的快运网络。

### 2. 变革效果

(1)安能物流的战略变革带来对终端客户服务质量的明显提升。例如，全年平均运单时长同比缩短10.1%，时效兑现率同比提升12个百分点，十万件遗失率优化83.2%，十万件破损率优化33.6%，十万票投诉量优化64.4%，服务水平显著提升。服务质量的改善，也带动安能物流全年服务的终端客户数同比增长约17%，高达550万个。

(2)客户满意度与客户规模的提升，带来安能物流2023年全年在营收、利润与现金流等财务指标领域的显著改善。2023年第四季度，安能物流季度货量同比增长10%，高于全年6%的平均增速。这预示着安能物流的财务指标在2024年还将实现进一步提升。

(3)在有效规模、成本与服务质量等领域形成了全行业领先的三大核心优势。一是具备全国网络化能力的全网型快运公司相较专线、区域快运公司更能满足全国化企业的货运需求。二是加盟制平台模式具有更好的扩展性与规模化潜力，可以有效解决全国性直营网络管理复杂与扩展性差的问题；三是组织重构下带来的可持续领先行业的总成本控制能力，将成为安能物流参与行业竞争的“护城河”。

# 任务一　企业物流认知

## 任务引入

海尔集团是我国典型的自建物流企业，海尔物流成立于1999年，海尔的物流机构是海尔集团下独立运营的实体物流公司，下属信息咨询中心，IPC采购中心，JIT采购配送中心和分拨物流中心四个部门。通过几十年的运营，海尔物流已经形成了品牌。

虽然目前海尔物流主要为本集团服务，但是海尔的目标定位是“为全球客户提供最有竞争力的综合物流集成服务，成为全球最具竞争力的第三方物流企业”。谈到海尔为什么会采用自建物流，其物流经理周行说“把整个物流体系包给物流公司去做，使这一环节受制于人，非常不利于企业自己统筹管理，而且现在很多专业物流公司也没有能力做全方位的物流工作”。

为什么海尔集团要自建物流公司呢？自建物流有哪些优势呢？

### 任务

前往当地企业(制造企业或者流通企业)进行调研，分析该企业的物流环节及特征，物流运作效率和存在的问题，讨论提出改进对策建议，形成实训报告。

### 任务准备

(1)针对小组准备调研的企业确定调研内容及调研重点。

(2)结合调研情况，搜集相关资料对所调研企业物流现状进行整理总结。

### 任务重点与实施

## 一、企业物流结构

根据《物流术语》(GB/T 18354－2021)对企业物流的定义：“企业物流是指企业内部的物品实体流动。”从企业角度上研究与之有关的物流活动，是具体的、微观的物流活动的典型领域。

扫码看视频

企业物流的结构主要有以下内容。

### 1. 企业物流水平结构

根据物流活动先后次序，可将其分为供应物流、生产物流、销售物流、回收与废弃物物流，其结构如图 3-1 所示。

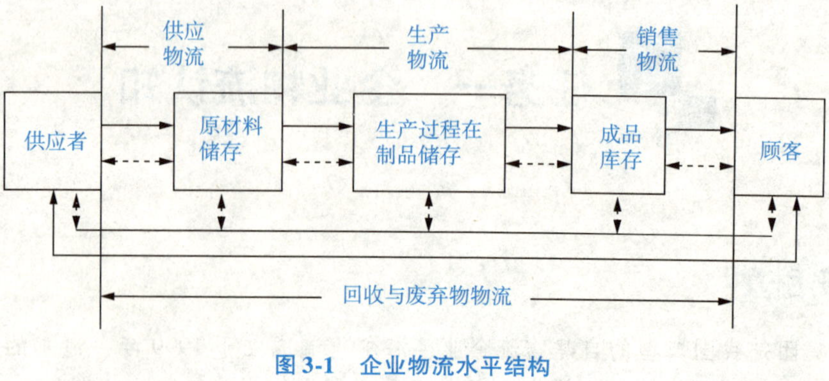


图 3-1　企业物流水平结构

### 2. 企业物流垂直结构

物流通过管理层、控制层和作业层三个层次的协调配合实现其总体功能，其结构如图 3-2 所示。

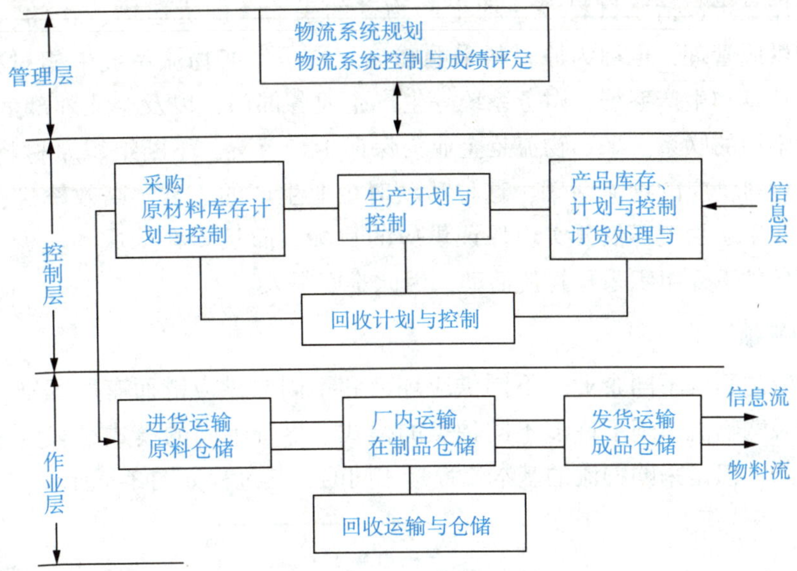


图 3-2　企业物流垂直结构

## 二、企业物流的特征与社会物流的区别

企业物流的主要特征如下。

(1) 企业物流的主要功能要素是搬运、储存。

(2) 企业生产物流的对象主要是物料和半成品。

(3) 企业生产物流的连续性和伴生性。

企业物流与社会物流的联系与区别如下。

### （一）企业物流与社会物流联系

从系统网络上看，社会物流是系统网络，而企业物流是这个网络上的一个节点，企业物流是社会物流的基础，是“流”；社会物流是企业物流赖以生存的条件，是“汇”。

### （二）企业物流与社会物流的区别

(1) 从范围的大小上：企业物流是微观物流，社会物流是宏观物流。

(2) 从物流所处的领域看：社会物流侧重流通物流，而企业物流侧重于生产物流。

(3) 从与商流的关系上：社会物流以商流为条件；而企业物流不以商流为条件。

(4) 从物流的规律看：社会物流涉及的面广，影响因素多，变化大；企业物流相对稳定，规律性强，网络严谨。

## 三、企业物流的主要环节

### (一)采购物流

采购物流是指包括原材料等一切生产物资的采购、进货运输、仓储、库存管理、用料管理和供应管理，也称为原材料采购物流。它是生产物流系统中相对独立性较强的子系统，并且和生产系统、财务系统等生产企业各部门，以及企业外部的资源市场、运输部门有密切的联系。采购物流是企业为保证生产节奏，不断组织原材料、零部件、燃料、辅助材料供应的物流活动，这种活动对企业生产的正常、高效率进行发挥着保障作用。企业采购物流不仅要实现保证供应的目标，而且要在低成本、少消耗、高可靠性的限制条件下来组织采购物流活动，因此难度很大。

#### 1. 采购物流内容

采购物流过程因不同企业、不同供应环节和不同的供应链而有所区别，这个区别就使企业的采购物流出现了许多不同种类的模式。尽管不同的模式在某些环节具有非常复杂的特点，但是采购物流的基本流程是相同的，其过程如图 3-3 所示。

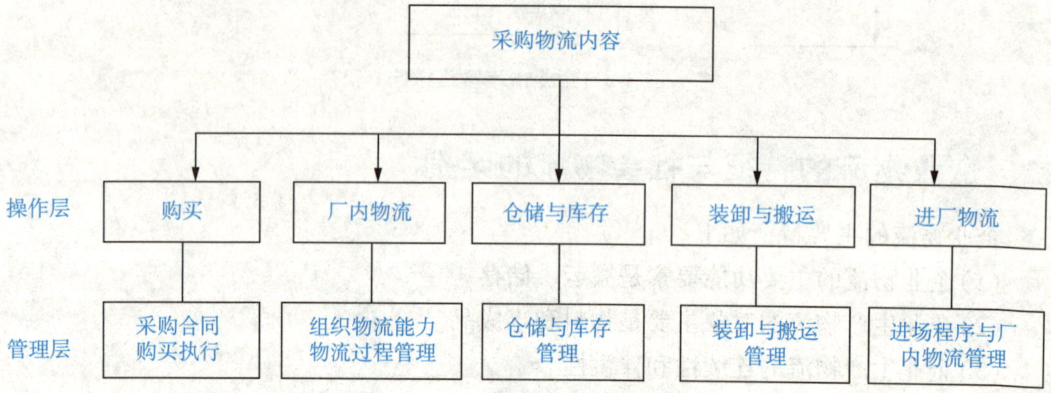


图 3-3 采购物流活动及管理内容

#### 2. 采购物流服务方式

(1)准时供应方式

在买方市场环境下，采购物流活动的主导者是买方。购买者(用户)有主动性，用户企业可以按照最理想方式选择采购物流；而采购物流的承担者，作为提供服务的一方，必须以最优的服务才能够被用户所接受。从用户企业一方来看，准时供应方式是一种比较理想的方式。

准时供应方式是按照用户的要求，在计划的时间内或者在用户随时提出的时间内，实现用户所要求的供应。准时供应方式大多是双方事先约定供应的时间，互相确认时间计划，因而有利于双方开展采购物流和接货的组织准备工作。

采用准时供应方式，可以派生出零库存方式、即时供应方式、到线供应方式等多种新的服务方式。

(2)即时供应方式

即时供应方式是准时供应方式的一个特例，是完全不依靠计划时间而按照用户偶尔提出的时间要求，进行准时供应方式。这种方式一般作为应急的方式采用。

在网络经济时代，由于电子商务的广泛开展，在电子商务运行中，最基本消费者所提出的服务要求，大多缺乏计划性，而又有严格的时间要求，所以，在新经济环境下，这种供应方式有被广泛采用的趋势。

需要说明的是，即时供应方式由于很难实现计划和共同配送，所以，一般成本较高。

## (二)生产物流

根据《物流术语》(GB/T 18354－2021)中对生产物流的定义："生产企业内部进行的涉及原材料、在制品、半成品、产成品等的物流活动。"生产物流一般是指原材料、燃料、外购件投入生产后，经过下料、发料，运送到各加工点和存储点，以在制品的形态，从一个生产单位(仓库)流入另一个生产单位，按照规定的工艺过程进行加工、储存，借助一定的运输装置，在某个点内流转，又从某个点内流出，始终体现着物料实物形态的流转过程。

企业生产物流的过程如图3-4所示，原材料、零部件、燃料等辅助材料从企业仓库和企业的"门口"开始，进入到生产线开始端，再进一步随生产加工过程各个环节运动。在运动过程中，本身被加工，同时产生一些废料、余料，直到生产加工终结，再运动至成品仓库便终结了企业生产物流过程。

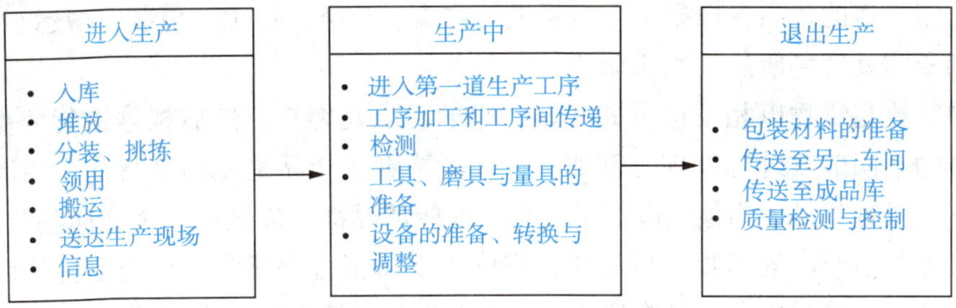


图3-4　企业生产物流的过程

## (三)销售物流

根据《物流术语》(GB/T 18354－2021)中对"销售物流"的定义："企业在销售商品过程中所发生的物流活动。"企业销售物流的内涵：企业在销售过程中，将产品的所有权转给用户的物流活动，是产品从生产地到用户的时间和空间的转移，也是以实现企业销售利润为目的的，还是包装、运输和储存等环节的统一。

销售物流的起点，一般情况下是生产企业的成品仓库，经过分销物流，完成长距离、干线的物流活动，再经过配送完成市内和区域范围的物流活动，到达企业、商业用户或最终消费者。销售物流是一个逐渐发散的物流过程，这和供应物流形成了一定程度的镜像对称，通过这种发散的物流，使资源得以广泛地配置。企业销售物流的工作流程如图 3-5 所示。

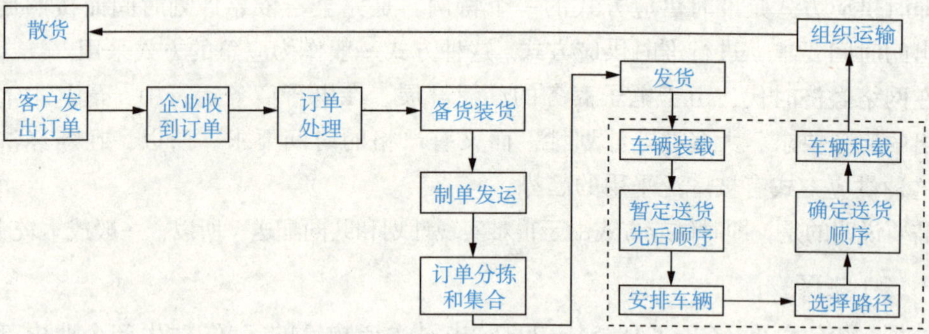


图 3-5　企业销售物流的工作流程

## （四）逆向物流

逆向物流有广义和狭义之分。狭义的逆向物流是将有再利用价值的部分加以分拣、加工、分解，使其成为有用的资源，重新进入生产和消费领域。广义的逆向物流还包括废弃物物流的内容。

《物流术语》（GB/T 18354－2021）中对“逆向物流”的定义为：“为恢复物品价值、循环利用或合理处置，对原材料、零部件、在制品及产成品从供应链下游节点向上游节点反向流动，或按特定的渠道或方式归集到指定地点所进行的物流活动。”另外，《物流术语》（GB/T 18354－2021）中的“废弃物流”的定义为：“将经济活动或人民生活中失去原有使用价值的物品，根据实际需要进行收集、分类、加工、包装、搬运、储存等，并分送到专门处理场所的物流活动。”

逆向物流是货物以相反的方式移动。它的起点是客户，然后根据退货的性质，沿着供应链的不同节点进行处理。例如，在线消费者将产品退回给零售商，原因可能是产品损坏，或者只是因为他们改变了主意。这些情况都可以被归类为逆向物流。此外，逆向物流还包括产品的回收、再利用、维修和重新销售等流程。传统物流从供应商出发，经过分销商或零售商，最终到达客户手中。它包括采购、库存管理、配送、仓储、运输、包装，以及风险管理等各个环节。逆向物流过程由商家客户推动，物流费用采取商家客户与第三方物流公司统一集中结算的方式。整个过程需要商家客户与物流公司双方强大的 ERP 对接系统支持。逆向物流过程中，交寄物品寄出时用户无须填写寄件地址和收件地址，全部由系统自动生成。逆向物流的运作流程如图 3-6 所示。

**思考**　你认为企业实施逆向物流是必须的吗？为什么？实施过程中需要重点考虑哪些因素？

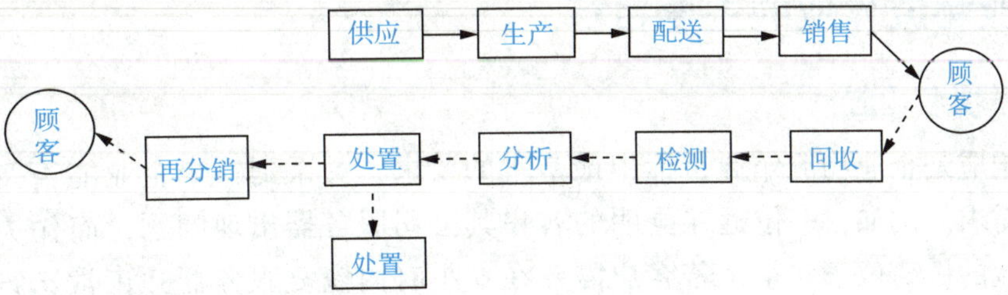


图 3-6　逆向物流的运作流程

## （二）逆向物流的分类

### 1. 按照回收物品的渠道来分

按照回收物品的特点可分为退货逆向物流和回收逆向物流两部分。退货逆向物流是指下游顾客将不符合订单要求的产品退回给上游供应商，其流程与常规产品流向正好相反。回收逆向物流是指将最终顾客所持有的废旧物品回收到供应链上的各节点企业。

### 2. 按照逆向物流材料的物理属性分

按照逆向物流材料的物理属性可分为：钢铁和有色金属制品逆向物流、橡胶制品逆向物流、木制品逆向物流、玻璃制品逆向物流等。

### 3. 按成因、途径和处置方式及其产业形态来分

按成因、途径和处置方式的不同，逆向物流分为：投诉退货、终端使用退回、商业退回、维修退回、生产报废与副品，以及包装等六大类别。

**知识链接**

2024 年 4 月 11 日，国家发改委在《推动大规模设备更新和消费品以旧换新行动方案》中提出将加快发展“换新+回收”物流体系和新模式。同年 5 月 11 日，四川省人民政府发布《四川省推动大规模设备更新和消费品以旧换新实施方案》，提出完善废旧产品设备回收网络：创新废旧产品设备回收模式。加快“换新+回收”物流体系和新模式发展，引导耐用消费品生产、销售企业利用配送、安装、维修等渠道发展逆向物流。与专业回收企业合作，实现上门“送新”返程“收旧”，推广回收车辆“定点、定时”进社区的“以车代库”回收模式，鼓励运用移动互联网媒介构建线上线下预约、上门回收绿色兑换、以旧换新、定制回收等多元化回收场景。

在该政策的推动下，逆向物流将成为一个关键环节，不仅优化了资源的循环利用，还为消费者提供了便捷的服务。

## 四、企业物流作业的主要目标

### (一)快速响应

快速响应是企业物流作业目标中最基本的要求，关系到一个企业能否及时满足客户的服务需求。例如，一位远在昆明的客户其公司服务器出现问题，而作为提供服务器备件支援的厂商位于北京，若客户需要在6小时内恢复服务器并正常运行，那么快速响应就至关重要。

快速响应的能力使企业将物流作业传统上强调的根据预测和存货情况，作出计划转向了以小批量运输的方式，对客户需求作出反应上来。快速响应要求企业具有流畅的信息沟通渠道和广泛的合作伙伴支持。在上例中若该服务器备件支援的厂商在成都或昆明都有合作伙伴，那么就能在6小时或更短的时间内解决客户的问题，满足客户需求就更为容易。

### (二)最低库存

最低库存是企业物流作业目标中最核心的要求。目标同资产占用和相关的周转速度有关。最低库存越少，资产占用就越少；周转速度越快，资产占用也越少。因此，物流系统中存货的财务价值占用企业资产也就越低。在一定的时间内，存货周转率与存货使用率相关。存货周转率高、可得性高，意味着投放到存货上的资产得到了有效利用。企业物流作业的目标就是要以最低的存货满足客户需求，从而实现物流总成本最低。

当存货在制造和采购中达到规模经济时，能提高投资报酬率。企业物流作业的目标之一就是要将存货减少并控制在最低可能的水平上。为实现最低存货的目标，物流系统设计必须是对整个企业的资金占用和周转速度进行控制，而不是对每一个单独的业务领域进行控制。

### (三)集中运输

集中运输是企业物流作业中实施运输成本控制的重要手段之一。运输成本与运输产品的种类、运输规模和运输距离直接相关。许多物流系统都采用的是高速度、小批量运输，这种运输通常成本较高。为降低成本，可以将运输整合。一般而言，运输量越大、距离越长，单位运输成本就越低。因此，将小批量运输集中起来以形成大规模的经济运输不失为一种降低成本的途径。不过，集中运输往往降低了企业物流的响应时间。因此，企业物流作业必须在集中运输与响应时间方面综合权衡。

### (四)最小变异

在企业物流领域，变异是指破坏系统作业表现的任何未预期到的事件，可以产生于物流作业的任何地方。如空运作业因为天气原因受到影响；铁路运输作业因为地震等灾害受到影响。减少变异的传统解决办法是建立安全存货，或是使用高成本的运输方式。不过，上述两种方式都将增加物流成本，为了有效地控制物流成本，目前多采用信息技术以实现主动的物流控制，这样变异在某种程度上就可以被减少到最低。

### （五）服务质量改善与提高

物流作业本身就是在不断地寻求客户服务质量的改善与提高。目前，全面质量管理已引起各类企业的高度关注，自然物流领域也不例外。从某种角度说，全面质量管理还是物流得以发展的主要推动力之一。因为事实上一旦货物质量出现问题，物流的运作环节就要全部重来。如运输出现差错或运输途中导致货物损坏，企业不得不对客户的订货重新操作，这样一来不仅会导致成本的大幅增加，而且还会影响到客户对企业服务质量感知。因此，企业物流作业对质量的控制不能有半点马虎。

### （六）生命周期支持

绝大多数产品在出售时都会标明其使用期限。若超过这个期限，厂商必须对渠道中的货物或正在流向顾客的货物进行回收。之所以将产品回收回来是出于严格的质量标准、产品有效期、产品可能出现的危险后果等方面的考虑。当货物潜藏有危害人身健康的因素时，这时不论成本大小与否，反向物流必然发生。

## 五、企业物流管理合理化措施

### （一）各种设施在生产空间的合理布局

生产系统和服务系统的各类设施的空间布置规划与设计是物流合理化的前提。工厂内各车间的相对位置，以及车间内设备的相对位置一经决定，物流路线亦随之被决定。物流分析是设施布置规划与设计的主要依据，合理布置的目的是为了减少物料流的迂回、交叉，以及无效地往复运输，并避免物料运输中的混乱、路线过长等现象。

### （二）合理控制库存

企业的流动资金大部分是被各种物资库存所占用。降低库存可以减少占压的流动资金，有效地加快资金周转速度。理论上可以证明，在制品的数量与生产周期成正比，减少在制品库存即缩短生产周期。而且在制品的库存减少，可以促进企业管理水平不断提高。

### （三）均衡生产

从物流的角度来看，均衡生产就是生产物流流量的均衡，这是杜绝生产中浪费现象的重要措施。均衡生产的最佳状态是“一个流”，这种生产体制中物流达到理想状态，从毛坯投入到成品产出全过程，在制品始终处于不停滞、不堆积、不间断、不超越，有节奏的流动状态，是各道工序间在制品存储量向零挑战的生产组织方式。实行均衡生产的主要措施是科学地制订生产计划和加强对生产的组织管理。

### （四）合理地配置和使用物流设施设备

为了提高作业效率，增强物料搬运能力，应不断地开发各种类型和规格的物流机械设备。物流的机械化自动化水平，直接反映物流系统的能力和水平。物流设施设备的配置主要考虑的因素如下。

(1)根据物料形态与特性、搬运工艺要求、环境条件，选择合适的类别与规格的物流机械，而且要注意系统配套。

(2)要根据综合经济效益确定机械化水平。为了节约资金而削弱物流系统的能力，有时会对生产过程带来长远的消极影响；相反，为了追求高水平机械化，增加不必要的投资将会造成经济损失。

(3)物料的单元化和集装化与机械的配置有密切关系。物料用托盘或容器集成一定规模的单元以后，能使搬运机械的能力得以充分发挥，大幅度地提高物流系统的处理能力。同时，以货物单元的规格化、标准化为基础，使搬运、储存设施的规格统一起来，又可进一步提高物流系统效率。

### （五）健全物流信息系统

为了有效地对物流系统进行管理和控制，必须建立完善的信息系统。信息系统的水平是物流现代化的标志，物流信息系统几乎覆盖了整个工厂的生产过程。在工厂外部，原材料供应市场和产成品销售市场的信息，也是组织工厂物流活动的依据。因此，必须从基本数据的积累做起，建立完善的物流信息系统，以利于管理层进行分析，使工厂的领导者决策有所依据。

## 任务二　物流企业认知

### 任务引入

根据《关于加强物流统计监测工作的通知》(发改办运行〔2023〕87 号)要求，我国物流与采购联合会组织实施了重点物流企业统计调查，根据调查结果提出了 2023 年度中国物流企业 50 强、民营物流企业 50 强排名。50 强物流企业 2022 年物流业务收入合计 23 456 亿元，按可比口径计算，同比增长 13.4%。50 强物流企业门槛 77.4 亿元，比上年增加 15.8 亿元。民营 50 强物流企业物流业务收入合计 10 257 亿元，同比增长 18.7%。民营 50 强物流企业门槛 28.3 亿元，比上年增加 13.1 亿元。

其中，2023 年中国物流 50 强，排名前十的依次是：中远海运集团、厦门象屿、顺丰控股、京邦达贸易(京东物流集团)、中国外运、菜鸟供应链、三快智送(美团配送)、圆通速递、中通快递、中铁物资。

## 任务

(1)查询近两年中国物流50强名单，并分析这些企业的主营业务、主要客户类型的异同。

(2)选择一家物流企业进行详细调研，分析该企业的业务重点、经营特征、未来发展趋势。

## 任务准备

(1)通过网络搜集优秀物流企业相关资料。

(2)确定被调查企业的调查内容、调查重点，针对该企业的经营发展情况分析该企业的发展现状和未来发展趋势。

## 任务重点与实施

# 一、物流企业的概念及类型

### (一)物流企业的概念

扫码看视频

根据《物流术语》(GB/T 18354－2021)中对物流企业的定义：“从事物流基本功能范围内的物流业务设计及系统运作，具有与自身业务相适应的信息管理系统，实行独立核算、独立承担民事责任的经济组织。”物流企业以物流为主体功能，同时伴随商流、资金流和信息流，包括仓储业、运输业和批发业，以及批发业、零售业和外贸等行业分离出来的物流业务组织。其常扮演着供货商与零售业者之间负责集货、理货、库存、配送等的角色。

## 对点案例

厦门象屿速传供应链发展股份有限公司是国有控股上市公司，成立于1996年，是国家AAAAA级综合物流企业，全国物流行业先进集体，多年获评中国最具竞争力50强物流企业。

目前公司资产总额近87亿元，员工人数超1 600人，总部位于厦门，投资企业28家，在上海、青岛、广州、天津等主要沿海城市、中西部地区、中国香港地区、新西兰、新加坡、印度尼西亚等设有公司。

厦门象屿以全球大宗商品综合物流为根基，立足国内、国际双循环格局，紧跟国家区域经济发展战略、“一带一路”倡议，通过“商流、物流、信息流、资金流”四流合一的供应链综合服务平台，为产业链客户提供深度供应链解决方案，致力于成为“具有强大物流解决能力的全球智慧供应链服务商”。

### (二)物流企业主要类型

根据《物流企业分类与评估指标》(GB/T 19680－2013)，将物流企业分为运输型物流企业、仓储型物流企业、综合服务型物流企业三种类型，并提出每种类型应该达到的基本要求。为了能够全面、系统反映物流企业的服务能力，《物流企业分类与评估指标》(GB/T 19680－2013)对于具备一定服务水平的三种类型的物流企业，按照不同评估指标分为 AAAAA、AAAA、AAA、AA、A 五个等级。AAAAA 级最高，依次降低。

#### 1. 运输型物流企业

运输型物流企业应同时符合以下要求。

(1)以从事运输业务为主，具备一定规模。

(2)可为客户提供运输服务及其他增值服务。

(3)自有一定数量的运输工具和设备。

(4)具备信息服务功能，应用信息系统可对运输货物进行状态查询、监控。

#### 2. 仓储型物流企业

仓储型物流企业应同时符合以下要求。

(1)以从事仓储业务为主，具备一定规模。

(2)可为客户提供分拨、配送、流通加工等服务，以及其他增值服务。

(3)自有一定规模的仓储设施、设备，自有或租用必要的货物运输工具。

(4)具备信息服务功能，应用信息系统可对仓储货物进行状态查询、监控。

#### 3. 综合型物流企业

综合型物流企业应同时符合以下要求。

(1)从事多种物流服务业务，可以为客户提供运输、仓储、货运代理、配送、流通加工、信息服务等多种物流服务，具备一定规模。

(2)可为客户制定系统化的物流解决方案；可为客户提供综合物流服务及其他增值服务。

(3)自有或租用必要的运输工具、仓储设施及相关设备。

(4)具有一定市场覆盖面的货物集散、分拨、配送网络。

(5)具备信息服务功能，应用信息系统可对物流服务全过程进行状态查询、监控。

**思考** 你认为物流企业有必要参加物流企业评级吗？参加物流企业评级会给企业带来哪些收益？

## 二、物流企业设立的基本条件

### (一)国内物流企业设立的基本条件

扫码看视频

注册物流公司需要的条件：能为客户提供货物仓储服务、配送服务，以及商品经销、流通加工等其他服务；有一定规模的仓储设施、设备、货运车辆；具备网络化信息服务功能。

### 1. 注册国内物流企业的基本要求

注册物流公司需要的主要资料是《道路运输许可证》，其他资料如公司股东、监事、董事、公司名称、经营范围、注册资本、注册地址、公司章程、法定代表人等与一般企业基本相同。

道路运输许可证，非危险货物运输经营由县级道路运输管理机构颁发；危险货物运输经营由设区的市级道路运输管理机构颁发。

### 2. 运输型物流企业需要同时符合的条件

(1)以从事货物运输业务为主，包括货物快递服务或运输代理服务，具备一定规模。

(2)可以提供门到门运输、门到站运输、站到门运输、站到站运输服务和其他物流服务。

(3)企业自有一定数量的运输设备。

(4)具备网络化信息服务功能，应用信息系统可对运输货场进行状态查询、监控。

### 3. 仓储型物流企业需同时符合的要求

(1)以从事仓储业务为主，为客户提供货物储存、保管、中转等仓储服务，具备一定规模。

(2)企业能为客户提供配送服务以及商品经销、流通加工等其他服务。

(3)企业自有一定规模的仓储设施、设备，自有或租用必要的货运车辆。

(4)具备网络化信息服务功能，应用信息系统可对货物进行状态查询、监控。

### 4. 综合服务型物流企业需同时符合的要求

(1)从事多种物流服务业务，可以为客户提供运输、货运代理、仓储、配送等多种物流服务，具备一定规模。

(2)根据客户的需求，为客户制定整合物流资源的运作方案，为客户提供契约性的综合物流服务。

(3)按照业务要求，企业自有或租用必要的运输设备、仓储设施及设备。

(4)企业具有一定运营范围的货物集散、分拨网络。

(5)企业配置专门的机构和人员，建立完备的客户服务体系，能及时、有效地提供客户服务。

(6)具备网络化信息服务功能，应用信息系统可对物流服务全过程进行状态查询和监控。

## (二)国际物流公司注册资本条件

### 1. 注册国际物流公司的基本要求

根据《中华人民共和国国际货物运输代理业管理规定》中第七条和第八条，注册国际物流公司需要具备以下条件。

(1)《中华人民共和国国际货物运输代理业管理规定》中第七条规定："设立国际货物运输代理企业，根据其行业特点，应当具备下列条件：有与其从事的国际货物运输代理业务相适应的专业人员；有固定的营业场所和必要的营业设施；有稳定的进出口货源市场。"

(2)《中华人民共和国国际货物运输代理业管理规定》中第八条规定："国际货物运输代理企业的注册资本限额应当符合下列要求：经营海上国际货物运输代理业务的，注册资本限额为500万元人民币；经营航空国际货物运输代理业务的，注册资本限额为300万元人民币；经营陆路国际货物运输代理业务或者国际快递业务的，注册资本限额为200万元人民币。经营前款两项以上业务的，注册资本限额为其中最高一项的限额。国际货物运输代理企业每设立一个从事国际货物运输代理业务的分支机构，应当增加注册资本50万元。"

#### 2. 国际物流公司注册的其他条件

(1)有符合规定条件的车辆和从业人员。

(2)有健全的安全生产管理制度和服务质量保障措施。

(3)有和公司经营范围、规模相适应的经营场地和停车场地。

(4)车辆规模在5辆以上，平均吨位不低于5吨。

(5)设备要求：有专用机械设备、箱体检查设施，地面平整能承受所堆重货物的压力，有良好的排水条件，必要消防设施，足够照明和通道。

## 三、物流企业的主要经营业务

### (一)运输型物流企业的业务范围

(1)企业可为客户提供门到门运输、门到站运输、站到站运输等一体化运输服务，以实现货物运输为主。

(2)根据客户需求，运输型物流企业可以提供物流一体化服务。

### (二)仓储型物流企业的业务范围

(1)企业为客户提供货物储存、保管、中转等仓储服务，以及为客户提供配送服务为主。

(2)企业为客户提供其他仓储的增值业务，如商品经销、流通加工等。

**对点案例**

深圳市凯东源现代物流股份有限公司为华润怡宝、雪花、屈臣氏、上海家化等众多知名企业，提供高质量、可视化的仓储配送服务及配套的流通增值服务。以华润怡宝为例，凯东源通过遍布整个广东省的物流配送网络，依靠先进的信息系统，凭借仓配一体化服务优势，帮助华润怡宝从距离销售区域最近的水厂配送到华南区域各个超市、便利店、酒店、地铁等。畅销品的周转次数从之前的4次/月提升到8次/月，带板运输的业务量从原来的70%提升到90%，零售商门店收货和分拣效率分别提高269%和372%，货物由配送中心送至门店的运输效率提高221%，货损率降低到0.02%以下。

### （三）综合服务型物流企业的业务范围

(1)为客户提供运输、货运代理、仓储、配送等多种物流服务项目，并能够为客户提供契约性一体化物流服务。

(2)为客户制定整合物流资源的解决方案，提供物流咨询服务。

## 任务三 物流园区认知

### 任务引入

北京市平谷区马坊物流基地立足服务运输结构调整和首都社会经济发展的需要，重点围绕商品车、矿建材料、钢材、生活必需品等生产生活物资，发挥铁路干线连接首都机场、天津港、唐山港等环京港区的区位优势；充分利用保税、口岸等功能，以绿色化、数智化、集享化为核心特征；形成集储运、保障、服务、创新为一体的新型物流业态；打造公铁融合的一级绿色枢纽、服务首都的物资供应基地、辐射京津冀的商贸流通中枢，以及具有示范效应的数智物流产业生态。依托土地、交通、仓储等基础条件，进一步注入商贸、科技、新能源、互联网、营销、金融等多种要素，重点打造绿色运输、商贸物流、创新孵化、智慧大脑、共享环境、品牌营销和应急保障七项关键能力，将不同领域产业链互相链接为价值网。被国家发改委确定为国家骨干冷链物流基地、国家进口冷冻水产品指定口岸等诸多荣誉。

### 任务

以小组为单位到本地物流园区进行参观、调研，观摩物流园区的规模、运作情况，根据所学判断该物流园区是否存在需要改进的地方，提出未来发展建议。

### 任务准备

(1)以小组为单位搜集我国各地物流园区建设和运作相关资料，了解各地物流园区建设及运作情况，对当地经济发展的促进情况。

(2)针对调研的物流园区情况进行讨论分析，整理成园区发展调研报告。

## 任务重点与实施

# 一、物流园区的概念及发展必要性

## (一)物流园区的概念

根据《物流术语》(GB/T 18354－2021)中对物流园区的定义："由政府规划并由统一主体管理，为众多企业在此设立配送中心或区域配送中心等，提供专业化物流基础设施和公共服务的物流产业集聚区。"物流园区将众多物流企业聚集在一起，实行专业化和规模化经营，发挥整体优势，促进物流技术和服务水平的提高，共享相关设施，降低运营成本，提高规模效益。其内涵可归纳为以下三点。

(1)物流园区是由分布相对集中的多个物流组织设施和不同的专业化物流企业构成的具有产业组织、经济运行等物流组织功能的规模化、功能化的区域。这首先是一个空间概念，与工业园区、经济开发区、高新技术开发区等概念一样，具有产业一致性或相关性，拥有集中连片的物流用地空间。

(2)物流园区是对物流组织管理节点进行相对集中建设与发展的具有经济开发性质的城市物流功能区域。作为城市物流功能区，物流园区包括物流中心、配送中心、运输枢纽设施、运输组织，以及管理中心和物流信息管理中心等适应城市物流管理与运作需要的物流基础设施。

(3)物流园区是依托相关物流服务设施，进行与降低物流成本、提高物流运作效率和改善企业服务相关的物流活动，如商品的流通加工、原材料采购和与消费地直接联系的生产等活动，是具有产业发展性质的经济功能区。作为经济功能区，其主要任务是开展满足城市居民消费，就近生产，区域生产组织所需要的企业生产、经营活动。

## (二)物流园区对产业发展的作用

物流园区在聚集各种物流服务提供商的同时，也为物流企业提供了一个良好的发展空间，推动了物流企业自身的发展。这些推动作用包括资金推动、技术推动、人才推动、信息化管理水平推动和建立国家物资流通网络。

### 1. 资金推动

由于物流园区的建设投资巨大，一般属于政府出资进行的物流基础设施建设。通过政府的投资大大减轻了物流企业发展的前期投入成本，从而促进物流企业将更多的资金投入到核心能力和物流服务的开发之中，在高质量的服务中所获得的竞争优势将为物流服务提供者带来丰厚的利润。而物流园区通过各种为物流企业的服务获得良好的投资回报，由此可以形成了良性的资金链循环，促进物流服务的不断发展。

### 2. 技术推动

在物流园区内存在着不同实力和水平的物流企业，尤其是一些行业领先者在物流园区的驻扎，给物流行业不断地带来最新的物流设备、技术的应用经验。而物流园区管理部门则不断关注最新的物流业界技术发展动向，也可以通过各种信息传播平台共享给各企业，从而促进了行业内的技术交流和传播。物流园区还通过建立各种物流辅助设施生产企业，如通过引入国家标准，统一托盘、条形码、电子标签等规格，将标准化的技术结合到物流产业中，推动产业的技术标准化进程。

### 3. 人才推动

在提供一体化服务的物流园区内，完全可以引入物流专业培训部门和社会教育和培训机构合作，形成物流人才培养基地。这样既可以为园区内企业输送人才，也可以为社会提供更多的物流知识，推动物流社会化的进程。在人才管理中，园区管理还能够集成园区内企业的人事管理职能，为部分进驻物流企业，尤其是小型物流企业提供人力资源管理能力。

### 4. 信息化管理水平推动

综合性、大规模的物流园区，同时也是指挥、管理和信息的中心，通过园区将信息集中，达到指挥调度的功能。物流园区通过引入技术较为成熟的信息系统，一方面再次引入这些小企业，同时也将这些企业在能力和管理上整合起来，通过整合园区内各企业的信息系统，形成一个统一的指挥管理中心，提高了整个园区工作的效率。另一方面通过信息技术的运用也让中小物流企业获得了信息化管理带来的优势，逐步建立起具备现代管理水平的企业制度和文化，从而推动了整个产业管理的信息化。

### 5. 建立国家物资流通网络

整个国家的物资流通硬件网络是由各地物流中心，物流基地和贯穿中国的公路、铁路、航空和航道所组成的。物流中心往往就是物资集散中心地，在地理上往往接近于物资生产地或者是物资消费地，是由于不同物资产地的不同和销售地不同所设立的必要中转站。新兴的物流园区则正好充当了将这些集散中心进一步整合和管理的职能。因此，未来国家物资流通网络的战略支点，将由各地的物流园区来担当。

国家物资流通网络还需要能够对各种物资信息进行调配，而物流园区所具备的信息管理功能将进一步发挥作用，物流园区之间还将通过信息系统的集成，形成虚拟的中国物流管理中心。从全社会角度出发，物流园区是一个经济单位，更是一个具有国家战略意义的实体，充当的是支撑整个国民经济发展的基础支柱。

## 二、我国物流园区发展的主要模式

根据发展阶段，我国物流园模式①主要分为四大类：存储或运输单一功能型物流

① 胡永魁．我国物流园区发展模式演变及趋势概述[J]．物流技术与应用，202328(11)：110-114

园、集运分拨型物流园、综合服务型物流园、供应链物流产业园。

### (一)全球化时代作为“世界工厂”的规模化生产配套服务的功能型物流园

20 世纪产业链加工环节持续向发展中国家转移。2001 年中国入世后，凭借人口发达经济体的主要产业转移目的地，出口导向型的生产、贸易多，物流园区表现为服务于规模化生产带来的批量存储、整车运输、多级流通的特点。

以普洛斯为代表的物流地产开发商伴随着外资企业进入中国，以外资生产企业、销售企业为主要服务对象和运输型物流园开始，我国标准化物流园区工业地产建设的热潮等。加工贸易的主战场，按库存生产模式带来了批量化储运的需求，物料备货和产成品库存需要批量化规模存储。物流设施的形态是大进深、单边装卸，货物周转速度低。

这一时期国内物流业处于起步阶段，物流运作带有强流的特征：传统的仓库或者货运场站的单一功能，物流园的资源单一、投资回报周期长。

### (二)电子商务等新型流通崛起，围绕快速增长的城市消费需求，催生集运分拨型高标仓

2004 年，以电子商务平台拉开了中国互联网经济的生产方式。电子商务带动了快递快运的增长，订单拉动的多品种、小批量的生产方式渐成主流，物流作业特征从过去整车、整出“储运特征”转为“快进快出”的配送需求，以及全国网络化节点的转运分拨；同时伴随着城市化进程和消费升级，服务城市消费的“仓干支配”一体化的集运分拨型高标仓应运而生。

2013 年，深圳万千物流咨询公司为深国际武汉东西短进深、多边装卸的新型高标仓，以适应专线物流中转分拨和快递快运集运分拨的物流特征，并提出仓配一体化、轻资产运营的业务模式，命名为“深国际综合物流港”。“综合物流港”项目问世便供不应求，成为分拨型仓库的中国高标仓新标准，“深国际综合物流港”借此一跃成长为中国物流园区开发运营的龙头企业，推动了中国高标仓市场的首次升级换代。

### (三)随着生产、流通、物流与供应链的深度融合，物流企业向综合物流服务商转型，综合服务型物流园应运而生

随着生产方式、流通模式和物流模式的转变，物流园区从单一功能设施向具备物流、商流、信息流、资金流于一体的现代物流综合化服务升级。现代物流服务成为物流园区新的盈利增长点，在重资产管理基础上的轻资产运营强化了项目竞争力，同时提高了投资回报率，并使得物流服务与生产和流通环节产生了更加深度的融合。

在互联网经济和新流通、新零售、智能制造的推动下，物流供应链与生产流通深度融合，传统贸易、物流企业纷纷转型成为供应链企业。随着物流行业的竞争加剧，快递快运等专业物流企业转型成为综合物流服务商。

### (四)随着新技术的应用，智慧供应链物流产业园破茧而出

随着物联网、大数据、云计算、人工智能等新技术的迅速发展和深入应用，推动了“信息化+产业园区管理结合”的数字化建设，并逐渐向着智慧化、创新化、科技化转

变，从而对既往物流园区的颠覆与创新，形成了生态化、智慧化的产业链服务功能于一体的新型现代物流产业园。

## 三、我国物流园区的发展现状

### （一）红利政策频出，土地供不应求

2021 年，国家发展改革委发布《国家物流枢纽网络建设实施方案（2021—2025 年）》，将稳步推进 120 个左右国家物流枢纽布局建设，支持城市群内国家物流枢纽共建共享共用和一体化衔接。从供需来看，目前物流地产市场呈现出供不应求的状态，尤其是在一线城市，供需不匹配的情况就更加严重。由于一、二线城市仓储用地供应缩减，同时，随着我国进一步扩大内需与消费升级，未来物流地产竞争的焦点一是一线和枢纽城市的拿地，二是将逐步延伸至二、三线城市乃至县域城市。

### （二）冷链物流成为国家支持的未来重点发展方向

国务院办公厅《“十四五”冷链物流发展规划》（以下简称《规划》）提出，到 2025 年布局建设 100 个左右国家骨干冷链物流基地，从《规划》的出台和内容看，进一步突出了冷链物流的战略地位，完善了冷链物流顶层设计，明确了发展任务与目标，设定了推动落实的重大工程，现代冷链物流体系建设步伐也将加快。

### （三）市场空间广阔，新发展蕴含巨大机遇

随着我国经济增长和结构升级，电子商务和第三方物流的发展，新技术的应用，应急和民生物流的重要性日益凸显，我国物流地产市场也迎来更多发展机遇，市场空间广阔。电子商务和第三方物流的发展，拉动物流地产需求持续走高。自动化和智能化的物流科技可以有效提升高标库的空间利用率和作业效率。此外，为了满足租户对于自动化、冷链物流和其他高科技设备的需求增长，物流地产运营商预计将在技术应用方面持续发力。

### （四）高标仓需求强劲，供给缺口明显

目前我国高标仓等优质资源严重不足，原有设施难以满足新业态需求。近年来，高标准物流仓库租赁势头强劲，需求也呈现多元化发展趋势。除电子商务和第三方物流外，随着电子商务特别是生鲜冷链的发展加速，生鲜食品、餐饮供应链等企业也趋于选择高端物流仓储。对于供应链的升级优化是高标仓需求增加的根本原因。当前生鲜电子商务迎来爆发式增长，社区团购、直播电子商务等新模式，使冷链高标仓市场持续活跃，冷链高标仓将呈现长期供不应求的局面。

**知识延伸**

一个合格的高标仓库，需符合以下标准。

（1）仓库手续齐全，主要包括规划许可证、施工许可证、竣工验收合格证、消防备案证、土地证、房产证等。

(2)仓库的布局和空间：高标仓库一般为钢混框架+轻钢布局，屋面采用保温隔热采光，高度净空不低于11米，一般都在13米以上，抗震设防烈度等级7度以上。

(3)设有标准装卸平台，平台的高度为1.3米，符合平常大型车辆；还设有升降平台，方便小型车辆使用；6米宽的带雨棚的平台，雨天不影响正常作业。

(4)空间、地面和承重：空间要大，立柱、屋顶、墙体坚固；金刚砂处理地面，环氧无尘地坪，标线齐全；地面承重每平方不少于5吨。

(5)设备齐全，主要包括配电室、动力柜、物流门、办公室、监控、应急照明、叉车充电站、厕所，以及各种标志等。

(6)消防设施齐全，主要包括有消防管道、消防栓、防火分区门及报警器，自动喷淋系统等。

## 四、物流园区规划

### (一)物流园区的分类①

#### 1. 物流园区的分类原则

(1)按依托的物流资源和市场需求特征为主要原则。

(2)以某一服务对象为主要特征，将延伸服务合并为同一类型。

(3)以物流园区服务功能为导向。

#### 2. 物流园区类型

(1)货运服务型

货运服务型物流园区应符合以下要求。

① 依托空运、水运或陆运节点(枢纽)而规划建设。

② 为大批量货物分拨、转运提供配套设施。

③ 主要服务于区域性物流转运及运输方式的转换。

其中，空港物流园区依托机场，以空运、快运为主，衔接航空与公路转运；港口物流园区依托海港或河港，衔接水运、铁路、公路转运；陆港(公路港、铁路港)物流园区依托公路枢纽或铁路场站，衔接公路与铁路转运。

(2)生产服务型

生产服务型物流园区应符合以下要求。

① 依托经济开发区、高新技术园区、工业园区等制造业集聚园区而规划建设。

② 为生产型企业提供一体化物流服务。

③ 主要服务于生产企业物料供应、产品生产、销售和回收等。

① 全国物流标准化技术委员会(SAC/TC 269). 物流园区分类与规划基本要求：GB/T 21334 -2017[S]. 北京：中国标准出版社，2017.

### 3. 商贸服务型

商贸服务型物流园区应符合以下要求。

① 依托各类批发市场、专业市场等商品集散地而规划建设。

② 为商贸流通企业提供一体化物流服务及配套商务服务。

③ 主要服务于商贸流通业商品集散。

### 4. 口岸服务型

口岸服务型物流园区应符合以下要求。

① 依托对外开放的海港、空港、陆港和海关特殊监管区域，以及场所而规划建设。

② 为国际贸易企业提供国际物流综合服务。

③ 主要服务于进出口货物的报关、报检、仓储、国际采购、分销和配送、国际中转、国际转口贸易商品展示等。

### 5. 综合服务型

具备上述两种及两种以上服务功能的物流园区。

## （二）物流园区的规划要求

### 1. 总体要求

(1) 物流园区的规划应结合国家和地方物流产业规划要求，以属地物流需求为导向，编制符合所在地城市总体规划、土地利用规划和交通设施规划的物流园区详细规划。

(2) 物流园区建设应做好各功能区规划，建设适合物流企业集聚的基础设施及配套设施。

(3) 物流园区建设应集约使用土地和发挥规模效益。单个物流园区总用地面积宜不小于 0.5 平方千米，物流运营面积比例应大于 50%。物流园区所配套的行政办公、生活服务设施用地面积，占园区总用地面积的比例，货运服务型、生产服务型和口岸服务型不应大于 10%，商贸服务型和综合服务型不应大于 15%。

(4) 物流园区配套设施的规划建设应符合国家及所属地相关法规的规定，应遵循资源优化、布局合理、节能减排的原则，防止重复建设。

### 2. 交通规划要求

(1) 物流园区交通连接方式必须具备两种以上(含两种)运输方式或毗邻两条以上(含两条高速公路、国道)。

物流园区内有铁路装卸线或物流园区与铁路货运场站的距离在 5 km 以内，认定物流园区具备铁路运输条件；物流园区内有码头或物流园区与码头的距离在 5 km 以内，认定物流园区具备水路运输条件；物流园区与机场距离在 5 km 以内，认定物流园区具备航空运输条件；物流园区出入口与高速公路出入口的距离在 5 km 以内，认定物流园区具备毗邻高速公路的条件。

(2)物流园区建设应开展区域交通影响分析与评价，具体内容包括但不限于以下几点。

① 物流园区对周围交通环境的影响。

② 因物流园区而衍生的交通量对周边交通设施的影响。

③ 物流园区交通需求与路网容纳能力的匹配分析。

(3)应对物流园区的交通规划方案进行评价和检验，根据评价和检验结果，提出减少建设项目对周围道路交通影响的改进方案和措施，保证建设项目内部交通与外部交通的衔接。

(4)物流区内应建设主要道路、次要道路和辅助道路构成的道路系统，其主要道路应与城市道路系统规划相衔接。

(5)物流园区内应规划并建设有与国家现有的建筑标识系统、设施标识系统、机动车路标系统，以及步行道标识系统设计相衔接的园区标识系统。

### 3. 配套设施规划要求

(1)物流园区应配套规划建设与园区产业发展相适应的电力、给排水、通讯、道路、消防和防汛等基础设施，并纳入城市基础设施建设的总体规划，应与城市基础设施相衔接。

(2)物流园区应规划建设有能满足入驻企业正常生产经营活动需要的电力设施，应根据所属地电网规划的要求，建设符合《城市电力规划规范》(GB/T 50293－2014)和《供配电系统设计规范》(GB 50052－2009)要求的电力设施和内部应急供电系统。

(3)物流园区应遵守节约用水的原则，规划建设有能满足入驻企业的供水设施，并编制符合《城市给水工程规划规范》(GB 50282－2016)规定要求的用水规划；应规划建设完善的排水设施，编制符合《城市排水工程规划规范》(GB 50318－2017)规定要求的排水规划，并与所属城市总体规划相适宜。

(4)物流园区如需规划建设燃气设施，应符合《城镇燃气设计规范》(GB 50028－2020)的规定要求。

(5)物流园区应统一规划建设消防设施和防洪除涝设施，各类建筑的建设应符合《建筑设计防火规范》(GB 50016－2014)的要求。

(6)物流园区规划的各种基础设施地下管线的敷设，应符合《城市工程管线综合规划规范》(GB 50289－2016)的要求。

(7)物流园区应规划建设有满足入驻企业进驻条件，具备政务、商务、生活服务等服务设施。

### 4. 信息化规划要求

(1)物流园区应规划建设具有基础通信设施和信息交换、电子服务等基础信息化设施。

(2)物流园区应规划建设公共信息平台或接入其他物流公共信息平台，具有对外宣传、电子政务、电子商务、数据统计、辅助决策等增值服务功能。

**5. 环境保护规划要求**

(1)物流园区规划与建设应考虑绿色环保和节能的要求，符合环境保护和环境评价等相关国家法律法规的要求，并进行环境影响评价。

(2)物流园区应规划建设环卫设施，建立与其规模相适应的环境保护和监管系统。

**对点案例**

2024 年 8 月 22 日中国物流与采购联合会公布《第七次全国物流园区调查报告》。报告显示，西部地区物流园区数量增长快，我国物流园区的空间布局协调性有所提高。

目前全国物流园区总数为 2 769 家，与第 6 次调查的 2 553 家相比，增长了 8.5%，总体上保持稳定增长态势。

从区域分布来看，东中西部地区物流园区总数均有所增加。其中，西部地区物流园区数量增加最多，增幅达 13.7%。物流园区总数前 3 名的省份分别为江苏省、山东省、河南省。

随着多式联运的发展，物流园区交通基础设施衔接融合取得积极成效。报告显示，在建和运营的物流园区中，周边 5 公里范围内，有高速公路出入口的园区占比达 69.9%；在建和运营的物流园区中，49% 的园区周边 5 公里范围内建有铁路物流基地、港口码头或机场等货运枢纽。

在建和运营的物流园区中，接近八成的园区周边 20 公里范围内建有产业园区，物流园区的集聚效应进一步显现，并且近七成园区应用了智慧物流设施设备。

运营园区平均入驻企业数为 297 家，与 2022 年园区调查 268 家相比，增长 10.8%，物流园区的集聚效应进一步显现。运营园区中，配备智慧物流设施设备的园区占比达 68.3%。从智慧物流设施设备类型看，84.4% 的园区配备了智慧闸口，四成左右的园区配置了自动分拣设备系统。园区新能源车辆及配套设施较为普遍。运营园区中配置充电桩、太阳能光伏、加气站等设施的园区占比分别为 45.7%、24.5%、11.3%。近 30% 的运营园区已开始应用新能源货车，平均保有量为 142 辆。物流园区未来三年内投资主要集中在对存量设施的改造升级。其中，56% 的园区将进行自动化、数字化、智慧化升级。

## 项目总结

本项目系统梳理了企业物流与物流企业的核心要点，涵盖企业物流的基本内容与运作模式，物流企业的概念、类型及运营特点。同时深入剖析物流园区的概念、功能。阐明其与其他物流节点的区别与联系，并详细讲解物流园区规划的基本步骤和关键内容。本项目知识为后续深入学习物流运作与管理筑牢根基，助力读者构建系统全面的物流知识体系。

# 项目习题

## 一、选择题

1. 企业进行正常生产计划、安排与组织、控制的基础是(　　)。

A. 生产物流　　B. 供应物流　　C. 销售物流　　D. 全球物流

2. 在生产物流的计划与控制中，计划的对象是(　　)，计划执行的结果是要通过对物流的监控来考核。

A. 原材料　　B. 物料　　C. 半成品　　D. 产成品

3. 下列描述销售物流服务的要素正确的是(　　)。

A. 时间、可靠性、通讯、方便性　　B. 时间、可得性、通讯、方便性

C. 时间、可得性、通讯、一致性　　D. 时间、可靠性、安全、方便性

4. (　　)是指物资从产品消费点到产品来源点的物理性流动过程的计划、实施和控制。

A. 产生物流　　B. 正向物流　　C. 逆向物流　　D. 供应物流

5. (　　)是实现以顾客为中心理念的根本保证。

A. 物流　　B. 电子商务　　C. 客户服务　　D. 市场营销

6. 企业从网上站点自动接收客户订单，利用数据库技术把这些重要信息储存起来的过程属于网上物流订货信息管理的(　　)。

A. 订单信息　　B. 附加信息　　C. 订货信息处理　　D. 订单跟踪管理

7. 销售物流的主要业务流程有(　　)。

A. 产成品包装　　B. 产成品的储存　　C. 订单处理　　D. 发送运输

E. 装卸搬运

8. 与其他企业合作，实行商品配送共同化模式的具体策略有(　　)。

A. 物流中心的配送中心来进行共同化配送

B. 由厂商联合原配送中心来进行共同化配送

C. 由商业企业的配送中心来进行共同化配送

D. 综合性的大型配送中心来进行共同化配送

E. 第三方物流公司来进行共同化配送

9. 为适应电子商务的需要，配送中心除了具备货物储备、运输、包装装卸等功能外，还应增加的功能有(　　)。

A. 商品展示　　B. 零售　　C. 流通加工　　D. 客户服务

E. 快速反应

10. 电子商务下的第三方物流的特征有(　　)。

A. 信息化　　B. 自动化　　C. 网络化　　D. 智能化

E. 人性化

## 二、判断题

1. 为了保持在市场中的竞争优势，企业所做的每一项降低物流成本的决策都必须考虑其所维持的客户服务水平。(　　)

2. 一个对服务提供者感到不满的客户将被竞争对手获得。(　　)

3. 电子商务不可能使物流实现网络的实时控制。(　　)

4. 电子商务下的物流配送是信息化、现代化、企业化的物流配送。(　　)

5. 全球物流系统中，公司必须分析各个国外市场的客户需求，开发能够为每一个区域提供最佳服务的物流规划。(　　)

6. 在进行运输决策时，物流决策制定者必须考虑国内与国际运输之间的许多差异。(　　)

7. 利用电子商务进行物流工作的目标是实现产供销一体化。(　　)

8. 最典型的企业逆向物流应关注：产品加工过程中的边角料；库存或运输过程中被损坏的产品；产品的包装材料；来自顾客各种原因的退货；完成生命周期后的产品等问题。(　　)

9. 企业在销售物流中实现单品管理的必要条件是要在销售流程中建立 EDI 系统。(　　)

10. 一个企业的计划与控制的目标就是寻求顾客需求与企业能力的最佳配合，对约束环节进行有效地控制。(　　)

**三、简答题**

1. 简述企业物流的各个环节及包含的内容。
2. 简述企业物流合理化途径。
3. 简述运输型物流企业的基本特点和要求。
4. 简述仓储型物流企业的基本特点和要求。
5. 简述综合性物流企业的基本特点和要求。
6. 简述物流园区的内涵。
7. 简述物流园区规划需要满足哪些要求。

**四、案例分析**

成立于 1999 年的日日顺物流，从企业物流到物流企业再到平台企业的转型发展过程中，凭借着优秀的企业管理经验、核心企业文化、与时俱进的物流理念，以及先进的物流技术创新；辅之以核心的网络优势，搭建起了“以大件物流为核心”的综合物流服务平台，并逐步向专业化、标准化、智能化迈进。在此发展过程中，日日顺物流不断地优化用户体验，依托于四网融合的核心竞争力(即仓储网、配送网、服务网、信息网)，为客户提供全品类、全渠道、全流程的极致体验式物流服务，打造优秀的供应链管理一体化服务解决方案。

从 2012 年至今，日日顺快线经历了 1.0、2.0、3.0 三个发展阶段。

2012 年 9 月到 2015 年 9 月为 1.0 时代，是引领大件物流用户体验的时代，承接海尔电子商务平台以及阿里、京东等平台的“最后一公里”送装服务，这是从粗犷物流服务到精细化物流服务的发展的转折点。

2015 年 9 月至 2016 年 1 月为 2.0 时代，这个时代车不再是“运输的载体”，而是一个智能化的数据传感器，更是“用户服务的云终端”。通过人车合一、送装一体，逐步形成点线面的物流服务体系，其中 9 万个人车终端可以看成 9 万个小微公司，这个时代则是物流增值化的初步阶段。

2016 年 1 月至今为 3.0 时代，日日顺快线推出的领先“一公里”到家服务平台，依托强大的智慧系统和标准化运营体系，为用户和司机带来极致用户体验。

问题：

(1) 日日顺物流是如何不断提升自身核心竞争力，成长为行业优秀企业？

(2) 日日顺物流企业的发展历史，为第三方物流企业带来提供了哪些经验？

# 项目四　现代物流管理

## 项目导读

传统的物流管理包括运输管理、仓储管理、包装管理、装卸搬运管理、流通加工管理、配送管理及信息管理等内容，现代物流管理除传统物流管理内容外，也包括物流成本管理、质量管理、供应链物流管理及标准化管理等内容。学习并掌握现代物流管理，对企业提高竞争力、降低物流成本、提高企业运作效率、合理配置物流资源等具有重要意义。

## 学习目标

### ◆ 知识目标

- 理解物流成本管理、质量管理、供应链管理、标准化管理概念及方法。
- 掌握降低物流成本的方法、途径。
- 理解物流质量管理的含义和影响因素。

### ◆ 能力目标

- 能正确理解物流成本管理、质量管理供应链管理及标准化管理的基本概念，并对社会经济活动中的物流问题提出相应观点和见解。
- 能运用现代物流管理理论知识进行企业物流成本、物流服务、物流标准化等管理控制。

### ◆ 思政目标

- 引导读者树立降本增效、标准化管理意识。
- 引导读者理解物流业在“双循环”新发展格局、“一带一路”建设中的战略作用，树立服务国家现代流通体系建设的使命感。
- 增强读者文化自信与开放包容意识。

## 知识导图

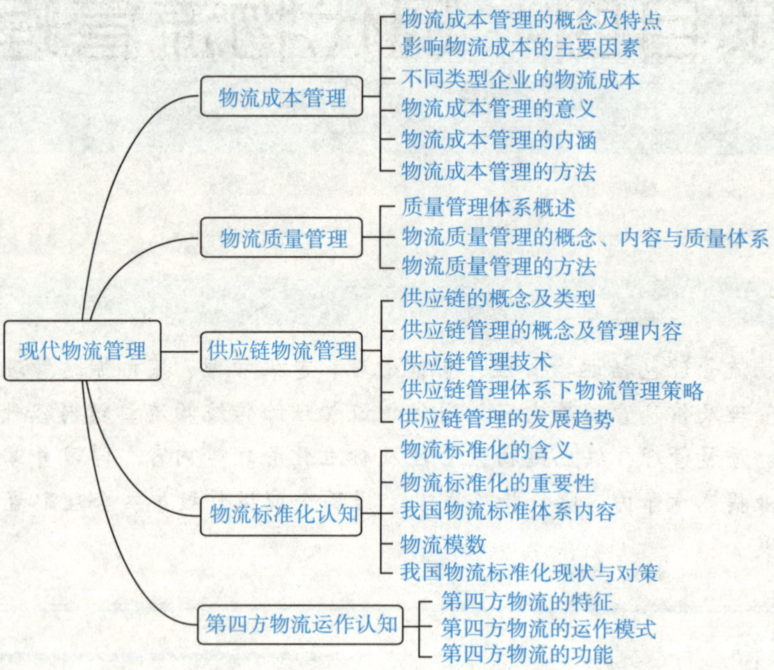


## 案例导入

### 构建现代物流体系，建设全国统一大市场

新年伊始，广西阳朔青鸟村果园边新建的分拣车间格外繁忙，沃柑刚下枝头就被分类包装，直接发往东北、内蒙古等地。两千公里外的宁夏盐池，牧场边的冷链车间刚刚扩建完成，新鲜羊肉最快24小时就能送到深圳、云南等地的餐桌。而在河南平舆县，刚刚下线的外贸货物搭乘附近的海铁联运专列可以直接出口到欧美60多个国家。

越织越密的物流网络让商贸流通迸发出蓬勃活力。2023年，全社会物流总额预计将达到350万亿元，现代物流一头连着生产，一头连着消费。

2023年，现代物流领域的第一份国家级五年规划全面开启，从构建国内国际物流大通道到补齐农村物流、冷链物流的短板，再到科技数字化赋能、培育枢纽经济等新形态，一系列事关长远的顶层设计为高水平建设现代物流体系、推动高质量发展锚定方向。

目前，我国已基本形成“通道+枢纽+网络”的现代物流运行体系，持续激发我国大市场的源源活力，沿边沿海物流走廊、西部陆海新通道等战略骨干通道建设加快推进，66个国家骨干冷链物流基地覆盖全国，7.5万个产地冷藏保鲜设施新增库容1 800万吨以上，1 400多个县建成了电子商务服务中心，近20万个村庄拥有了快递网点。与此同时，国家物流枢纽持续扩围提质，2023年，全国新增30个，总数已经达到了125个。不仅空间布局持续向中西部地区扩展，功能上也和现代服务业、先进制造业深度融合。

# 任务一　物流成本管理

## 任务引入

低成本战略使物流成本始终保持低位，沃尔玛物流配送中心一般设立在100多家零售店的中央位置，也就是配送中心应设在销售主市场。这样一个配送中心可以满足100多个附近周边城市的销售网点的需求；另外运输的半径既比较短又比较均匀，基本上是以320公里为一个商圈建立一个配送中心。

沃尔玛各分店的订单信息通过公司的高速通信网络传递到配送中心，配送中心整合后正式向供应商订货。

沃尔玛一般用卡车运送货物，可能有16米加长的货柜，比集装箱运输卡车还要更长或者更高。配送中心6 000多辆运输卡车全部安装了卫星定位系统，总部对每一辆车的运营都一目了然，对车辆抵达目的地的时间能精确到小时。如果车队由于天气、修路等某种原因耽误到达时间，装卸工人无须等待，而可以安排别的工作。沃尔玛可以保证商品从配送中心运到任何一家商店的时间不超过48小时，分店货架平均一周可以补货两次，通过维持尽量少的存货，既节省了存储空间又降低了库存成本。

## 任务

请以小组为单位，分析案例中沃尔玛物流成本与哪些因素相关？沃尔玛是如何去降低自身的物流成本的？并阐述物流企业如何去开展物流成本管理与控制。

## 任务准备

(1)以“物流成本”“运输成本”“仓储物流”“装卸成本”等为关键词，检索并阅读相关的物流文献。

(2)以小组为单位，结合案例分析沃尔玛的物流成本控制关键要点。

(3)以小组为单位，前往当地的制造企业、流通企业和物流企业等进行实地调研，了解企业物流成本现状、管理措施及瓶颈等，整理分析企业常见物流成本管理的手段和控制的方法。

## 任务重点与实施

# 一、物流成本管理的概念及特点

## (一)物流成本及物流成本管理概念

扫码看视频

根据《物流术语》(GB/T 18354－2021)中对物流成本的定义:“物流活动中所消耗的物化劳动和活劳动的货币表现”。物流成本包括货物在运输、储存、包装、装卸搬运、流通加工、物流信息、物流管理等过程中所耗费的人力、物力和财力的总和,以及与存货有关的流动资金占用成本、存货风险成本和存货保险成本。该定义的物流成本包含多方面的内容:一方面是直接在物流环节产生的支付给劳动力的成本,耗费在机器设备上的成本,以及支付给外部第三方的成本;另一方面包括在物流环节中因持有存货等所潜在的成本,如占有资金成本、保险费等。

物流成本管理是以成本控制为手段的物流管理方法,物流成本管理通过物流成本计算、物流活动预算编制、物流成本分析等具体工作完成。物流成本管理的目的是保证在确定物流服务水平下的物流成本最低。

## (二)物流成本的特点

### 1. 物流成本具有隐匿性

物流成本的冰山理论由早稻田大学的西泽修教授提出的。西泽教授指出,盈亏计算中的“销售费和一般管理费”,其中外付运费和“外付保管费”的现金金额,不过是冰山一角。因为在公司内部占压倒多数的物流成本混入其他费用之中,如不把这些费用核算清楚,很难看出物流费用的全貌。物流成本的计算范围,各公司均不相同,因此无法与其他公司比较,也不存在行业的平均物流成本。

### 2. 物流成本存在的部分不可控性

物流成本中,有不少成本是物流部门无法控制的。如保管费中就包括了由于过多进货或过多生产而造成积压的库存费用,以及紧急运输等例外发货的费用。

### 3. 物流成本的消减具有乘数效应

假定销售额100亿元,物流成本占销售额的10%,则物流成本为10亿元,如物流成本下降10%,就可得到1亿元的收益。假如这个企业的销售利润率是2%,则创造1亿元的利润,需要销售额增加50亿元(相当于销售额增加50%)。即降低10%的物流成本所起的作用,等同于销售额增加50%所起的作用。这样,物流成本的下降会产生极大的效益。

### 4. 物流成本间存在效益背反性

物流成本之间存在效益背反规律。在物流功能之间,一种功能成本的削减会使另一种功能的成本增多。如企业采取直配式送货,可以减少中间的仓储成本,则可能会增加运输成本。

## 二、影响物流成本的主要因素

### （一）竞争性因素

#### 1. 订货周期

企业物流系统的高效可以缩短企业的订货周期，降低客户的库存，从而降低客户的库存成本，提高企业的客户服务水平，提高企业的竞争力。

#### 2. 库存水平

存货的成本提高，可以减少缺货成本，即缺货成本与存货成本成反比。

#### 3. 运输

企业采用更快捷的运输方式，虽然会增加运输成本，却可以缩短运输时间，降低库存成本，提高企业的快速反应能力。

### （二）产品因素

产品的特性不同影响物流成本，包括产品价值、产品密度、产品废品率、产品破损率和特殊搬运。

#### 1. 产品价值

产品的价值高低会直接影响物流成本的大小。随着产品价值的增加，每一物流活动的成本都会增加，运费在一定程度上反映货物移动的风险。一般来讲，产品的价值越大，其所需使用的运输工具越高，仓储和库存成本也随着产品的价值的增加而增加。高价值意味着存货中的高成本，以及包装成本的增加。

#### 2. 产品密度

产品密度越大，相同运输单位所装的货物越大，运输成本就越低，同理，仓库中一定空间区域存放的货物也越多，库存成本就会降低。

#### 3. 产品废品率

影响物流成本的一个重要方面还在于产品的质量，即产品废品率的高低。生产高质量的产品可以杜绝因次品、废品等回收、退货而发生的各种物流成本。

#### 4. 产品破损率

产品破损率较高的物品即易损性物品，对物流成本的影响是显而易见的，易损性的产品对物流各环节，如运输、包装、仓储等都提出更高的要求。

#### 5. 特殊搬运

有些物品对搬运提出了特殊的要求。如对长且大物品的搬运，需要特殊的装卸工具；有些物品在搬运过程中需要加热或制冷等，这些都会增加物流成本。

**想一想**　企业可以从哪些方面入手来节约物流成本？

### (三)环境因素

环境因素包括空间因素、地理位置及交通状况等。空间因素主要指物流系统中企业制造中心或仓库相对于目标市场又或供货点的位置关系等；若企业距离目标市场太远，交通状况较差，则必然会增加运输及包装等成本，若在目标市场建立或租用仓库，也会增加库存成本，因此，环境因素对物流成本影响很大。

### (四)管理因素

管理成本与生产和流通没有直接的数量依存关系，但直接影响着物流成本的大小，节约办公费、水电费、差旅费等管理成本相应可以降低物流成本总水平。另外，企业利用贷款开展物流活动，必然要支付一定的利息，资金利用率的高低，影响着利息支出的大小，从而也影响着物流成本的高低。

小提示

我国的物流费用占 GDP 的比重高达 15%，而发达国家物流成本占 GDP 比重一般处于较低水平，常常在2%到10%，其中还有一些国家的物流成本更低，例如，新加坡和荷兰等国的物流成本仅占 GDP 的1%左右。这一比重的水平取决于国家的物流发展水平、交通基础设施及其质量、国内市场的尺寸等众多因素。物流成本的低与否体现出一个国家物流业的竞争力与生产效率水平，相应的物流成本的高通常会抑制商品和服务的生产，企业的盈利和竞争力，也会增加消费者和经销商的成本负担，阻碍国际贸易和全球供应链的发展。

## 三、不同类型企业的物流成本

物流按其所处企业的领域不同划分，可分为生产企业物流和流通企业物流，相应的物流成本也可分为流通企业物流成本和生产企业物流成本。

### (一)流通企业物流成本构成及分类

#### 1. 物流成本的构成

流通企业物流成本是指在组织物品的购进、运输、保管、销售等一系列活动中所耗费的人力、物力和财力的货币表现，其基本构成及分类见表4-1。

**表4-1　流通企业管理成本基本构成及分类**

| 流通企业物流成本类别 | 流通企业物流成本构成 |
| --- | --- |
| 人工费用 | 如企业员工工资、奖金、津贴、福利费等 |
| 营业费用 | 如运杂费、能源消耗费用、设施设备折旧费、保险费、办公费、差旅费及经营过程中的合理消耗，如商品损耗等 |

（续表）

| 流通企业物流成本类别 | 流通企业物流成本构成 |
|---|---|
| 财务费用 | 如支付的贷款利息、手续费、资金的占用费等 |
| 管理费用 | 如行政办公费、差旅费、税金等 |
| 物流信息费 | 如仓储、运输等硬件、软件费用、维护费等 |

### 2. 物流成本的分类

物流成本按成本发生的流转环节划分，可分为进货成本、商品储存成本和销售成本。

(1) 进货成本是指商品由供货单位到流通企业仓库所发生的运输费、装卸费，以及损耗费、包装费、入库验收费和中转单位收取的成本等。

(2) 商品储存成本是指物流企业在商品保管过程中所开支的转库搬运、检验、挑选整理、维护保养、管理包装等方面的成本及商品的损耗费。

(3) 销售成本是指流通企业从商品出库到销售过程中所发生的包装费、手续费、管理费等。

## （二）生产企业物流成本的构成

生产企业主要是生产满足市场需求的各种产品。为了进行生产活动，生产企业必须同时进行有关生产要素的购进和产品的销售。为保证产品质量，并为消费者服务，生产企业还要进行产品的返修和废物的回收。因此，生产性企业物流成本是指企业在进行供应、生产、销售、回收等过程中所发生的运输、包装、保管、配送、回收方面的成本。与流通企业相比，生产企业的物流成本大都体现在所生产的产品成本之中，具有与产品成本的不可分割性。其物流成本的基本构成及分类见表 4-2。

**表 4-2　生产企业物流成本基本构成及分类**

| 生产企业物流成本类别 | 生产企业物流成本构成 |
|---|---|
| 人工费用 | 是指企业从事物流工作的员工工资、奖金、津贴、福利费用 |
| 采购费用 | 如运输费、保险费、合理损耗、采购人员的差旅费等 |
| 仓库保管费 | 如仓库的维护保养费、搬运费 |
| 营业费用 | 指在物流活动中的能源、材料消耗费，办公费、差旅费、保险费、劳动保护费等 |
| 折旧费用 | 物流设施、设备维护和折旧费、仓库的折旧费 |
| 产品销售费用 | 是指在产品销售过程中所发生的物流费用。如销售活动中的运输费、保险费、搬运费、装卸费、仓储费、配送费等 |
| 物流信息费 | 如物流硬件费用、软件费用、维护费用等 |
| 财务费用 | 如物流活动中的贷款利息、手续费、资金占用费等 |

小提示

物流成本有显性成本与隐性成本。显性的物流成本包括：仓库租金、运输费用、包装费用、装卸费用、加工费用、人员工资、管理费用、办公费用、应交税费、设备折旧费用、物流软件费用等；隐性的物流成本包括：库存资金占用成本、库存积压降价处理、库存呆滞产品成本、回程空载成本、产品损毁成本、退货损失费用、缺货损失费用、异地调货费用、设备设施闲置成本等。

**想一想** 流通企业的物流成本构成与生产企业的物流成本构成有哪些异同？

## 四、物流成本管理的意义①

### （一）实现降本增润

在没有改变其他条件的情况下，合理地降低物流成本可以为企业带来更多的利润。以工业物流的平均效率为标准，如果企业的物流活动效率超过了一般的平均水平，而实际的物流成本却一直低于行业的平均水平，那么企业就可以通过降低成本，实现更大的经济效益。而如果物流成本太高，则会使企业的利润空间大幅缩小。

### （二）增强竞争优势

而通过对物流成本进行控制，可以降低产品成本，提高企业的竞争力，从而获得更多的利润。此外，在提高企业的产品质量上，物流成本控制对提高企业的竞争力起着关键作用。同时通过研究分析，可以更好地揭示目前物流活动中存在的潜在问题，并采取相应的对策，改善目前的物流活动存在的弊端和问题，使企业的物流服务质量和效率得到明显提高。

### （三）提高经济运行质量

企业物流成本水平受到成本管控的直接影响，同时产品成本与物流成本之间存在密切关联。企业可依托于现代物流系统的构建来提升成本管控水平，并促进企业物流效率与质量的优化。物流成本有效管控，可提升企业产品的竞争力，并为地区经济发展提供坚实保障。

### （四）调整产业结构

物流成本管理与控制是企业建设现代化物流体系的关键所在，同时也是转变区域经济发展模式的关键性举措，以往企业大多对物流成本管控不重视，在企业运营总成本中物流成本占比高居不下，致使企业资金在库存压力的影响下难以高效流通。通过

① 黄沫．现代物流成本管理分析[J]．中国物流与采购，2023(21)：67-68.

对物流成本的优化管控，可助力企业朝着新型工业化发展方向持续迈进，实现以物流成本的高水平管控来促进产业结构合理调整。

## 五、物流成本管理的内涵

物流成本管理就是对物流成本进行计划、分析、核算、控制和优化，以达到降低物流成本的目的。物流成本管理的内容包括物流成本预测、物流成本决策、物流成本计划、物流成本控制、物流成本核算及物流成本分析与优化等。

### （一）物流成本预测

物流成本预测是根据有关成本数据和企业具体的发展情况，运用一定的技术方法，对未来的成本水平及其变动趋势作出科学的估计。成本预测是成本决策、成本计划和成本控制的基础工作，可以提高物流成本管理的科学性和预见性。物流成本预测的方法主要包括时间序列预测法和回归分析法两种，在实际操作中，企业物流成本预测通常会结合定性与定量两种方法进行，即定性预测法和定量预测法。

### （二）物流成本决策

物流成本决策是在成本预测的基础上，结合其他有关资料，运用一定的科学方法，从若干个方案中选择一个满意的方案的过程。从物流整个流程来说，有配送中心新建、改建、扩建的决策；装卸搬运设备、设施添置的决策；流通加工合理下料的决策等。进行成本决策、确定目标成本是编制成本计划的前提，也是实现成本的事前控制，提高经济效益的重要途径。

### （三）物流成本计划

物流成本计划是根据成本决策所确定的方案、计划期的生产任务、降低成本的要求以及有关资料，通过一定的程序，运用一定的方法，以货币形式规定计划期物流各环节耗费水平和成本水平，并提出保证成本计划顺利实现所采取的措施。通过成本计划管理，可以在降低物流各环节方面给企业提出明确的目标，推动企业加强成本管理责任制，增强企业的成本意识，控制物流环节费用，挖掘降低成本的潜力，保证企业降低物流成本目标的实现。

### （四）物流成本控制

物流成本控制是根据计划目标，对成本发生和形成过程，以及影响成本的各种因素和条件施加主动影响，以保证实现物流成本计划管理的一种行为。从企业生产经营过程来看，成本控制包括成本的事前控制、成本事中控制和事后控制。成本事前控制是整个成本控制活动中最重要的环节，它直接影响以后各作业流程成本的高低。事前成本控制活动主要有物流配送中心的建设控制，物流设施、设备的配备控制，物流作业过程改进控制等。成本的事中控制是对物流作业过程实际劳动耗费的控制，包括设备耗费的控制、人工耗费的控制、劳动工具耗费和其他费用支出的控制等方面。成本的事后控制是通过定期对过去某一段时间成本控制的总结、反馈来控制成本。通过成本控制，可以及时发现存在的问题，采取纠正措施，保证成本目标的实现。

### （五）物流成本核算

物流成本核算是根据企业确定的成本计算对象，采用相适应的成本计算方法，按照规定的成本项目，通过一系列的物流费用汇集与分配，从而计算出各物流环节成本计算对象的实际总成本和单位成本。通过物流成本计算，可以如实地反映物流经营过程中的实际耗费，同时，也是对各种物流费用实际支出的控制过程。物流成本核算通常包括仓储成本核算、运输成本核算、配送成本核算、物流包装成本核算、装卸搬运成本核算、流通加工成本核算、物流信息成本核算，以及其他物流成本核算等。

### （六）物流成本分析与优化

物流成本分析是在成本核算及其他有关资料的基础上，运用一定的方法，揭示物流成本水平的变动，进一步查明影响物流成本变动的各种因素。通过物流成本分析，可以提出积极的建议，采取有效的措施，合理地控制物流成本。物流成本分析与优化的主要目的是，在实现既定的顾客服务水平的条件下降低企业的物流成本，提高企业的竞争能力。

## 六、物流成本管理的方法

### （一）成本分析类方法

#### 1. 比较分析

(1)横向比较：将企业的供应物流、生产物流、销售物流、退货物流和废弃物物流等各部分物流费分别计算出来，进行横向比较，找出费用最多的部分，再详细查明原因，改进管理方法以降低成本。

(2)纵向比较：把企业历年的各项物流费用与当年的物流费用加以比较，若费用增加，分析增加的原因及具体环节，及时改正无效物流费的支出。

(3)计划与实际比较：将企业当年实际开支的物流费与原来编制的物流预算进行对比，超支时分析超支原因和具体超支项目，掌握企业物流管理中的问题和薄弱环节。

#### 2. 综合评价

对物流活动的各个环节进行成本效益分析，例如，采用集装箱运输时，综合考虑其对包装、运输、仓储、装卸搬运等环节成本的影响，以物流成本计算为尺度，全面分析后得出结论，判断该物流活动是否合理，从而加强物流管理。

### （二）成本控制类方法

#### 1. 绝对成本控制

把成本支出控制在一个绝对金额以内，从节约各种费用支出、杜绝浪费的途径进行物流成本控制，要求将营运生产过程中发生的一切费用支出都列入成本控制范围，主要方法有标准成本法和预算控制法。

#### 2. 相对成本控制

通过成本与产值、利润、质量和功能等因素的对比分析，寻求在一定制约因素下取得最佳经济效益的一种控制方法。该方法扩大了物流成本控制领域，注重在成本发生前进行控制，属于决策性成本控制。

### （三）作业管理类方法

#### 1. 活动标准管理

把物流相关的活动划分为有附加价值的活动和非附加价值的活动两类，尽量排除或减少非附加价值的活动，如避免不必要的开会、改变工序、维修机械设备等，从而节约物流费用。

#### 2. 作业成本法

以作业为核心，确认和计量耗用企业资源的所有作业，将耗用的资源成本准确地计入作业，然后选择成本动因，将所有作业成本分配给成本计算对象。通过这种方法可以更准确地计算物流成本，为成本管理提供更详细的信息。

### （四）供应链管理类方法

#### 1. 全过程供应链管理

从产品生产到最终用户整个供应链的角度来考虑物流成本效率化，协调企业与其他企业以及客户、运输业者之间的关系，实现整个供应链活动的效率化，而不仅仅是关注企业内部的物流成本。

#### 2. 供应商管理库存

由供应商管理客户的库存，根据客户的销售数据和库存情况，自动补货，减少客户的库存成本和缺货成本，同时也可以降低供应商的物流成本和库存管理成本。

### （五）其他方法

#### 1. 物流外包

企业将物流业务外包给专业化的第三方物流公司，利用其专业人员与技术的优势，整合资源，降低企业的投资成本和物流成本，提高物流服务水平。

#### 2. 现代化的信息管理系统

借助物流信息系统，使各种物流作业或业务处理能准确、迅速地进行，通过物流信息平台的建立，实现信息共享，从而有效地控制无效物流成本的发生，从根本上实现物流成本的降低。

# 任务二　物流质量管理

## 任务引入

美国宝洁公司是较大的日用消费品生产企业之一，于1992年进入我国市场，并在广东地区建立了大型生产基地。

宝供储运针对宝洁公司的物流服务需求，建立遍布全国的物流运作网络，为宝洁公司提供全过程的增值服务。在运输过程中保证货物按照同样的操作方法、模式和标准来操作，将货物运送到目的地后，由宝供储运的员工进行接货、卸货、运货，为宝洁公司提供门到门的“一条龙”服务。并按照严格的药品生产质量管理标准和标准运作管理程序，将宝洁公司的产品快速、准确、及时地送到全国各地的销售网点。双方的初步合作取得了相当好的成效，宝供储运帮助宝洁公司在一年内节省成本达600万美元，宝洁公司高质量、高标准的物流服务需求也极大提高了宝供储运的服务水平。

## 任务

请以小组为单位，分析案例中宝供储运公司如何提高物流服务水平，成为行业标杆。

## 任务准备

(1)以“物流服务”“物流质量”“物流服务质量”“物流质量管理”等为关键词，检索并阅读相关的物流文献。

(2)查询分析宝洁公司的药品生产质量管理标准、标准运作管理程序分别包含哪些内容？

(3)分析总结宝供储运公司是如何围绕宝洁公司的物流需求开展物流服务的，并以小组为单位，前往当地的制造企业、流通企业和物流企业等进行实地调研，分析企业的物流服务管理现状及存在的问题。

## 任务重点与实施

### 一、质量管理体系概述

#### （一）质量管理体系概念

质量管理体系是指在质量方面指挥和控制组织的管理体系。质量管理体系是组织内部建立的、为实现质量目标所必需的、系统的质量管理模式，是组织的一项战略决策。

针对质量管理体系的要求，国际标准化组织的质量管理和质量保证技术委员会制定了 ISO 9000 族标准，以适用于不同类型、产品、规模与性质的组织，该类标准由若干相互关联或补充的单个标准组成。

### （二）质量管理体系建立的步骤

企业建立质量管理体系，应以正确的质量管理指导思想为基础，以科学的质量管理原则为指导，以质量管理手册为表现形式，通过对质量管理体系的科学评价，经过连续不断的评价、修正，再评价、再修正完成，如图 4-1 所示。

(1) 确立企业建立质量管理体系的指导思想。质量管理体系是企业整个管理体系的一个子系统，其建立的目标必须符合企业发展的，成为企业成功发展的保证。

(2) 明确企业建立质量管理体系的具体职能和体系结构。在正确的指导思想指导下，应用“质量环”工具，分析确定企业建立质量管理体系的职能范围。在应用“质量环”分析时，要根据本企业产品的特点，分析产品质量产生、形成和实现的过程，从中找出可能影响产品质量的各个环节，研究确定每个环节的质量。

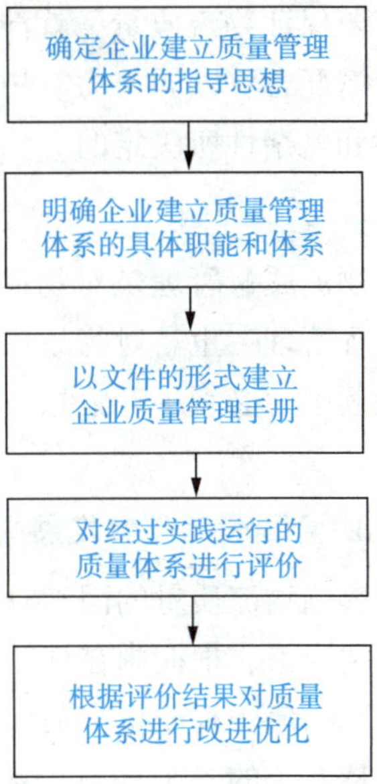


图 4-1　质量体系建立步骤

(3) 以文件的形式建立企业质量管理手册。企业的质量管理手册由阐明该企业的质量方针，并描述其质量管理体系的文件组成。质量管理手册涉及了企业有关质量管理的全部活动，以标题和范围反映其应用领域。一般情况下，企业质量管理手册包括或涉及质量方针；影响质量的管理、执行、验证或评审工作的人员职责、权限和相互关系；质量管理体系程序和说明；关于手册评审、修改和控制的规定等内容。

(4) 对经过实践运行的质量管理体系进行评价。评价的目的是确定企业质量活动及其有关结果是否符合计划安排，以及这些安排是否达到了预期目标。评价的方法是通过对构成质量管理体系各要素的审核来进行的。根据审核目的不同，质量管理体系审核有内部审核和外部审核两种类型。

(5) 根据评价结果对质量管理体系进行优化。企业开展质量管理体系评价的主要目的，是为了给企业质量管理体系改进提供依据。实践证明，企业产品质量能否使顾客满意，并为企业带来效益，取决于该企业所建立质量管理体系的有效性和运行效率。

## 二、物流质量管理概念、内容与质量体系

### （一）物流质量管理概念及特点

物流质量是指物流商品质量、服务质量、工作质量和工程质量的总称。物流质量

不仅是现代企业根据物流运作规律所确定的物流工作的量化标准，更应该体现物流服务的顾客期望满足程度的高低。其内容主要包括商品质量、物流服务质量、物流工作质量、物流工程质量等类别。物流质量的保证需要建立在准确有效的质量衡量上，主要从物流时间、物流成本、物流效率三个方面来衡量。

物流质量管理是指科学运用先进的质量管理方法、手段，以质量为中心，对物流全过程进行系统管理，包括保证和提高物流产品质量和工作质量而进行的计划、组织、控制等各项工作。现代物流质量管理主要呈现以下三个特点。

#### 1. 全员参与

要保证物流质量，就涉及到物流活动的相关环节、相关部门和相关人员，需要各方紧密配合，共同努力。物流管理的全员性，正是物流的综合性、物流质量问题的重要性和复杂性所决定的。

#### 2. 全程控制

物流质量管理是对物品的包装、储存、运输、配送、流通加工等若干过程进行的全过程管理，也是对物品在社会再生产全过程中进行全面质量管理的重要一环。在这一过程中，必须一环紧扣一环地进行全过程管理才能保证最终的物流质量，达到目标质量。

#### 3. 全面管理整体发展

影响物流质量的因素具有综合性、复杂性，加强物流质量管理就必须全面分析各种相关因素，把握内在规律。物流质量管理不仅管理物流对象本身，还管理物流工作质量和物流工程质量，最终对成本及交货期起到管理作用，具有很强的全面性。因此，必须从系统的各个环节、各种资源，以及整个物流活动的相互配合和相互协调做起，只有质量管理的整体发展才能最终实现物流管理目标。

### （二）物流质量管理的内容

全面的物流质量管理包括商品的质量保证及改善、物流服务质量、物流工作质量和物流工程质量四项。

#### 1. 物品的质量保证及改善

物流的对象是具有一定质量的实体，具有合乎要求的等级、尺寸、规格、性质、外观质量特性。这些质量是在生产过程中形成的，物流过程在于转移和保护这些质量，最终实现对用户的质量保证。现代物流过程不单是消极地保护和转移物流对象，还可以采用流通加工等手段改善和提高商品的质量，由此，物流过程在一定程度上说就是商品质量的“形成过程”。

#### 2. 物流服务质量

物流活动具有服务的本质特性，既要为现代企业生产经营过程服务，也要为享用现代企业的产品和服务的顾客提供全面的物流服务。服务质量因不同用户而要求各异，要掌握和了解用户需要，主要包括：商品狭义质量的保持程度；流通加工对商品质量的提高程度；批量及数量的满足程度；配送量、间隔期及交货期的保证程度；配送、运输方式的满足程度；成本水平及物流费用的满足程度；相关服务(如信息提供、索赔及纠纷处理)的满足程度等。此外，物流服务质量是变化发展的，随着物流领域绿色物流、柔性物流等新的服务概念的提出，物流服务也会形成相应的新的服务质量要求。

#### 3. 物流工作质量

工作质量指的是物流各环节、各工种、各岗位的具体工作质量。工作质量和物流服务质量两个有关联但又不相同的概念，物流服务质量水平取决于各个工作质量的总和。所以，工作质量是物流服务质量的某种保证和基础。通过强化物流管理，建立科学合理的管理制度，充分调动员工积极性，不断提高物流工作质量，物流服务质量也就有了一定程度的保证。

#### 4. 物流工程质量

物流质量不但取决于工作质量，还取决于工程质量。在物流过程中，将对物品质量发生影响的各因素(人的因素、体制因素、设备因素、工艺方法因素等)统称为“工程”。提高工程质量是进行物流质量管理的基础工作，也能做到“预防为主”的质量管理。因此，建立物流质量管理体系，就是要在具备管理职责、人员与物质资源、质量体系结构等要素之外，通过物流需求的调研与评定、物流服务设计、物流服务过程和物流管理业绩的分析与改进等工作，形成一套科学、实用、有效的物流质量管理方法与评估系统。

### （三）物流质量管理的质量体系

由于物流质量是衡量物流系统的重要方面，所以发展物流质量的指标体系对于控制和管理物流系统来说至关重要。物流质量指标体系的建立必须以最终目的为中心，是围绕最终目标发展出来的一定的衡量物流质量的指标。

物流质量指标体系包括以下几个方面。

#### 1. 服务水平指标

满足顾客的要求需要一定的成本，并且随着顾客服务达到一定的水平时，再想提高服务水平时，企业往往要付出更大的代价，所以企业出于利润最大化的考虑，只需满足一定的订单，由此便产生了服务水平指标。服务水平越高，企业满足订单的次数与总服务次数之比就越高。

#### 2. 满足程度指标

服务水平指标是衡量企业满足订单次数的频率，但由于每次订货数量的不同，所以仅以此来衡量是不完全的，于是就产生了满足程度指标，即企业能够满足的订货数量与总订单的订货数量之比。

#### 3. 交货水平指标

时间的准确性对于物流来说，是衡量其质量的重要方面，因此建立交货水平指标也很重要。交货水平指标是指按期交货次数与总交货次数的比率。

#### 4. 交货期质量指标

交货期质量指标衡量的是满足交货时间因素的程度，即实际交货与规定交货期相差的日数(天)或时数(时)。

#### 5. 商品完好率指标

保持商品的完好对于客户来说很重要，即交货时完好商品量或缺损商品量与总交货商品量的比率（%）。

小提示

宝洁公司在进入我国市场初期，其货物都是通过铁路运输。由于我国缺乏专业的物流公司，因而其商品完好率很低，所以用“货损货差赔偿费率”来衡量商品的破损给公司带来的损失。对于一个专业的物流公司来说，由于自身的服务水平有限导致商品的破损，要付出一定的赔偿金额，这部分金额占同期业务收入总额的比率(%)即“货损货差赔偿费率”。

#### 6. 物流吨费用指标

物流吨费用指标即单位物流量的费用(元/吨)，这一指标比同行业的平均水平低，说明运送相同吨位货物费用较低，则此公司拥有更高的物流效率，其物流质量较高。

## 三、物流质量管理的方法

物流质量管理目的是在“提供满足顾客要求的服务”和“以最经济的手段来提供”这两者之间找到一条优化的途径，同时满足这两个要求。目前常见的物流质量管理方法有 PDCA 循环理论、朱兰的质量管理理论、六西格玛质量管理等。

### （一）PDCA 循环理论

#### 1. PDCA 循环理论概述

PDCA 循环理论最早是由美国质量管理专家戴明博士提出来的，所以又称为“戴明循环”或“戴明环”。它是全面质量管理应遵循的科学程序。PDCA 循环包括计划(plan)、执行(do)、检查(check)和处理(action)四个阶段。

(1)计划(P)是指根据顾客的要求和组织的方针，为提供结果建立必要的目标和行动计划。

(2)执行(D)是指实施行动计划，具体运作和实现计划中的内容。

(3)检查(C)是指根据方针、目标和产品要求，总结执行计划的结果，明确效果，找出问题，对过程和产品进行监视和质量，并报告结果。

(4)处理(A)是指新作业程序的实施及标准化，或者设定新一轮的改进目标。对成功的经验加以肯定，并予以标准化，或制定作业指导书，便于以后工作时遵循；对失败的教训要总结，以免重现。对于没有解决的问题应交给下一个循环去解决。

以上四个阶段又细分为八个步骤，具体内容如下。

(1)分析质量现状，找出存在的质量问题。

(2)分析产生质量问题的各种原因或影响因素并加以具体分析。

(3)从各种原因中找出影响质量的主要原因，要解决质量问题，必须从解决主要矛盾入手。

(4)针对影响质量的主要原因按5W1H(why，what，where，when，who，how)制订对策，拟定管理、技术和组织措施，提出执行计划和预计效果。

(5)按预定计划、目标和措施及其分工，实实在在地去执行，努力实现的过程。

(6)把实施的结果和计划的要求对比，检查效果，并从中找出问题。

(7)总结经验教训，巩固成绩，将工作效果标准化。

(8)将遗留问题转入下一个PDCA循环去解决。

### 2. PDCA特点

PDCA特点有以下几个方面。

(1)周而复始：PDCA循环的四个过程不是运行一次就完结，而是周而复始地进行。一个循环结束了，解决了一部分问题，可能还有问题没有解决，或者又出现了新的问题，再进行下一个PDCA循环，依此类推。

(2)大环带小环：类似行星轮系，一个公司或组织的整体运行体系与其内部各子体系的关系，是大环带小环的有机逻辑组合体。

(3)阶梯式上升：PDCA循环不是停留在一个水平上的循环，是不断解决问题的过程，还是水平逐步上升的过程。PDCA循环示意图如图4-2所示。

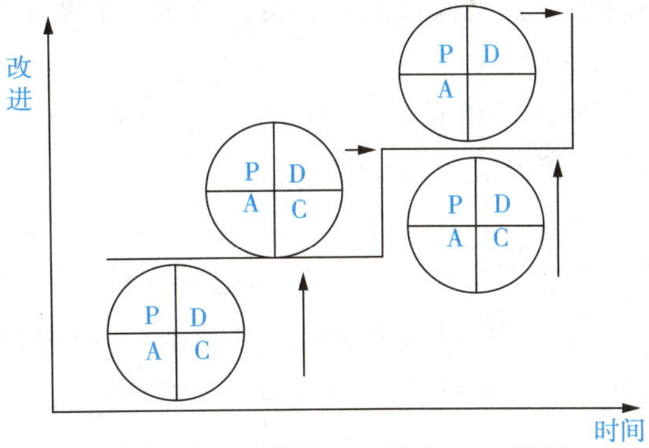


P—计划；D—执行；C—检查；A—处理。

图4-2　PDCA循环示意图

## (二)朱兰的质量管理理论

约瑟夫·朱兰(Joseph M. Juran)博士是世界著名的质量管理专家，他所倡导的质量管理理念和方法深刻影响着世界企业界，以及世界质量管理的发展。由朱兰博士主编的《质量控制手册》被称为当今世界质量控制科学的名著，为奠定全面质量管理的理论基础和基本方法做出了贡献。朱兰理论的核心：管理就是不断改进工作。他的“质量计划、质量控制和质量改进”三部曲，为企业的质量管理提出了一套完整的方法论。

### 1. 朱兰的质量“突破历程”

“突破历程”是朱兰博士提出的，也是对自己基本学说的一个总结。所谓“突破历程”，是建立在质量环的基础上，又是对质量三部曲的深化和展开。朱兰博士认为，实现突破的历程有以下七个环节。

(1)突破的状态

治理层必须证明突破的急切性，然后创造环境使这个突破能实现。要去证明此需要，必须搜集资料说明问题的严重性，而最具说服力的资料就是质量成本。为了获得充足资源去推行改革，必须把预期的效果用货币形式表达出来，以投资回报率的方式来展示。

(2)突出关键的少数项目

在众多的问题中，找出关键性的少数，利用帕累托法分析，突出关键的少数，再集中力量优先处理。

(3)寻求知识上的突破

成立两个不同的组织去领导和推动变革。其一可称之为“策导委员会”，另一个可称为“诊断小组”。策导委员会由来自不同部门的高层人员组成，负责制订变革计划、指出问题原因所在、授权作试点改革、协助克服抗拒的阻力，以及贯彻执行解决方法。诊断小组则由质量管理专业人士及部门经理组成，负责寻根问底、分析问题。

(4)进行分析

诊断小组研究问题的表征、提出假设，以及通过试验来找出真正原因。另一个重要任务是决定不良产品的出现，是操作人员的责任或者是管理人员的责任。

(5)决定如何克服变革的抗拒

变革中的关键任务必须明了变革对他们的重要性。单是靠逻辑性的论据是绝对不足够的，必须让他们参与决策及制定变革的内容。

(6)进行变革

所有要变革的部门必须通力合作，每一个部门都要清楚知道问题的严重性，明白不同的解决方案、变革的成本、预期的效果，以及估计变革对员工的冲击及影响。必须给予足够时间去酝酿及反省，并提出适当的训练。

(7)建立监督系统

变革推行过程中，必须有适当的监督系统定期反映进度及有关的突发情况。跟进工作异常重要，足以监察整个过程及解决突发问题。

### 2. 朱兰的质量螺旋和二八法则

质量螺旋是朱兰博士提出的另一个关于质量控制的重要理论。朱兰博士认为，为了获得产品的最佳使用成效，需要进行一系列相关的质量治理活动。这些活动主要包括市场调查、开发、设计、打算、采购、生产、操纵、检验、销售、反馈等各个环节。同时，这些环节又在整个过程的循环中螺旋式上升。因此，也被称为“质量进展螺旋”。

在质量发展螺旋的工作实践中，朱兰博士依据大量的实际调查和统计分析认为：在所发生的所有质量问题中，仅有20%是由基层操作人员的失误造成的，而其中80%的质量问题是领导者造成的。此外，他还得出80%的质量问题是在20%的环节中产生的，这就是二八法则。

## （三）六西格玛质量管理

### 1. 六西格玛质量管理的概念

六西格玛质量管理（简称6σ质量管理）是一种管理方法和质量改进体系，旨在减少组织过程中的变异性，提高业务绩效，并实现客户满意度的持续提升。该概念起源于1986年，由摩托罗拉公司的比尔·史密斯提出，并随后被通用电气公司广泛采用。6σ质量管理是一种通过减少缺陷和错误，将过程的性能提高到接近完美的水平的管理方法。其中，“σ”（西格玛）是希腊字母σ的中文译音，在统计学中用来表示标准偏差，即数据的分散水平。

6σ质量管理的核心理念是既着眼于产品、服务质量，又关注过程的改进。它采用量化的方法剖析流程中影响质量的要素，找出最关键的要素加以改良，从而达到更高的客户满意度。其主要目标是通过减少变异性和缺陷率，将过程的性能提高到接近完美的水平。具体来说，6σ质量管理意味着每一百万个机会中只有3.4个出错的可能，即不合格率是0.000 34%。

6σ质量管理是从顾客的观点考虑质量问题，采用科学的方法，在经营的所有领域追求“无缺陷”的质量，以大大减少企业经营全领域的成本，提高企业的竞争力。它的目标是消除无附加值活动，缩短生产周期，增加利润。

**知识链接**

若据缺陷数与总的机会数的比率计算出的百万次机会不合格数是百万分之三点四（3.4 Parts Million，3.4PPM），即达到99.99966%的合格率，就叫作6西格玛（6σ）。从统计意义上讲，一个流程具有6西格玛能力意味着过程波动减小，超出规格界限的不合格品率为3.4PPM。因此，作为一种衡量标准，σ的数量越多，质量就越好。引入6西格玛概念后，不同的企业、流程、服务和部门之间都可以进行量化的比较。

### 2. 六西格玛质量管理关键要素

6σ质量管理与实施步骤关键要素主要包括界定（define）、测量（measure）、分析（analyze）、改进（improve）和控制（control）五个阶段，这五个阶段构成了6σ管理的DMAIC

流程。实施步骤如下。

(1)界定：明确需要改进的项目和目标。

(2)测量：收集数据以评估当前过程的性能。

(3)分析：利用统计学工具分析数据，找出影响质量的关键因素。

(4)改进：制订并实施改进方案，以优化流程和提高产品质量。

(5)控制：使用监控工具确保调整后的生产环节保持稳定，并防止问题再次发生。

# 任务三 供应链物流管理

## 任务引入

沃尔玛与供应商通过网络和数据交换系统实现信息共享，建立伙伴关系。供应商直接进入沃尔玛的系统，实现零售链接。任何一个供应商可以进入系统获取该公司企业产品的实时销售数据。另外，沃尔玛直接参与到上游厂商的生产计划中去，与上游厂商共同商讨和指定产品计划、供货周期，甚至帮助上游厂商进行新产品研发和质量控制方面的工作。因此沃尔玛总是能够最早得到市场上最希望看到的商品，当别的零售商正在等待供货商的产品目录或者商谈合同时，沃尔玛的货架上已经开始热销这款产品了。

在沃尔玛整个供应链系统中，配送中心起中枢作用，将供应商向其提供的产品运往商场。从工厂到上架，实行“无缝链接”平滑过渡。供应商只需将产品提供给配送中心，无须自己向各商场分发。这样，沃尔玛的运输、配送，以及对于订单与购买的处理等所有的过程，都是一个完整的网络当中的一部分，可以大大降低成本。

供应链的协调运行是建立在各个环节主体间高质量的信息传递与共享的基础上。沃尔玛投资4亿美元发射了一颗商用卫星，实现了全球联网。沃尔玛在全球4 000多家门店通过全球网络可在1 h之内对每种商品的库存、上架、销售量全部盘点一遍。沃尔玛利用更先进的快速反应系统真正实现了自动订货，该系统利用条码扫描和卫星通信，与供应商每日交换商品销售、运输和订货信息。凭借先进的电子信息手段，沃尔玛做到了商店的销售与配送保持同步，配送中心与供应商运转一致。

## 任务

(1)请总结沃尔玛供应链管理的成功之处。

(2)沃尔玛是如何强化供应链战略伙伴关系的?

(3)信息共享在沃尔玛的供应链管理中起了什么作用?沃尔玛为强化供应链信息管理采取了哪些措施?其效果如何?

## 任务准备

(1)以"供应链管理""供应链战略伙伴关系""供应链管理技术""供应链管理下的物流战略"等为关键词，检索并阅读相关的物流文献。

(2)以小组为单位，前往当地的制造企业、流通企业和物流企业等进行实地调研，了解企业供应链物流管理现状、管理措施及瓶颈等。

(3)小组讨论分析沃尔玛供应链管理的成功之处，为能为调查的制造、流通企业提供哪些经验。

## 任务重点与实施

扫码看视频

## 一、供应链的概念及类型

### (一)供应链的概念

《物流术语》(GB/T 18354－2021)将供应链定义:"生产及流通过程中，涉及将产品或服务提供给最终用户活动的上游与下游企业所形成的网链结构，即将产品从商家送到消费者手中的整个链条。"供应链是指围绕核心企业，从配套零件开始，制成中间产品及最终产品，最后由销售网络把产品送到消费者手中，将供应商、制造商、分销商直到最终用户连成一个整体的功能网链结构。

供应链一般包括物资流通、商业流通、信息流通、资金流通四个流程。四个流程有各自不同的功能以及不同的流通方向。

#### 1. 物资流通

物资流通主要是物资(商品)的流通过程，这是一个发送货物的程序。该流程的方向是由供货商经由厂家、批发与物流、零售商等指向消费者。由于长期以来企业理论都是围绕产品实物展开的，因此物资流程被人们广泛重视。许多物流理论都涉及如何在物资流通过程中，在短时间内以低成本将货物送出去。

#### 2. 商业流通

商业流通主要是买卖的流通过程，这是接受订货、签订合同等的商业流程。该流程的方向是在供货商与消费者之间双向流动的。商业流通形式趋于多元化，既有传统的店铺销售、上门销售、邮购的方式，又有通过互联网等新兴媒体进行购物的电子商务形式。

#### 3. 信息流通

信息流通是商品及交易信息的流程。该流程的方向也是在供货商与消费者之间双向流动的。过去人们把重点放在看得到的实物上，因而信息流通一直被忽视。

#### 4. 资金流通

资金流通就是货币的流通，为了保障企业的正常运作，必须确保资金的及时回收，否则企业就无法建立完善的经营体系。该流程的方向是由消费者经由零售商、批发与物流、厂家等指向供货商。

### （二）供应链的类型

根据不同的划分标准，可以将供应链分为以下几种类型。

#### 1. 按供应链的范围分类

(1) 内部供应链

内部供应链是企业内部产品生产和流通过程中所涉及的采购部门、生产部门、仓储部门、销售部门等组成的供需网络。

(2) 外部供应链

外部供应链是指企业外部的，与企业相关的产品生产和流通过程中涉及的原材料供应商、生产厂商、储运商、零售商，以及最终消费者组成的供需网络。

内部供应链和外部供应链的关系：二者共同组成了企业产品从原材料到成品再到消费者的供应链。可以说，内部供应链是外部供应链的缩小化。如对于制造厂商，采购部门就可看作外部供应链中的供应商。它们的区别只在于外部供应链范围大，涉及企业众多，企业间的协调更困难。

#### 2. 按照供应链管理的研究对象分类

(1) 企业供应链

企业供应链以某个企业为核心，以该企业的产品为主导，形成包括该企业的供应商、供应商的供应商，以及一切向前的关系，还包括用户、用户的用户及一切向后的关系。这个核心企业在整个供应链中具有明显的主导地位和作用，对整个供应链的建立和组织起关键作用。

(2) 企业产品供应链

企业产品供应链以某一特定产品或项目为中心，由特定产品或项目需求所拉动的，包括与此相关的所有经济活动的供应链。企业产品供应链上的企业管理紧密，它们相互依存。供应链的效率取决于相关企业的密切合作，因此，基于信息技术的系统化管理是提高供应链运作效率的关键。

(3) 基于供应链合作伙伴关系的供应链

供应链合作伙伴关系主要是针对这些职能成员间的合作进行管理。基于供应链合作伙伴关系的供应链一般通过契约协调双方或多方间的利益，实现物流、信息流、资金流的流动与交换。

上述三种供应链管理对象的区分意义是彼此相关的，在一些方面是相互重叠的，这对于考察供应链和研究不同的供应链管理方法很有帮助。

### 3. 根据供应链网络结构分类

(1) V 型供应链

V 型供应链是供应链网状结构中最基础的结构，如图 4-3(a) 所示。这种供应链以大批量物料存在方式为基础，经过企业加工转换为中间产品，提供给其他企业作为它们的原材料。生产中间产品的企业往往客户要多于供应商，呈发散状。例如，原料经过中间产品的生产和转换，成为工业原材料，如石油、化工、造纸和纺织等企业，这些企业产生种类繁多的产品，满足众多下游客户的需求，从而形成了 V 型供应链。

(2) A 型供应链

当核心企业为供应网络上的最终用户服务时，它的业务本质上是由订单和客户驱动的。在制造、组装和总装时，会遇到一个与 V 型供应链相反的问题，即为了满足相对少数的客户需求和客户订单，需要从大量的供应商手中采购大量的物料。这是一种典型的会聚性的供应链网，即 A 型供应链，如图 4-3(b) 所示。主要适用于航空、汽车、装配性等行业，这些行业要求供应商和制造商密切合作，共同控制库存。

(3) T 型供应链

T 型供应链介于上述两种模式之间，许多企业通常结成的是 T 型供应链，如图 4-3(c) 所示。通常根据订单确定通用件，从与自己相似的供应商公司采购大量的物料，通过制造标准化来降低订单的复杂程度，为大量终端客户和合作伙伴提供构件和套件。如医药保健品、电子产品和食品、饮料等行业，以及为总装配提供零部件的公司也同样存在，如为汽车、电子器械和飞机主机厂商提供零配件的企业等。

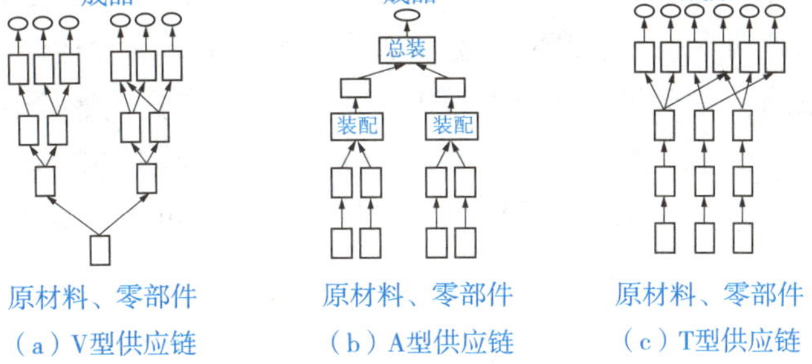


图 4-3　供应链网络结构

### 4. 按照供应链驱动力来源分类

(1) 推动式供应链

推动式供应链的运作是以产品为中心，以生产制造商为驱动原点，这种传统的推动式供应链管理是以生产为中心，力图尽量提高生产率，降低单件产品成本来获得利润。通常，生产企业根据制造资源计划（MRP－II）和企业资源计划（ERP）来安排从供应商处购买原材料，生产出产品，并将产品经过各种渠道，如分销商、批发商、零售商一直推至客户端，如图 4-4 所示。在这种供应链上生产商对整个供应链起主导作用，是供应链上的核心或关键成员，而其他环节如流通领域的企业则处于被动的地位，这种供应链方式的运作和实施相对较为容易。

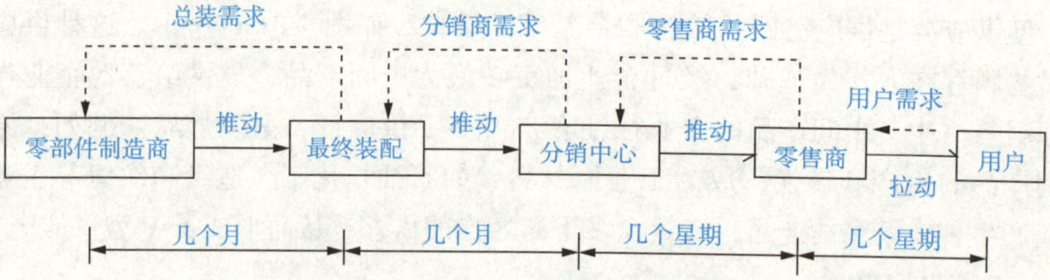


图 4-4　推动式供应链示意图

推动式供应链的缺陷主要体现在以下几方面。①由于生产商在供应链上远离客户，对客户的需求远不如流通领域的零售商和分销商了解得清楚，这种供应链上企业之间的集成度较低，反应速度慢。在缺乏对客户需求了解的情况下，生产出的产品和驱动供应链运作的方向往往是无法匹配和满足客户需求的。②由于无法掌握供应链下游，特别是最末端的客户需求，一旦下游有微小的需求变化，反映到上游时这种变化将被逐级放大，这种效应被为牛鞭效应。为了解决牛鞭效应，相应下游，特别是最终端客户的变化，在供应链的每个节点上，都必须采取提高安全库存量的办法，需要储备较多的库存来应付需求变动，因此，整个供应链上的库存较高，响应客户需求变化较慢。传统的供应链管理几乎都属于推动式的供应链管理。

(2)拉动式供应链

拉动式供应链管理的理念是以顾客为中心，通过对市场和客户的实际需求，以及对其需求的预测来拉动产品的生产和服务，如图 4-5 所示。这种运作和管理需要整个供应链能够更快地跟踪，甚至超前于客户和市场的需求，来提高整个供应链上的产品和资金流通的效率，减少流通过程中不必要的浪费，降低成本，提高市场的适应力；特别是对下游的流通和零售行业，更是要求供应链上的成员间有更强的信息共享、协同、响应和适应能力。

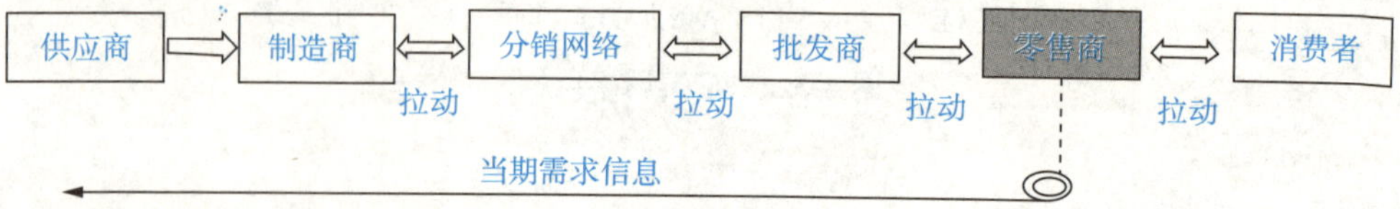


图 4-5　拉动式供应链示意图

处于供应链核心位置的企业会采用协同计划、预测、补货策略和系统，来实现对供应链下游成员需求拉动的快速响应，使信息获取更及时，信息集成和共享度更高，数据交换更迅速，缓冲库存量及整个供应链上的库存总量更低，获利能力更强等。拉动式供应链虽然整体绩效表现出色，但对供应链上企业的管理和信息化程度要求较高，对整个供应链的集成、协同运作的技术和基础设施要求也较高。

小提示

马歇尔·费雪(Marshall Fisher)提出：能预测的用推，不能预测的部分用拉。

### 5. 按照供应链的复杂程度分类

(1)直接型供应链

直接型供应链是在产品、服务、资金和信息在往上游和下游的流动过程中，由公司、此公司的供应商和此公司的客户组成。

(2)扩展型供应链

扩展型供应链把直接供应商和直接客户的客户包含在内，所有这些成员均参与产品、服务、资金和信息往上游和下游的流动过程。

(3)终端型供应链

终端型供应链包括参与产品、服务、资金、信息，从终端供应商到终端消费者的所有往上游和下游的流动过程中的所有组织。

### 6. 按照供应链中企业的地位分

(1)盟主型供应链

盟主型供应链是指供应链中某一成员的节点企业在整个供应链中占据主导地位，对其他成员具有很强的辐射能力和吸引能力，通常称该企业为核心企业或主导企业。如以生产商为核心的供应链(奇瑞汽车有限公司)；以中间商为核心的供应链(中国烟草系统)、香港利丰公司；以零售商为核心的供应链(沃尔玛、家乐福)。

(2)非盟主型供应链

非盟主型供应链是指供应链中企业的地位彼此差距不大，对供应链的重要程度相同。

### 7. 按供应链策略划分

(1)高效型供应链是指针对具备稳定供应流程的功能型产品。

高效型供应链的重要特征如下。

① 追求规模经济，应用最佳技术，将产能和分销能力都发挥到最大限度。

② 企业必须重视与供应链中的各方保持有效、准确的信息沟通。如丰田汽车属于这一类型供应链，其遵循精益原则。能够帮助公司获得制造和供应链的高效性，同时消除不能增加价值的行为。

(2)风险规避型供应链是指针对供应流程变化不定的功能型产品。风险规避型供应链的能力共享是应对供应不稳定的一个有力方式。如设立多家供应商，或者利用分销商的库存能力来减少供应风险等。如手机厂商就是这一类型的供应链，针对重要部件，如芯片厂商设立多家供应商，以防止芯片供应中断。

(3)响应型供应链是指针对具备稳定供应流程的创新型产品。响应型供应链是公司通过按订单生产或者大规模定制来达到快速响应。延迟概念，加上模块化设计，都是常用的方法。如计算机或者笔记本电脑公司的供应链，惠普、思科等公司都建立起了响应型的供应链，应对多样且多变的顾客需求。

(4)敏捷型供应链是指针对供应流程变化不定的创新型产品。敏捷型供应链是结合了规避型供应链和响应型供应链的优势，对于顾客需求反应迅速而且灵活，同时也通过共享库存或者其他的能力资源规避了风险。采用"小单快返"的方式来进行生产，从设计到成品，只需7～14天，供货商就能完成产品交付。

企业一般在确定了自己的产品在需求和供应两端各自属于哪一种类型之后，就能够构建适合的供应链战略，如图4-6所示。

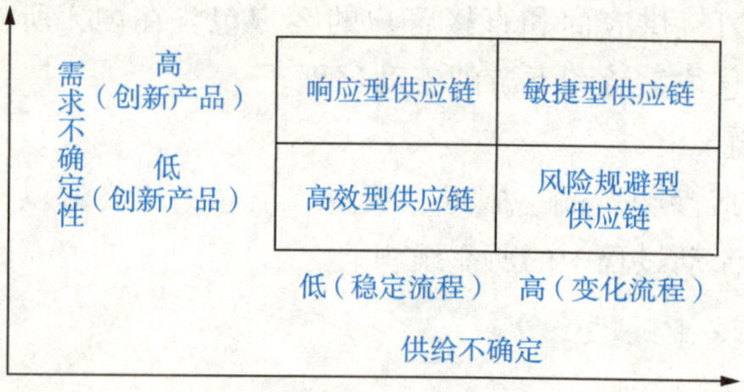


图4-6 企业供应链策略选择

## 二、供应链管理的概念及管理内容

### （一）供应链管理的概念及特征

#### 1. 供应链管理的概念

供应链管理(supply chain management，SCM)是一种综合管理方法，旨在通过优化产品制造、转运、分销及销售的全过程，来降低整个供应链系统的成本，并提高客户服务水平。

供应链管理涉及多个环节，包括供应商、制造商、仓库、配送中心和渠道商等，其核心目标是通过协调企业内外资源来满足消费者需求。供应链管理不仅包括计划、采购、制造、配送、退货等基本内容，还涉及同步决策和活动的执行，以确保恰当的产品和服务能够在恰当的时间、以恰当的数量、以恰当的状态配送到恰当的地点。

此外，供应链管理还强调战略协调和战术控制，旨在通过整合供应链上的各个环节来减少成本、促进物流和信息流的交换，从而提高企业的整体效益。供应链管理还涉及信息管理、客户管理、库存管理和关系管理等多个方面，旨在构建一个高效、灵活的供应链网络，以实现企业的长期竞争优势。

#### 2. 供应链管理的特征

供应链管理的特征包括以下几点。

(1)以顾客满意为最高目标，以市场需求的拉动为原动力。

(2)企业之间关系更为紧密，共担风险、共享利益。

(3)把供应链中所有节点企业作为一个整体进行管理。

(4)对工作流程、实物流程和资金流程进行设计、执行、修正和不断改进。

(5)利用信息系统优化供应链的运作。

(6)缩短产品完成时间，使生产尽量贴近实时需求。

(7)减少采购、库存、运输等环节的成本。

以上特征中，(1)(2)(3)是供应链管理的实质；(4)(5)是实施供应链管理的两种主要方法；而(6)(7)则是实施供应链管理的主要目标，即从时间和成本两个方面为产品增值，从而增强企业的竞争力，如图 4-7 所示。

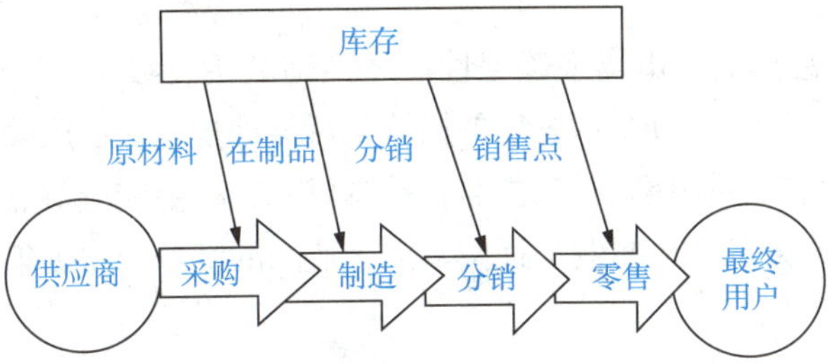


图 4-7　供应链管理的范围

## (二)供应链管理的内容

作为供应链中各节点企业相关运营活动的协调平台，供应链管理应把重点放在以下几个方面。

### 1. 供应链战略管理

供应链管理本身属于企业战略层面的问题，因此，在选择和参与供应链时，必须从企业发展战略的高度考虑问题。涉及企业经营思想，在企业经营思想指导下的企业文化发展战略、组织战略、技术开发与应用战略、绩效管理战略等，以及这些战略的具体实施。供应链运作方式、为参与供应链联盟而必需的信息支持系统、技术开发与应用，以及绩效管理等都必须符合企业经营管理战略。

### 2. 信息管理

信息以及对信息的处理质量和速度是企业能否在供应链中获益大小的关键，也是实现供应链整体效益的关键。因此，信息管理是供应链管理的重要方面之一。信息管理的基础是构建信息平台，实现供应链的信息共享，通过 ERP 和 VMI 等系统的应用，将供求信息及时、准确地传递到相关节点企业，从技术上实现与供应链其他成员的集成化和一体化。

### 3. 客户管理

客户管理是供应链的起点。如前所述，供应链源于客户需求，同时也终于客户需求，因此供应链管理是以满足客户需求为核心来运作的。通过客户管理，详细地掌握客户信息，从而预先控制，在最大限度地节约资源的同时，为客户提供优质的服务。

### 4. 库存管理

供应链管理就是利用先进的信息技术，收集供应链各方以及市场需求方面的信息，减少需求预测的误差，用实时、准确的信息控制物流，减少甚至取消库存(实现库存的“虚拟化”)，从而降低库存的持有风险。

### 5. 关系管理

通过协调供应链各节点企业，改变传统的企业间进行交易时的“单向有利”意识，使节点企业在协调合作关系基础上进行交易，从而有效地降低供应链整体的交易成本，实现供应链的全局最优化，使供应链上的节点企业增加收益，进而达到双赢的效果。

### 6. 风险管理

信息不对称、信息扭曲、市场不确定性以及其他政治、经济、法律等因素，导致供应链上的节点企业运作风险，必须采取一定的措施尽可能地规避这些风险。例如，通过提高信息透明度和共享性、优化合同模式、建立监督控制机制，在供应链节点企业间合作的各个方面、各个阶段，建立有效的激励机制，促使节点企业间的诚意合作。集成化供应链示意图如图 4-8 所示。

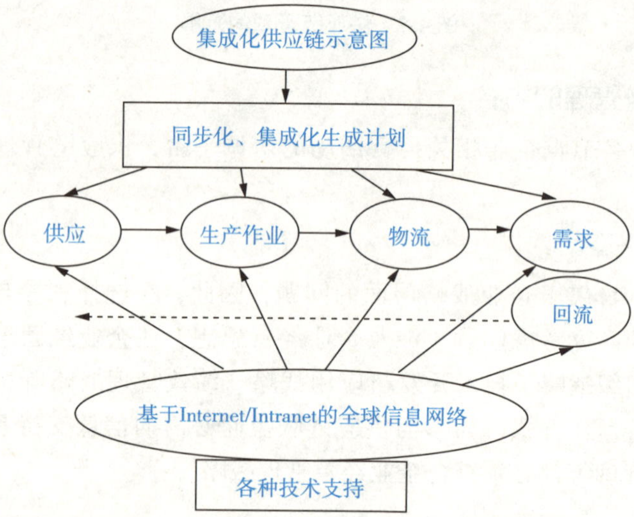


图 4-8　集成化供应链示意图

## 三、供应链管理技术

### (一) 快速响应

### 1. 快速响应的概念

《物流术语》(GB/T 18354－2021) 中对快速响应的定义：“供应链成员企业之间建立战略合作伙伴关系，利用电子数据交换(electronic data interohange，EDI) 等信息技术进行信息交换与信息共享，用高频率小数量配送方式补充商品，以实现缩短交货周期、减少库存、提高顾客服务水平和企业竞争力为目的的一种供应链管理策略”。

快速响应是制造商为了在精确的数量、质量和时间要求条件下为客户提供产品，将订货提前期、人力、物料和库存的花费降低到最小；同时强调系统的柔性以便满足竞争市场的不断变化，要求供应商、制造商及分销商紧密合作，通过信息共享共同预测未来的需求并且持续监视需求的变化以获得新的机会。

快速响应的核心理论为：基于时间的竞争、业务流程的高效化与规范化，以客户满意为追求，以成本降低为目标，以信息为手段。

#### 2. 快速响应的实施步骤

(1)对所有的商品单元条码化，即对所有商品消费单元用(EAN/UPC)条码标识，对商品储运单元用(ITF-14)条码标识，利用EDI传输订购单报文和发票报文。

(2)在第一阶段的基础上，增加与内部过程有关的策略，如自动补库与商品及时出售等，并采用EDI传输更多的报文，如发货通知报文、收货通知报文等。

(3)与贸易伙伴合作，采用更高级的商业快速响应(quick response，QR)策略，以对客户需求作出快速反应。每个企业必须把自己当成整个供应链的组成部分，以保证整个供应链的整体效益。

### (二)有效客户响应

#### 1. 有效客户响应的概念

有效客户响应(efficient consumer response，ECR)是一种供应链管理策略，旨在通过制造商、分销商和零售商之间的合作，降低与消除产品分销系统中的不必要的成本和费用，从而为客户带来更大的利益。

ECR的目标是建立一个以客户需求为基础的高效反应体系，提高整个供应链的效率，而不仅仅是单个环节的效率。这包括有效商店空间管理、有效商品补充、有效促销和有效新产品导入等核心过程。

ECR策略强调的是通过现代化的信息和通讯手段，协调彼此的生产、经营和物流管理活动，以最短的时间应对客户需求的变化。

有效客户反应是零售企业满足顾客需求的解决方案和核心技术，目标是最高效地满足消费者不断增长、多样化的需求。只有更好地满足消费者的需求，零售商、分销商和制造商才能生存和发展，才更有竞争能力。有效客户反映是流通供应链上各个企业以业务伙伴方式紧密合作，了解消费者需求，建立一个以消费者需求为基础和具有快速反应能力的系统，如图4-9所示。

有效客户响应的实施可以带来多方面的好处，如降低运作成本、减少库存储备、提高客户服务质量等。通过设立快速响应团队、使用自动化工具、建立良好的沟通渠道、设定合理的响应时间，以及持续改进和优化，企业可以更好地满足消费者的需求，提升竞争力和市场地位。

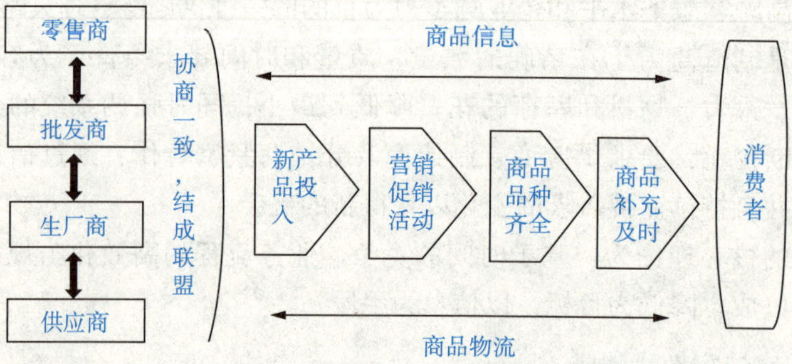


图 4-9　有效客户响应示意图

### 2. 有效客户响应的特点

(1)ECR 系统采用了先进的信息技术，在生产企业与流通企业之间开发了一种利用计算机技术的自动订货系统。

(2)ECR 系统采用了即种类管理和空间管理两种新的管理技术和方法。

① 种类管理的基本思想是不从特定品种的商品出发，而是从某一种类的总体上考虑收益率最大化。就软饮料而言，不考虑其品牌，而是从软饮料这一大类上考虑库存，柜台面积等要素，按照投资收益率最大化原则去安排品种结构。其中有些品种能赢得购买力，另一些品种能保证商品收益，通过相互组合既满足了顾客需要，又提高了店铺的经营效益。

② 空间管理指促使商品布局，柜台设置最优化。ECR 系统的空间管理是与种类管理相结合的，通过两者的结合实现单位销售面积的销售额和毛利额的提高，因而可以取得更大的效果。

### 1. 联合计划、预测与补给的概念

供应链协同管理模型常被称为联合计划、预测和补给模型(collaborative planning、forecasting、an replenishment，CPFR)，是 20 世纪 90 年代末出现的一种新的供应链管理技术，是一种协同式的供应链库存管理技术，同供应商管理库存和联合库存管理相比，它能同时降低销售商的存货量，增加供应商的销售量。

CPFR 是在共同预测和补货(collaborative forecasting and replenishment，CFAR)的基础上，进一步推动共同计划的制定，即不仅合作企业实行共同预测和补货，同时将原来属于各企业内部事务的计划工作(如生产计划、库存计划、配送计划、销售规划等)也由供应链各企业共同参与，利用互联网实现跨越供应链的成员合作，更好地预测，计划和执行货物流通。

### 2. 联合计划、预测与补给的特点

(1)协同

从 CPFR 的基本思想看，供应链上下游企业只有确立起共同的目标，才能使双方的绩效都得到提升，取得综合性的效益。CPFR 新型的合作关系要求双方长期承诺公开沟

通、信息分享，从而确立其协同性的经营战略，尽管这种战略的实施必须建立在信任和承诺的基础上，但是这是买卖双方取得长远发展和良好绩效的唯一途径。正是因为如此，所以协同的第一步就是保密协议的签署、纠纷机制的建立、供应链计分卡的确立，以及共同激励目标的形成(如不仅包括销量，也同时确立双方的盈利率)。

需要注意的是，在确立这种协同性目标时，不仅要建立起双方的效益目标，更要确立协同的盈利驱动性目标，只有这样，才能使协同性能体现在流程控制和价值创造的基础之上。

(2)规划

1995 年沃尔玛与华纳兰伯特(Warner-Lambert)的 CFAR 为消费品行业推动双赢的供应链管理奠定了基础，此后当自愿性跨行业商业解决方案协会(Voluntary interindustry commerce solutions，CICS)定义项目公共标准时，认为需要在已有的结构上增加“P”，即合作规划(品类、品牌、分类、关键品种等)，以及合作财务(销量、订单满足率、定价、库存、安全库存、毛利等)。此外，为了实现共同的目标，还需要双方协同制定促销计划、库存政策变化计划、产品导入和中止计划，以及仓储分类计划。

(3)预测

任何一个企业或双方都能做出预测，但是 CPFR 强调买卖双方必须做出最终的协同预测，像季节因素和趋势管理信息等。无论是对服装或相关品类的供应方还是销售方都是十分重要的，基于这类信息的共同预测能减少整个价值链体系的低效率、“死”库存，促进更好的产品销售，节约使用整个供应链的资源。与此同时，最终实现协同促销计划是实现预测精度提高的关键。

CPFR 所推动的协同预测还有一个特点是它不仅关注供应链双方共同做出最终预测，同时也强调双方都应参与预测反馈信息的处理和预测模型的制定和修正，特别是如何处理预测数据的波动等问题。只有把数据集成、预测和处理的所有方面都考虑清楚，才有可能真正实现共同的目标，使协同预测落在实处。

(4)补货

销售预测必须利用时间序列预测和需求规划系统转化为订单预测，并且供应方约束条件，如订单处理周期、前置时间、订单最小量、商品单元，以及零售方长期形成的购买习惯等都需要供应链双方加以协商解决。根据 VICS 的 CPFR 指导原则，协同运输计划也被认为是补货的主要因素，此外，例外状况的出现也需要转化为存货的百分比、预测精度、安全库存水准、订单实现的比例、前置时间，以及订单批准的比例，所有这些都需要在双方公认的计分卡基础上定期协同审核。潜在的分歧，如基本供应量、过度承诺等双方事先应及时加以解决。

## (四)企业资源计划

### 1. 企业资源计划的概念

企业资源计划(enterprise resource planning，ERR)是建立在信息技术基础上，以系统化的管理思想，为企业决策层及员工提供决策运行手段的管理平台，由美国 Gartner Group 公司于 1990 年提出。

企业资源计划是企业制造资源计划(MRP II)下一代制造业系统和资源计划软件。除了 MRP II 已有的生产资源计划、制造、财务、销售、采购等功能外，还有质量管理，实验室管理，业务流程管理，产品数据管理，存货、分销与运输管理，人力资源管理和定期报告系统。在我国 ERP 所代表的含义已经被扩大，用于企业的各类软件，已经被纳入 ERP 的范畴。它跳出了传统企业边界，从供应链范围去优化企业的资源，是基于网络经济时代的新一代信息系统。它主要用于改善企业业务流程以提高企业核心竞争力。

ERP 系统包括以下主要功能：供应链管理、销售与市场、分销、客户服务、财务管理、制造管理、库存管理、工厂与设备维护、人力资源、报表、制造执行系统(manufacturing executive system，MES)、工作流服务和企业信息系统等。此外，还包括金融投资管理、质量管理、运输管理、项目管理、法规与标准和过程控制等补充功能。

ERP 是将企业所有资源进行整合集成管理，简单地说是将企业的三大流(物流、资金流、信息流)进行全面一体化管理的管理信息系统。它的功能模块已不同于以往的 MRP 或 MRP II 的模块，不仅可用于生产企业的管理，而且在许多其他类型的企业(如一些非生产、公益事业的企业)也可导入 ERP 系统进行资源计划和管理。

#### 2. 企业资源计划的特点

ERP 把客户需求和企业内部的制造活动，以及供应商的制造资源整合在一起，形成企业一个完整的供应链，其核心管理思想包括以下内容。

(1)体现对整个供应链资源进行管理的思想。

(2)体现精益生产、敏捷制造和同步工程的思想。

(3)体现事先计划与事前控制的思想。

ERP 具有整合性、系统性、灵活性、实时控制性等显著特点，具体体现在以下方面。

(1)面向销售，能够对市场快速响应。将供应链管理功能包含了进来，强调了供应商、制造商与分销商间的新的伙伴关系，并且支持企业后勤管理。

(2)更强调企业流程与工作流，通过工作流实现企业的人员、财务、制造与分销间的集成，支持企业过程重组。

(3)纳入了产品数据管理 PDM 的功能，增加了对设计数据与过程的管理，并进一步加强了生产管理系统与计算机辅助设计(CAD)、计算机辅助制造(CAM)系统的集成。

(4)更多地强调财务管理，具有较完善的企业财务管理体系，这使价值管理概念得以实施，资金流与物流、信息流更加有机地结合。

(5)较多地考虑人的因素作为资源在生产经营规划中的作用，也考虑了人的培训成本等。

(6)在生产制造计划中，ERP 支持物料需求计划与准时制生产混合管理模式，也支持多种生产方式(离散制造、连续流程制造等)的管理模式。

(7)采用了最新的计算机技术，如客户/服务器分布式结构、面向对象技术、基于WEB技术的电子数据交换、多数据库集成、数据仓库、图形用户界面、第四代语言及辅助工具等。

#### 3. 企业资源计划的优点

(1)缩短周转的时间。

(2)物流与资金流的集成。

(3)加强物料和生产计划。

(4)模拟不同市场状况对生产计划、能力需求计划、物料采购计划和储运等工作的影响，增强企业对经营环境改变的快速反应能力。

(5)实现管理层对信息的实时和在线查询，为企业决策提供更加准确、及时的财务报告；及时提供各种管理报告、分析数据。

(6)系统本身具有严格的内部控制功能。

## 四、供应链管理体系下物流管理策略

### (一)物流管理策略的层次

#### 1. 全局性的战略

物流管理的最终目标是满足用户需求(把企业的产品和服务以最快的方式、最低的成本交付用户)，因此用户服务应该成为物流管理的最终目标，即全局性的战略性目标。通过良好的用户服务，可以提高企业的信誉，获得第一手市场信息和用户需求信息，增加企业和用户的亲和力并留住顾客，使企业获得更大的利润。要实现用户服务的战略目标，必须建立用户服务的评价指标体系，如平均响应时间、订货满足率、平均缺货时间、供应率等。

#### 2. 结构性的战略

物流管理战略的第二层次是结构性的战略，包括渠道设计和网络分析。渠道设计是供应链设计的一个重要内容，包括重构物流系统、优化物流渠道等。网络分析是物流管理中另一项很重要的战略工作，它为物流系统的优化设计提供参考依据。

网络分析的内容主要包括以下方面。

(1)库存状况的分析。通过对物流系统不同环节的库存状态分析，找出降低库存成本的改进目标。

(2)用户服务的调查分析。通过调查和分析，发现用户需求和获得市场信息反馈，找出服务水平与服务成本的关系。

(3)运输方式和交货状况的分析。通过分析，使运输渠道更加合理化。

(4)物流信息及信息系统的传递状态分析。通过分析，提高物流信息传递过程的速度，增加信息反馈，提高信息的透明度。

（5）合作伙伴业绩的评估和考核。

对物流管理系统的结构性分析的目标是要不断减少物流环节，消除供应链运作过程中不增加价值的活动，提高物流系统的效率。

### 3. 功能性的战略

物流管理战略的第三层次为功能性的战略，包括物料管理、仓库管理、运输管理等三个方面。其内容主要有以下方面。

（1）运输工具的使用与调度。

（2）采购与供应、库存控制的方法与策略。

（3）仓库的作业管理等。

物料管理与运输管理是物流管理的主要内容，必须不断地改进管理方法，使物流管理向零库存这个极限目标努力，降低库存成本和运输费用，优化运输路线，保证准时交货，实现物流过程的适时、适量、适地的高效运作。战略层次如图 4-10 所示。

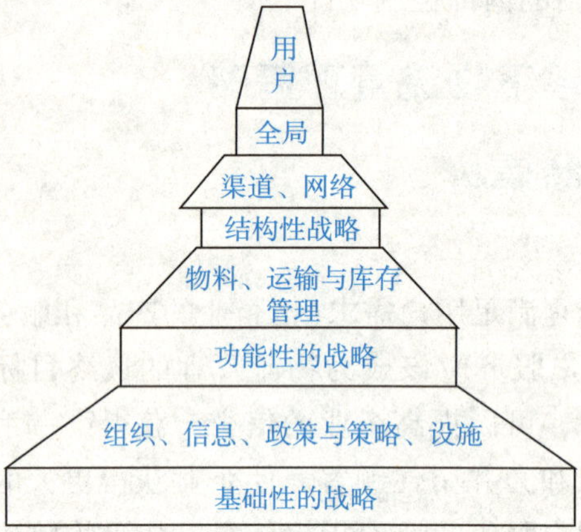


图 4-10　战略层次

### 4. 基础性的战略

物流管理第四层次的战略是基础性的战略，主要作用是为保证物流系统的正常运行提供基础性的保障。其内容包括以下几个方面。

（1）组织系统管理。

（2）信息系统管理。

（3）政策与策略。

（4）基础设施管理。

## （二）物流管理策略的类型

### 1. 垂直一体化物流战略

垂直一体化物流战略是企业所经常采取的一种战略。企业生产过程中，要求采购、物流、销售等环节共同完成任务，在这种战略指导下，企业往往自己组织人力、物力和财力来完成每个环节的工作，而主要不依赖外部资源，也就是企业物流活动通过自己建立的物流部门来完成。

### 2. 水平一体化物流战略

单个企业内部所进行的物流活动必然成本相对较高，而且一个企业什么都做往往做不专业，效率也会受到影响；而如果有专业的物流企业提供专项服务，即采用专业的物流外包模式，生产企业和物流企业实现业务上的联合，由于专业物流企业拥有专业人员和专业设备，将能提高物流作业的效率和降低物流成本。

目前在我国这种水平一体化的物流战略正在逐步兴起，虽然还没有占到主流，但将是未来发展的一个趋势。

### 3. 物流战略联盟

物流战略联盟是一个综合性很强的物流战略，单个企业可以和其他企业及物流企业形成一个物流联盟，通过协议和合同规范各自的行为。当企业有了物流需求时可以在这个联盟中随时找到合作伙伴，实现高效的、低成本的物流。这种联盟具有很高的灵活性、开放性和自由性，企业可以自愿和灵活地加入或者退出。

物流战略联盟内的各个企业通过发挥各自优势实现强强联合，如有的企业营销网络分布有很强的优势，其他产品上有优势的企业可以和前者结成同盟，把产品优势和渠道优势结合起来，共同开发该产品在某个市场上的优势。这种物流战略的特征如下。

(1)行为的协同性

供应链中核心企业和节点企业之间要在行为上有高度的协同性。激烈的市场竞争要求供应链上的各个企业通过供应链来整合各自行为，弥补自身的弱势和不足。上下游企业之间增强业务上的联系和协调，有机整合完成供应链任务。

(2)组织的虚拟性

在垂直一体化物流战略中，物流和其他部门共同作为企业的各个部门，共存于一个经济实体——企业中。所以在传统的模式中，采购部门、物流部门、生产部门，以及销售部门其实是一个实质上的整体，既有部门独立体系和任务，又要接受企业的指令。而在供应链管理环境下，供应链中各企业之间的联合主要是通过各种协议和合同联系在一起，通过合同来稳定各种关系，企业之间也不能像传统模式下面采用指令的方式来控制。供应链模式下，各有关方面的合作就是一种契约关系，虽然彼此联系在一起，但各自其实是平等和独立的企业。

(3)形式的多样性

供应链物流联盟战略产生于价值链的各个环节，而且众多产业之间也可以产生供应链，所以这种联合的形式就必然与此相适应是多样的。例如，根据合作的形式分为：合作生产、共同开发市场、技术转让、相互特许等多种方式。

(4)信息的共享性

信息在供应链管理中具有非常重要的作用，物流联盟战略中的各企业要实现行为的协同和优势互补，首先要有信息上的沟通和共享，依据信息来进行决策和安排，供应链的运行必须依赖信息在企业之间实现共享。现代 IT 技术，如 Internet 和 EDI，也为供应链发展提供了物质基础和实现平台。

## 五、供应链管理的发展趋势

### （一）数字化和智能化

随着人工智能、大数据和物联网等技术的发展，供应链管理变得越来越数字化和智能化。信息技术的发展，如云计算、大数据、物联网等，使得供应链管理向智能化转变。智能化的供应链可以实现全程可视、可感可控、高效协同和智能运营。企业可以通过数字化和智能化的手段实现供应链的可视化和优化，从而提高效率和降低成本。

### （二）可持续性和环保

随着社会对环境保护意识的提高，供应链管理也需要考虑其对环境和气候的影响。实施绿色供应链管理体系，采用环保技术和措施，是企业应对社会责任和可持续发展要求的必要选择。越来越多的消费者和企业对可持续性和环保问题关注度不断提高，供应链管理也需要跟随这一趋势。企业需要考虑环境保护和社会责任，制定可持续性战略，通过供应链管理实现绿色供应链和可持续发展。

### （三）灵活性和定制化

随着市场需求的变化，企业需要更加灵活地调整供应链，实现快速响应和定制化生产。供应链管理需要通过柔性生产、快速交付和个性化定制等手段来满足市场需求。

### （四）全球化和多元化

随着国际分工的深化和国际资源的配置，全球供应链已经成为国家和地区企业参与全球竞争的关键。建立全球供应链体系，利用跨境电子商务、跨境物流等新型业态，是全球化和可持续发展的重要途径。企业越来越倾向于全球化和多元化经营，这意味着供应链管理需要更好地应对跨国和多元化的运营模式。企业需要考虑供应链的全球化、国际贸易、文化差异等问题，通过供应链管理实现全球化战略。

### （五）生态化和平台化

随着价值链和商业模式的变革，企业之间的竞争转移到供应链与供应链之间的竞争。因此，主动构建、优化与生态伙伴的关系，营造共生、互生、再生的供应链生态圈，成为未来供应链管理发展的主流方向。同时，平台化也是供应链管理的重要趋势，通过构建平台，实现资源共享、协同创新和共赢发展。

### （六）风险可控化

供应链系统复杂且脆弱，风险管理成为不可忽视的一环。企业需要通过多种机制提高供应链的抗风险能力和韧性，确保业务的连续性和稳定性。

# 任务四 物流标准化认知

## 任务引入

上海百大配送有限公司(以下简称上海百大配送)，形成了自己的标准化业务和管理流程，实现了整体盈利。

上海百大配送的标准化内容包括：机构设置及管理制度、程序的标准化；业务流程的标准化；业务开发的标准化；客户开发及维护的标准化；数据库建设的标准化(包括数据采集、分析、提供等)；与供应商、银行、终端消费者接口的标准化；属地蚂蚁搬场公司及配送站建设的标准化等。

上海百大配送的标准化管理经历了以下三个阶段。

第一阶段：根据公司行政、财务管理需要，按照 ISO 9002：1994 的理念建立行政财务管理体系；将质量管理体系与行政财务管理体系有机融合，形成一套完整的公司管理手册。

第二阶段：根据实际运作情况，总结并提炼不同类型物品的物流配送，采取运作过程规范化和标准化管理。

第三阶段：对有共性的不同物品的物流配送，实现过程一体化的标准化运作及管理的探索，并增加对客户、用户及合作者的接口标准化内容。

## 任务

请以小组为单位，分析案例中上海百大配送有限公司的标准化历程，并列举物流标准化在物流其他领域的典型案例。

## 任务准备

(1)以“物流标准化的含义”“物流标准化特点”“物流标准化的内容”等为关键词，检索并阅读相关的物流文献。

(2)以小组为单位，前往当地的制造企业、流通企业和物流企业等进行实地调研，了解企业实施物流标准化的现状及瓶颈等。分析上海百大配送有限公司标准化的经历，为本地企业开展物流标准化提供对策建议。

## 任务重点与实施

### 一、物流标准化的含义

物流标准化是指为了提高物流活动的效率和质量，促进物流服务的优化，而在物流管理的全过程中制定的统一标准和执行这些标准的过程。它涉及以下几个方面。

(1)物流系统内部的设施、机械装置、专用工具等的标准化：这是指在物流系统中各个子系统和分领域的标准，如包装、装卸、运输等，以及它们之间的配合性要求。

(2)工作标准的制定：这涉及物流系统内的具体工作和操作的规范，如订单处理、货物装卸、运输、仓储等方面的操作流程和标准。

(3)技术与工作的配合性研究：研究物流系统内部不同分系统和技术标准，与工作标准的匹配关系，确保整个物流系统的运行顺畅。

(4)与其他系统的配合性研究：探讨物流系统与其他相关系统(如生产制造、销售流通等)的配合问题，寻求更大范围内的物流系统标准统一。

(5)数据标准化：规定物流管理所需的数据格式、数据采集方法和数据处理方式，保证数据的准确性、一致性和可共享性。

(6)设备标准化：明确物流设备和工具的规格、性能要求，确保设备的通用性和高效率。

(7)安全标准化：设定物流作业中的安全标准，包括货物包装、交接、运输过程中的安全措施，以保证货物安全和运输可靠性。

(8)绩效评估标准化：确立物流业绩评估的标准和方法，对物流运作进行定性与定量分析，便于发现问题并进行改进。

物流标准化的目的是通过统一的、详细的物流标准来提高物流运营效率、降低成本、提升服务质量、增强客户满意度和供应链可控性，从而提高企业竞争力。此外，物流标准化也是一个动态的过程，需要根据科技进步和社会经济发展的需要适时修订和完善标准，以保持其有效性和适用性。

### 二、物流标准化的重要性

只有实现了物流标准化，才能在国际经济一体化的条件下有效地实施物流系统的科学管理，加快物流系统建设，促进物流系统与国际系统和其他系统的衔接，有效地降低物流费用，提高物流系统的经济效益和社会效益。物流标准化的重要性具体体现在以下几点。

#### (一)物流标准化是实现物流管理现代化的重要手段和必要条件

由于社会分工日益细化，物流系统的高度社会化显得更加重要。为了实现整个物流系统的高度协调统一，提高物流系统管理水平，必须在物流系统的各个环节制定标准，并严格贯彻执行。在我国，以往同一物品在生产领域和流通领域的名称和计算方法互不统一，严重影响了物资流通，国家标准《全国工农业产品(商品、物资)分类与代码》的发布，使全国物品名称及其标识代码有了统一依据和标准，有利于建立全国性的经济联系，为物流系统的信息交换提供了便利条件。

### (二)物流标准化是物流产品的质量保证

物流活动的根本任务是将工厂生产的合格产品保质保量并及时地送到用户手中。物流标准化对运输、保管、配送、包装、装卸等各个子系统都制定了相应标准，形成了物流质量保证体系，只要严格执行这些标准，就能将合格的物品送到用户手中。

### (三)物流标准化是降低物流成本、提高物流效益的有效措施

物流的高度标准化可以加快物流过程中运输、装卸的速度，降低保管费用，减少中间损失，提高工作效率，因而可获得直接或间接的物流效益，否则就会造成经济损失。我国铁路与公路在使用集装箱统一标准之前，运输转换时要“倒箱”，全国“倒箱”数量很高，为此损失巨大。

### (四)物流标准化是我国物流企业进军国际物流市场的通行证

物流标准化已是全球物流企业提高国际竞争力的有力武器。我国物流企业在物流标准化方面仍十分落后，面临加入世界贸易组织带来的物流国际化挑战，实现物流标准的国际化已成为我国物流企业开展国际竞争的必备资格和条件。

### (五)物流标准化是消除贸易壁垒、促进国际贸易发展的重要保障

在国际经济交往中，各国或地区标准不一是重要的技术贸易壁垒，严重影响国家进出口贸易的发展。因此，要使国际贸易更快发展，必须在运输、保管、配送、包装、装卸、信息，甚至资金结算等方面采用国际标准，实现国际物流标准统一化。

## 三、我国物流标准体系内容

2003 年 9 月，在国家质检总局的领导下，国家标准化管理委员会牵头组建了全国物流标准化技术委员会和全国物流信息管理标准化技术委员会，通过标准委员会多年的努力逐渐形成我国物流标准体系，主要包括物流通用基础标准、物流技术标准、物流信息标准、物流管理标准、物流服务表，如图 4-11 所示。

## 四、物流模数

物流模数作为物流领域中的一个重要概念，是物流系统标准化和合理化的基石。它以数值关系表示物流系统中各种因素尺寸的标准尺度，对于提升物流效率、降低物流成本具有重要意义。

物流模数，又称集装箱基础模数尺寸，是指物流系统中用于确定各种物流设施、设备、包装物等尺寸标准的基准数值。它起源于20 世纪50 年代的美国，随着集装箱运输的兴起而逐渐发展完善。1968 年，国际标准化组织(ISO)提出了统一的集装箱标准，其中就包括了物流模数的规定，即20 英尺和40 英尺两种规格的集装箱尺寸。此后，物

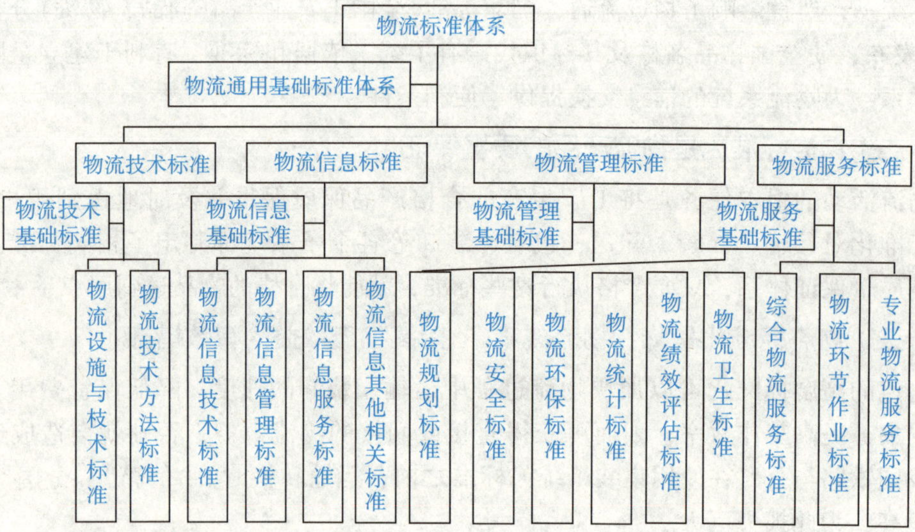


图 4-11　物流标准体系

流模数逐渐成为全球物流领域广泛采用的标准尺寸。

物流模数主要包括两类：物流基础模数尺寸和集装模数尺寸(也称物流模数尺寸)，以下列举部分模数尺寸。

## (一)物流基础模数尺寸

物流基础模数定义：为使物流系统标准化而制定的标准规格尺寸。

物流基础模数标准：国际标准化组织中央秘书处和欧洲各国确定的物流基础模数尺寸为600 mm×400 mm。

物流基础模数确定依据：主要考虑了现有物流系统中影响最大而又最难改变的输送设备，采用"逆推法"由现有输送设备的尺寸推算得出。同时，也考虑了已通行的包装模数和已使用的集装设备，以及从行为科学角度研究人和社会的影响，使基础模数尺寸适合于人体操作。

## (二)集装模数尺寸

集装模数定义：在物流基础模数尺寸基础上推导出的各种集装设备的基础尺寸。

集装模数标准：以 1 200 mm×1 000 mm 为主，也允许 1 200 mm×800 mm 及 1 100 mm×1 100 mm 等非标准尺寸。这些尺寸通常作为设计集装设备(如托盘、集装箱等)长、宽、高尺寸的依据。

集装模数作用：集装模数尺寸在物流系统中起贯穿作用，它必须与各环节物流设施、设备、机具相匹配。因此，整个物流系统设计时往往以集装模数尺寸为依据，决定各设计尺寸。集装模数尺寸是影响和决定物流系统标准化的关键。

(1)托盘标准尺寸

最常用的托盘尺寸为1 200 mm×1 000 mm，广泛应用于各种物流场景。1 200 mm×800 mm 也是一种常见的托盘尺寸，但是用在某些特定行业或地区。

(2)纸箱标准尺寸

常见的纸箱尺寸为600 mm×400 mm×高度可调，高度可以根据货物的具体需求进行调整。另一种常见的纸箱尺寸为500 mm×400 mm×高度可调，同样适用于多种货物包装。

(3)货架标准尺寸

货架标准尺寸通常根据货物的大小和重量进行选择，常见的尺寸包括60 cm、80 cm、100 cm等深度，以及根据仓库高度和货物存储需求定制的高度。

## 五、我国物流标准化现状与对策

### (一)我国物流标准化现状

标准引领是现代物流高质量发展、参与全球物流市场竞争的重要标志。随着新一轮科技革命和产业变革深入推进，大数据、物联网、云计算、人工智能等新技术与传统物流相结合，催生新产业、新模式和新业态，培育发展物流新质生产力潜力巨大。

近年来，我国涌现了一批国际领先的智慧物流平台，无人仓、无人机、无人驾驶、物流机器人等“无人化”技术装备加快应用。2023年6月，经国际标准化组织批准，在多国磋商和参与的基础上，创新物流技术委员会(编号ISO/TC 344)应运而生，秘书处设在中国。这是由中国承担的首个物流领域的国际标准化技术委员会，代表着我国在物流国际标准化方面取得了重大突破，有望在创新物流标准化领域贡献中国经验。

截至目前，现行物流标准804项，其中现行国家标准202项，包含基础、产品与服务分类代码、贸易单元编码等多个方面；现行行业标准111项，包含物资管理、烟草、国内贸易、新闻出版、交通、农业、供销合作、认证认可等16个方面；现行地方标准258项，31个省份均发布了物流相关标准；现行团体标准233项，在冷链物流、第三方物流信息管理、物流配送、物流园建设等多方面均有社会团体发布相关标准，如图4-12所示。

图4-12　全国物流标准情况

**知识链接**

世界上大多数国家都有标准化组织，如英国标准化协会（BSI），我国的国家技术监督局等。在日内瓦的（ISO）负责协调世界范围的标准化问题。目前，标准化工作开展较普遍的领域是产品标准，这也是标准化的核心，围绕产品标准、工程标准、工作标准、环境标准、服务标准等也出现了发展的势头。

### （二）物流标准化组织机构

我国已经成立了全国物流标准化技术委员会（TC 269），主要负责物流基础、物流技术、物流管理和物流服务等领域的标准化工作，目前 TC 269 下设六个分委会。

物流信息领域，成立了物流信息管理标准化技术委员会（TC 267），负责物流信息基础、物流信息系统、物流信息安全、物流信息应用等领域的标准化工作。

物流运输方面，目前有包括全国道路运输标准化技术委员会、全国航空货运及地面设备标准化技术委员会、全国航空运输标准化技术委员会、全国综合交通运输标准化技术委员会、全国智能运输系统标准化技术委员会、全国国际货运代理标准化技术委员会等在内的相关技术委员会。

物流包装方面，目前主要有全国包装标准化技术委员会（TC 49），负责全国包装专业的基础标准、方法标准、包装容器和包装材料的综合标准等专业领域标准化工作。

物流仓储方面，除了有负责仓储技术与管理的全国物流标准化技术委员会仓储技术与管理分技术委员会（TC 269/SC 6），还有全国物流仓储设备标准化技术委员会（TC 499），负责物流仓储设备的标准化工作。

此外，还有全国集装箱标准化技术委员会（TC 6），它是我国成立较早的一个全国性标准化技术委员会，负责我国集装箱领域的国家标准与行业标准化技术归口管理工作，对口国际组织为 ISO/TC 104。

目前我国已经成立了包括物流、物流信息、货运代理、包装、仓储、运输在内的主要领域的标准化技术委员会，基本覆盖到了物流系统的基本功能，这些标准化组织机构的成立对推动我国物流领域的标准化工作起着至关重要的作用。

## 任务五　第四方物流运作认知

**任务引入**

沙特阿拉伯国家石油公司（Aramco）在 2021 年初决定彻底重构其物流网络时，此时面临着一个典型的现代企业困境：如何在日益复杂的全球市场中保持竞争优势，同时确保供应链的敏捷性和可靠性？这个决定最终引发了一场深刻的供应链转型实践。

企业最初的诊断发现其供应链存在两个典型问题：过度分散的管理结构导致效率低下，以及缺乏端到端的可视性。这些挑战与许多大型企业所面临的情况惊人地相似。但 Aramco 的应对方式却与众不同：他们没有选择简单地开始数字化的变革并着急更换物流服务提供商，而是决定寻找一个能够提供全方位解决方案的第四方物流(4PL)合作伙伴。

Aramco 的 4PL 项目设定了几个关键目标，这些目标展现了企业对供应链转型的深刻理解，具体内容如下。

(1)供应链整合：在不同国家的项目、合资企业和业务之间建立无缝连接。

(2)可视性提升：特别是在集散中心和工厂之间实现端到端的透明度；成本优化。应对化工行业竞争压力带来的成本控制需求。

(3)流程精益化：建立可衡量的里程碑和服务水平指标。

(4)自动化推进：通过消除人工交接环节减少错误。

但最引人注目的是 Aramco 对合作关系的定位。他们寻求的不是简单的服务外包，而是真正的供应链战略伙伴关系。这种定位直接影响了项目的实施路径和最终成效。

在全球供应链日益复杂的今天，4PL 正在重塑企业的供应链管理模式。从最初在 1996 年提出的概念，到如今市场规模预计在 2027 年达到 800 亿美元的战略性服务，4PL 经历了从单纯的物流外包到供应链战略合作伙伴的转变。

## 任务

请以小组为单位，讨论分析第四方物流与第三方物流的区别。

## 任务准备

(1)以“第四方物流”“第三方物流与第四方物流”“第四方物流运输模式”等为关键词，检索并阅读相关的物流文献。

(2)以小组为单位，前往当地的制造企业、流通企业和物流企业等进行实地调研，总结分析本地第四方物流发展情况并撰写调研报告。

## 任务重点与实施

第四方物流是 1998 年美国埃森哲咨询公司率先提出的，是专门为第一方、第二方和第三方提供物流规划、咨询、物流信息系统、供应链管理等活动。第四方并不实际承担具体的物流运作活动。

第四方物流是一个供应链的集成商，是供需双方及第三方物流的领导力量。它不是物流的利益方，而是通过拥有的信息技术、整合能力，以及其他资源提供一套完整的供应链解决方案，以此获取一定的利润。它是帮助企业实现降低成本和有效整合资源，并且依靠优秀的第三方物流供应商、技术供应商、管理咨询，以及其他增值服务商，为客户提供独特的和广泛的供应链解决方案。

## 一、第四方物流的特征

扫码看视频

### （一）第四方物流概述

#### 1. 供应链管理功能

第四方物流不仅关注单一的物流环节，而是致力于为客户提供一个全面的供应链解决方案。这种方案涵盖了从采购、生产、仓储、运输到配送等各个环节。

#### 2. 资源整合能力

第四方物流能够整合各种物流资源，在降低成本、增加利润的同时，确保产品更快、更好、价格更低地送到需求者手中。

#### 3. 专业技术

第四方物流借助于信息技术对供应链上所有合作方的数据、信息进行梳理、跟踪、管理，从而保证其能提出有效的供应链解决方案。

#### 4. 单一联系

作为供应链的集大成者，第四方物流通常是企业与整个供应链系统之间的单一联系，确保供应链各环节之间的顺畅沟通与高效协作。

**知识链接**

(1)第一方物流为企业自行组织的物流活动，而不使用社会化的物流服务。比如牛奶经销商自己有仓，有几辆车，负责配送市内商超。

(2)第二方物流为企业提供运输或仓储等单一服务的物流公司，如货物运输公司。例如，家居工厂有一批货，需要外部专线公司支持送往外地家具卖场。

(3)第三方物流企业为集中精力搞好主业，以合同方式委托给专业物流服务企业，进行仓储运输及其他附加服务，并通过信息系统，进行管理和控制。如汽车零部件企业委托三方物流进行运输和仓储，及时配货到车企。

(4)第四方物流是在第三方物流的基础上，集成商充当客户和供应商之间，物流信息的唯一管理人，并通过整合资源，技术创新等增值服务，优化供应链。如跨国企业将物流服务交给第四方物流，第四方物流整合供应链的各个环节，包括筛选第三方物流服务商、优化仓储与运输网络布局等。

### （二）第四方物流与第三方物流的区别

#### 1. 服务范围不同

第三方物流主要提供运输、仓储、存货管理、订单处理等具体物流服务；第四方物流则提供更广泛的供应链解决方案，涵盖从战略规划到执行的全过程。

#### 2. 服务目标不同

第三方物流以降低单个企业的物流成本为目标，提供专业的物流服务；第四方物流则致力于降低整个供应链的成本，并提高其运作能力。不仅关注某一环节，而是从全局角度进行规划和管理。

#### 3. 合作方式不同

企业客户与第三方物流之间往往是一对多的合作，因为第三方物流可能无法承揽全部物流与供应链服务；企业客户与第四方物流之间则通常是一对一的合作。

#### 4. 服务对象不同

第三方物流的服务对象较为广泛，包括大、中、小型企业；第四方物流则更倾向于服务大、中型企业，尤其是跨国企业。

**知识链接**

中国第四方物流的发展方兴未艾，2022 年前三季度，全国社会物流总额 247.0 万亿元，比去年同期增长 3.5%，大有成为主导型物流服务主体的趋势。第四方物流在我国的应用方式大致可归纳为两种情况：一是第三方物流公司引入第四方物流共同开发市场，双方签订合作协议构建联盟组织，引入第四方物流的技术、供应链策略技巧和项目管理、资源整合能力，共同制定市场开发策略、服务内容和客户服务方案。积极与客户合作，满足客户的个性化需求，以达到互利共赢的目标。第二种情况是按照有效的运作策略、技术与供应链运作由第四方物流提供资源整合和供应链解决方案，以提高行业效率、提升盈利水平和降低成本。

现阶段的物流企业可通过各种方式发展成为第四方物流企业。一是通过自营物流转化，如海尔通过整合全球采购资源，建立共享供应链。二是由第三方物流直接演化，如阿里巴巴集团联合众多物流公司打造的“菜鸟裹裹”，为各类企业提供专业的物流平台服务。三是通过技术合作转化，九川物流公司与众多国内外大型企业建立长期、稳定的合作关系，引入 ERP、GPS 等先进系统，实现全球范围内的互联网和大数据管理。

## 二、第四方物流的运作模式

### （一）协同运作模型

第四方物流和第三方物流协同开发市场，第四方物流向第三方物流提供一系列的服务，包括技术、供应链策略、进入市场的能力和项目管理的能力。第四方物流在第三方物流公司内协作，其思想和策略通过第三方物流这样一个具体实施者来实现，以达到为客户服务的目的。第四方物流和第三方物流一般会采用商业合同的方式或者战略联盟的方式合作。

目前敦豪国际航空快递有限公司(DHL)就属于这种运作模式，DHL 既以第三方物流作为供应链服务的基础平台，又具有第四方物流为客户提供全面的供应链解决方案的功能，身兼两种角色，为众多不同的客户提供增值的(1+1>2)供应链服务。

## (二)方案集成商模型

在方案集成商模型中，第四方物流为客户提供运作和管理整个供应链的解决方案。第四方物流对本身和第三方物流的资源、能力和技术进行综合管理，借助第三方物流为客户提供全面的、集成的供应链方案。第三方物流通过第四方物流的方案为客户提供服务，第四方物流作为一个枢纽，可以集成多个服务供应商的能力和客户的能力。

## (三)行业创新者模型

在行业创新者模型中，第四方物流为多个行业的客户开发和提供供应链解决方案，以整合整个供应链的职能为重点，第四方物流将第三方物流加以集成，向下游的客户提供解决方案。在这里，第四方物流的责任非常重要，因为它是上游第三方物流的集群和下游客户集群的纽带。

## (四)动态联盟型

动态联盟型由相对独立的服务商形成一种联盟组织，以联盟的形式来获取订单，主要服务供应链上的大多数成员，联盟的组成或解散取决于市场利益的多少。这种联盟运作模式虽不能获取长远目标，但能够实现利润共享和风险共担，并且可以随意进行组合和重构。因为这样才能够通过抓住机遇、响应市场，在市场竞争中占据主动。

第四方物流突破了单纯发展第三方物流的局限性，能真正的低成本运作，实现最大范围的资源整合。第四方物流可以不受约束地将每一个领域的最佳物流提供商组合起来，为客户提供最佳物流服务，进而形成最优物流方案或供应链管理方案，如图 4-13 所示。

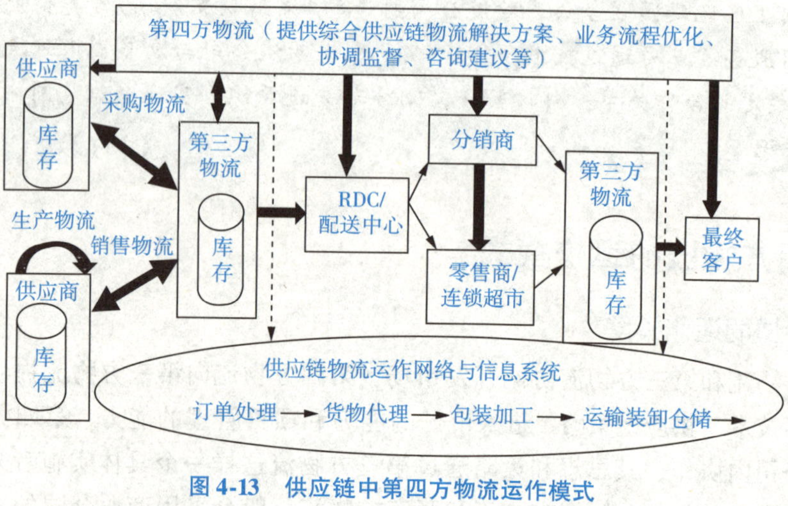


图 4-13　供应链中第四方物流运作模式

## 三、第四方物流的功能

第四方物流是一个供应链的整合者及协调者，管理组织本身与其他互补性服务所有的资源、能力和技术来提供综合的供应链解决方案。第四方物流主要是对企业的供应链进行监控，以实现快速度、高质量、低成本的物流服务，在解决企业物流的基础上，整合社会资源，解决物流信息充分共享、社会物流资源充分利用的问题。第四方物流是将相关最优资源和策略应用到企业的运作中来，从而提高企业的业绩，促进经济发展。第四方物流的作用主要体现在以下几个方面。

### （一）持续降低企业物流整体成本

第四方物流能够充分利用其物流网络及现有的信息技术对物流活动中的所有环节进行整合、协调并管理物流各环节各参与方的活动与利益冲突，从而能够帮助企业持续降低物流的整体运作成本。

### （二）显著提高物流营运效率

第四方物流不仅提高了库存周转率，还改善了客户的库存管理水平，并通过提高物流设备利用率或资产重组，将利用率低的资产进行处理，加快固定资产的周转率。此外，第四方物流通过采用先进的物流管理系统，提高物流工作单执行的质量，增加客户满意度，加速客户付款过程，从而加快应收账款的周转率，提高资金的利用效率。

### （三）树立高品质的物流服务

第四方物流可以提供专业化的供应链物流管理运作能力和高素质的物流人才，制定出以顾客为导向的快捷、高质、低廉的物流服务方案，改善物流服务质量。这种服务有利于参与市场竞争，有利于树立企业和品牌的形象，有利于和服务对象结成长期的、稳定的、战略性合作伙伴，这对企业长远的、战略性的发展有非常重要的意义。

## 四、培植企业的核心竞争力

核心竞争力是企业在市场竞争中保持持续优势的源泉。采用第四方物流，能使企业更好地配置自身的资源，专注于核心业务，集中优势资源拓展主业，大大提升企业的核心竞争力，并为企业的后续发展提供永久的动力。

**对点案例**

海丰国际控股有限公司是一家以国际航运、物流业为核心业务的综合物流集团。

海丰物流有限公司合并完成后整合航运空运资源，货源和客源同步扩大，这一国内创新的供应链管理服务与综合物流企业随之诞生。

早在 2004 年 12 月，海丰集团就进行了大规模的企业战略重组，当时，该公司被分为集运、物流、船东、散货、沿海内贸运输和航运配套服务六大业务体系，并开始向国际化、综合性物流公司迈进。

2005 年，海丰集团重资进行 IT 系统建设，这样的远见，让海丰将供应链的各个链条有效地连接起来，同时提供了基于互联网的查询、客户服务和电子商务平台，为采购商、生产商、运输公司、报关公司、仓储、陆运等相关的公司和客户提供统一的接入平台。正是这些“厚积”决定了海丰的第四方物流梦想的“薄发”。

现今海丰物流实现了以亚洲区域内为主，为客户提供高效率、高品质的综合物流服务和解决方案，满足不同客户的多样化需求，不断打造成为客户的首选。

## 项目总结

本项目主要介绍了现代物流管理的基本内容、相关概念及管理方法。首先介绍了物流成本管理概念及方法；其次介绍了物流质量管理的含义和影响因素；再次介绍了供应链物流管理及标准化管理的常见类型及应用。通过本项目的学习，帮助读者树立降本增效、标准化管理意识，能够全面运用现代物流管理理论知识进行企业物流成本、物流服务、物流标准化等管理控制。

## 项目习题

**一、单选题**

1. 以下关于物流与供应链的论述，正确的是(　　)。

A. 物流是供应链概念的扩展

B. 供应链仅仅是物流概念的扩展

C. 供应链是相关企业业务、资源的集成和一体化

D. 物流与供应链是一回事

2. 从原材料入库开始，经过出库，产品制造，产品进入成品库，直到产品从成品库出库为止的物流过程中所发生的物流费用是(　　)。

A. 供应物流成本　　B. 企业内物流成本

C. 销售物流成本　　D. 回收物流成本

3. (　　)是物流成本管理的中心环节。

A. 物流成本核算　　B. 物流成本控制

C. 物流成本分析　　D. 物流成本预测

4. 物流质量管理是公司全面质量管理的重要一环，其中心是(　　)。

A. 物流效率管理　　B. 物流服务质量管理

C. 物流工作质量管理　　D. 产质量管理

5. (　　)意味着提高物流运作水平，降低物流成本，真正使物流成为公司的“第三利润源”。

A. 提高物流业的现代化水平　　B. 提高物流公司的服务水平

C. 提高物流公司的物流质量　　D. 提高物流公司的标准化程度

6. (　　)主要体现供应链的物理功能，即以最低的成本将原材料转化成零部件、半成品、产品，以及在供应链中的运输等。

A. 有效性供应链　　B. 反应性供应链

C. 稳定供应链　　D. 动态供应链

7. (　　)是指在竞争、合作、动态的市场环境中，由若干个供方、需方等实体(自主、半自主)构成的快速响应环境变化的动态供需网络。

A. 敏捷供应链　　B. 稳定供应链　　C. 反应性供应链　　D. 平衡供应链

8. 下列(　　)不是供应链管理环境下采购的特点。

A. 为订单而采购　　B. 从采购管理向外部资源管理转变

C. 为库存而采购　　D. 从一般买卖关系向战略协作伙伴关系转变

9. 目前，国际标准化组织(1SO)认定的物流基础模数尺寸是(　　)。

A. 500 mm×300 mm　B. 600 mm×400 mm　C. 800 mm×600 mm　D. 600 mm×1 000 mm

10. 对工作的内容、方法、程序和质量要求所制定的标准称为(　　)。

A. 作业标准　　B. 基础标准　　C. 技术标准　　D. 工作标准

**二、判断题**

1. 流通企业的物流成本核算与制造企业相比相对更加难。(　　)

2. 可以说，整个物流技术和物流管理的发展过程就是不断追求物成本降低的过程。(　　)

3. 物流成本管理的最终目标就是要在保证一定物流服务水平的前提下实现物流成本的降低。(　　)

4. 国际标准化组织(ISO)是一个全世界性的政府组织。(　　)

5. 供应商在供应链上扮演着一个至关重要的角色，是链中物流的始发点，还是资金流的开始，同时又是反馈信息流的终点。(　　)

6. 第四方物流是第三方物流公司为其客户提供一种增值服务，主要是解决物流规划功能外问题的物流方案。(　　)

7. 供应链之间的竞争实质上是时间竞争。(　　)

8. 信息标准是工作标准。(　　)

9. 物流标准化是一个相对的概念。(　　)

10. 物流成本是指在物流过程中，企业为了提供有关的物流服务，要占用和耗费的一定的活劳动和物化劳动中必要劳动时间的货币表现，是物流服务价值的重要组成部分。(　　)

**三、简答题**

1. 简述第三方物流和第四方物流区别和联系。

2. 简述物流标准化的概念及其含义。

3. 什么是物流成本决策？决策有哪些步骤？

4. 简述供应链管理的未来发展趋势。

5. 第四方物流的价值体现在哪些方面?

6. 物流质量管理常见的方法有哪些?

**四、案例分析**

麦德龙公司通过严格、标准、高度电子化的供应链管理体系降低成本，从而赢得巨大的生存和发展空间。

1. 动态管理

动态管理是供应链管理的目标之一，其目的就是要降低商品库存。因此，有效的物流跟踪与库存控制，是整个供应链在最优化状态下运行的基本保证。在麦德龙，电脑控制系统掌握了商品进销存的全部动态，将存货控制在最合理的范围。当商品数量低于安全库存，电脑就能自动产生订单，向供货单位发出订货通知，从而保证商品持续供应和低成本经营。

2. 标准化操作

麦德龙的经营秘诀就是所有麦德龙的分店都一个样，麦德龙将很成功的模板复制到每个商场，包括商场的外观和内部布置及操作规则，所有商场实施标准化、规则化管理。这些规则包括购买、销售、组织等各个方面。就像工厂的机械化操作一样，每个人都知道自己要做什么，应该怎么做，规则非常明确。从与供应商议价开始，直到下单、接货、上架、销售、收银整个流程，都是由一系列很完善的规则控制这套动作。

3. 客户分类

麦德龙整个供应链的运作，则是由顾客的需求来拉动的。因而，它能站在客户的角度去思考，提供更加完善的商品和服务。麦德龙主要针对专业客户，如中小型零售商、酒店、餐饮业、工厂、企事业单位、政府和团体等。其供应链管理的特色之一就是对顾客实行不收费的会员制管理，并建立了顾客信息管理系统。

4. 与供应商双赢

在整个供应链上，不仅仅需要企业内部各个环节能有效地完成各自的工作，更需要供应商与企业之间、企业与客户之间的无缝对接。麦德龙的价格优势，来自从采购到销售有一套严谨的、标准化的管理程序。而这一套标准化管理顺着供应链一直延伸到供应商处的供货流程。麦德龙专门为供应商制作了供货操作手册，包括凭据、资料填写、订货、供货、价格变动、账单管理、付款等过程的方方面面。麦德龙通过规范化采购运作的延伸，把供应商纳入自己的管理体系，将供应商的运输系统组合成为它服务的社会化配送系统，从而大大降低了企业的投资，实现了低成本运营。

问题:

1. 麦德龙在供应链管理方面有哪些创新举措?

2. 从案例中，关于供应链管理你得到了哪些启示?

# 项目五　国际物流认知

## 项目导读

国际物流包含国际运输、商品检验、报关与清关、货运代理、理货作业等主要内容。国际物流使不同国家和地区的企业能够更便捷地进行商品交换，让企业能够在全球范围内寻找优质的供应商和市场，实现资源的优化配置，提高企业的竞争力和经济效益，推动了全球经济的一体化进程。国际物流未来将向数字化与智能化、绿色物流、多式联运、供应链整合与协同等方向发展。

## 学习目标

◆ **知识目标**

- 理解国际物流的概念、产生及发展。
- 掌握国际物流的特点、分类。
- 理解国际物流作业的流程步骤。

◆ **能力目标**

- 能正确理解国际物流概念及特点、分类，并对社会经济活动中的物流问题提出相应观点和见解。
- 能运用国际物流管理理论知识进行商品检验、报关、货运代理、理货作业等。

◆ **思政目标**

- 增强读者维护国家经济安全意识。
- 强化读者契约精神与法律意识。
- 引导读者树立可持续发展观，提升风险防范能力。

## 知识导图

- 国际物流认知
  - 国际物流的基本知识
    - 国际物流的概念、产生与发展
    - 国际物流的特点
    - 国际物流业务流程
    - 国际物流的分类
    - 国际物流与国际贸易的关系
  - 国际物流业务认知
    - 商品检验
    - 报关业务
    - 国际货运代理
    - 理货业务
  - 保税制度与保税物流认知
    - 保税制度、保税区和保税仓库
    - 自由贸易港（自由口岸/自由贸易区）
  - 国际物流运作认知
    - 国际物流运营的五大系统
    - 货主企业开展国际物流运作基本流程
    - 物流企业的国际化运营策略

## 案例导入

### 宁波舟山港推进多式联运信息互联互通，打造海铁联运精品线路

宁波舟山港立足深水良港和集装箱远洋干线枢纽港基础优势，充分发挥港口航线资源和陆海联动机制作用，将港口航运资源延伸至内陆，通过推动多式联运信息互联互通，探索创新多式联运“一单制”，推出“一次委托、一口报价、一单到底、一票结算”全程运输服务产品，打造“宁波舟山港——浙赣湘(渝川)集装箱公海铁公多式联运”示范工程，稳定开行重庆、南昌、上饶、金义等地区至宁波舟山港的精品海铁联运线路。截至2023年底，宁波舟山港海铁联运业务范围已辐射全国16个省(区、市)65个地级市，建成内陆无水港36个，带动宁波舟山港海铁联运箱量稳居全国第二，其中外贸箱量全国第一。

**宁波舟山港的主要做法及成效如下。**

(1)推进多式联运信息互通，实现物流全程监控。宁波舟山港积极与国铁集团对接，实时获取集装箱铁路在途信息节点数据，实现海铁联运信息互联。建成宁波舟山港海铁联运协同管理信息系统，整合码头、港区集装箱办理站、短驳车队、货代等海铁联运上下游相关方物流信息，为客户提供铁路订舱、全程物流跟踪、智能查询等线上化服务，减少了客户烦琐的信息沟通成本，提高海铁联运运营服务效率。

(2)创新海铁联运全程运输提单，海铁联运线路延伸至内陆腹地。宁波舟山港不断丰富海铁联运“一单制”的内涵，通过船公司签发海铁联运全程提单，将收货地从沿海港口延伸至内陆城市，实现了海运提单的功能延伸。宁波舟山港率先在“渝甬通道”运营平台中推动中远海、马士基、长荣、赫伯罗特等多家主流船公司签发海铁联运全程

运输提单，为内陆企业减少了大量异地订舱及用箱成本。近些年，宁波舟山港海铁联运“一单制”业务不断增长，目前已有15家主流船公司可签署海铁联运全程提单，业务覆盖至重庆、合肥、武汉、向塘等30余条海铁联运线路。2023年，宁波舟山港完成海铁联运全程运输出口重箱超10万标箱，为内陆企业减少异地订舱及用箱成本约2 500万元。

（3）研发应用新技术新装备，提升联运效率。宁波舟山港引进智能装卸手持终端，结合海铁联运协同管理系统应用，全面升级装卸作业信息化水平，货运员通过智能手持终端输入集装箱箱号、车皮号、股道号、图片备注、超偏载检测数据等重要信息，即完成多式联运集装箱装卸作业电子数据传输，实现装卸作业全程无纸化操作，减少了大量的纸质单证流转，避免了不必要的人工错误。

（4）创新海铁联运运输模式，提升海铁联运运能。宁波舟山港在绍兴开行海铁联运普通集装箱双层运输，目前已累计开行集装箱双层运输353趟，运输量达4 892标箱。加快甬金铁路双层高箱运输试验线建设，在义乌苏溪至宁波舟山港开展双层高箱海铁联运业务，预计年运输量超100万标箱，通过运输组织模式创新，增加铁路运量40%，降低运输成本30%。

# 任务一　国际物流的基本知识

## 任务引入

菜鸟网络科技有限公司（以下简称菜鸟），积极响应交通强国全球123快货物流圈发展战略，以跨境包裹运输为己任，扎根电子商务物流行业，构建了覆盖全球200多个国家和地区的智慧物流网络。通过在全球持续投资建设物流基础设施，利用数智化技术高效整合全链条物流资源，扎根海外深入建设本地物流服务能力等措施，形成了“全球5日达”“一杯咖啡钱送全球”等特色产品和服务能力，为中小企业开展跨境贸易提供一体化端到端跨境快递解决方案。2023年，菜鸟跨境包裹运输总量超过15亿件，服务超过10万个商家及品牌、1.33亿跨境消费者。未来，菜鸟将凭借全球端到端网络及科技能力，进一步提升自主可控的国际物流供应链服务能力，为全球商家和消费者提供时效更快、成本更优、更绿色环保的服务，全力保障国际物流产业链供应链安全稳定，服务构建新发展格局。

## 任务

请以小组为单位，分析菜鸟物流是如何开展国际物流服务的，并简述国际快递物流企业的发展前景。

## 任务准备

(1)以“国际物流”“国际快递”“国际物流企业”“国际快递企业”等为关键词，检索并阅读相关的物流文献。

(2)以小组为单位，搜集行业内国际物流从业企业业务模式的发展现状，并撰写调研报告。

## 任务重点与实施

# 一、国际物流的概念、产生与发展

扫码看视频

### (一)国际物流的概念

国际物流指物品从一个国家(地区)的供应地向另一个国家(地区)的接收地的实体流动过程。

广义的国际物流研究的范围包括国际贸易物流、非贸易物流、国际物流投资、国际物流合作、国际物流交流等领域。其中，国际贸易物流主要是指定组织货物在国际间的合理流动；非贸易物流是指国际展览与展品物流、国际邮政物流等；国际物流合作是指不同国别的企业完成重大的国际经济技术项目的国际物流；国际物流投资是指不同国家物流企业共同投资建设国际物流企业；国际物流交流则主要是指物流科学、技术、教育、培训和管理方面的国际交流。

狭义的国际物流主要是指当生产消费分别在两个或在两个以上的国家(或地区)独立进行时，为了克服生产和消费之间的空间间隔和时间距离，对货物(商品)进行物流性移动的一项国际商品或交流活动，从而完成国际商品交易的最终目的，即实现卖方交付单证、货物和收取货款，而买方接受单证、支付货款和收取货物的贸易对流条件。

**小提示**

国际物流是国内物流的延伸，是跨国界的、范围扩大了的物流活动，所以，国际物流又称“国际大流通”或“大物流”。

### (二)国际物流的产生与发展

#### 1. 20 世纪 50 年代至 80 年代初

这一阶段物流设施和物流技术得到了极大的发展，建立了配送中心。广泛运用电子计算机进行管理，出现了立体无人仓库，一些国家建立了物流标准化体系。物流系统的改善促进了国际贸易的发展，物流活动已经超出了一国范围，但物流国际化的趋势还没有得到人们的重视。

#### 2. 20 世纪 80 年代初至 90 年代初

随着经济技术的发展和国际经济往来的日益扩大，物流国际化趋势开始成为世界性的共同问题。美国密歇根州立大学教授波索克斯认为，进入 80 年代，美国经济已经失去了兴旺发展的势头，陷入长期倒退的危机之中。因此，必须强调改善国际物流管理，降低产品成本，并且要改善服务，扩大销售，在激烈的国际竞争中获得胜利。与此同时，日本正处于成熟的经济发展期，以贸易立国，要实现与其对外贸易相适应的物流国际化，并采取了建立物流信息网络，加强物流全面质量管理等一系列措施，提高物流国际化的效率。这一阶段物流国际化的趋势局限在美国、日本和欧洲一些发达国家。

#### 3. 20 世纪 90 年代初至今

这一阶段国际物流的概念和重要性已为各国政府和外贸部门所普遍接受。贸易伙伴遍布全球，必然要求物流国际化，即物流设施国际化、物流技术国际化、物流服务国际化、货物运输国际化、包装国际化和流通加工国际化等。世界各国广泛开展国际物流方面的理论和实践方面的大胆探索。这一阶段各行业已经形成共识：只有广泛开展国际物流合作，才能促进世界经济繁荣，物流无国界。

## 二、国际物流的特点

### （一）国际物流的特点

#### 1. 物流作业环节多，流程完成周期长

国际物流是跨越国界的物流活动，由于地域范围大、运输时间较长、物流流程涉及不同的国家、不同国家物流设施设备的差异等。与一般物流相比，国际物流作业不仅需要一般的运输、仓储、装卸、流通加工等环节，还需要某些特殊的环节，物流流程的完成周期更长。

#### 2. 物流作业复杂

国际物流一般涉及两个以上的国家或地区，不同的国家或地区又存在着法律法规，物流技术和标准的差异，因而，物流过程中的管制和查验及相关手续繁多。除此以外，国际物流作业的复杂性还表现在以下几点。

(1) 国际物流环境复杂、差异大。

(2) 国际物流运输过程复杂。

(3) 国际物流作业的复杂性还突出地表现在单证的复杂性上。

#### 3. 国际物流以远洋运输为主，多种运输方式结合

国际物流运输方式的选择不仅关系到国际物流交货周期的长短，还关系到国际物

流总成本的大小。由于国际物流中的运输距离远，运量大，考虑运输成本，运费较低的海运成为最主要的方式。同时，为缩短货运时间，满足客户在时间上的要求，在运输方式上还采用空运，陆运和海运相结合的方式。目前，在国际物流活动中，“门到门”的运输方式越来越受到货主的欢迎，使得能满足这种需求的国际复合运输方式得到快速发展，逐渐成为国际物流运输中的主流。

#### 4. 物流过程具有高风险性

由于国际物流较长的流程完成周期，复杂的作业和跨国界运作，国际物流过程中除了存在一般性物流风险(如意外事故，不可抗力，作业损害，理货检验疏忽，货物自然属性，合同风险等)外，还因跨国家，长距离运作，面临着政治，经济和自然等方面的更高风险。

#### 5. 国际物流标准化要求高

国际物流除了国际化信息系统支持外，还要求物流各国家和地区物流基础设施结构标准化和签订贸易协定，以保证国际物流的畅通。

(1)基础设施设备标准化可以有效地减少物流作业量，缩短物流流程完成周期。

(2)全球标准信息系统是保证国际物流效率的基础。

(3)贸易协定也是减少物流作业环节，降低物流成本的重要保证。

### (二)国际物流与国内物流的区别

#### 1. 物流环境差异大

国际物流面向的是全球各个国家、各个地区，与世界接轨：而国内物流只是面向本国企业开展物流活动。国际物流的环境具有复杂性、广泛性、国际性的环境特征，而国内物流的标准性国际物流也有。

国内物流作业可能只需一张单证一份发票就能完成，但是国际物流需要报关单、原产地单据、产品商检等各种文件。

#### 2. 物流复杂性不同

国际物流在运输过程中是需要多语言作业，尤其是经过多个国家的产品运输，需要用到多种语言的物流单证，虽然目前大部分国家都是用英语来作为商用通用语言，但是也有个别国家要求必须提供当地语言的单证和报关单，这就给国际物流作业增加了难度。

国内物流仓库基本是拣货区与存储区共用，一般都是平面仓库。国际物流则需要指定的存储区来提高存储利用率：专门的拣货区提高拣选效率。国内商品上可能只需要贴个物流标签，但是国际上商品只贴一个物流标签码是不行的，还有其他的要求，如出口商的参考编号、联系方式、进口商的信息、关税信息等。

此外，由于物流环境的差异，迫使一个国际物流系统需要在多个不同法律、人文、习俗、语言、科技环境下运行，大大增加国际物流动作的难度和系统的复杂性。

### 3. 国际物流与国内物流中采用的主要运输方式不同

目前国内物流基本是通过陆运来完成的，国际物流则需要进行空运、海运、陆运多种方式配合，基本都是要经过两次以上运输，如从中国空运到美国，美国再通过陆运的方式配送给消费者。国内运输相对比较安全一些，国际运输大部分都是要通过海运和空运运到国外，如果途中发生意外，经济损失相较而言就会比较严重了。

### 4. 国际物流与国内物流的信息沟通方式不同

在国内如果想要追踪商品的运输路径，只需要输入快递单号，或者直接打电话给官方进行查询。而商品发到国外，可能需要等待两天以上才能看到商品的运输情况，即使通过官网查询也只能看到到达哪个国家哪个港口，具体的位置是看不到的。国内发件人与收件人联系，可以采用电话、微信等多种方式。而国际上发件人与收件人联系，基本都是通过邮件往来，而且还需要考虑时差问题。

### 5. 国际物流的标准化要求高于国内物流

国际物流标准化要求较高，尤其是液体、粉末、保健品、食品、动物皮毛类产品等。如果没有当地国家的认证，是不可能将产品运输进去，甚至有些国家还是禁止这些产品入境。国内标准化要求只要有工商局的正规证件，基本上都可以发货。

## 三、国际物流业务流程

国际物流业务的开展主要包括以下九个方面的工作，其业务流程图如图5-1所示。

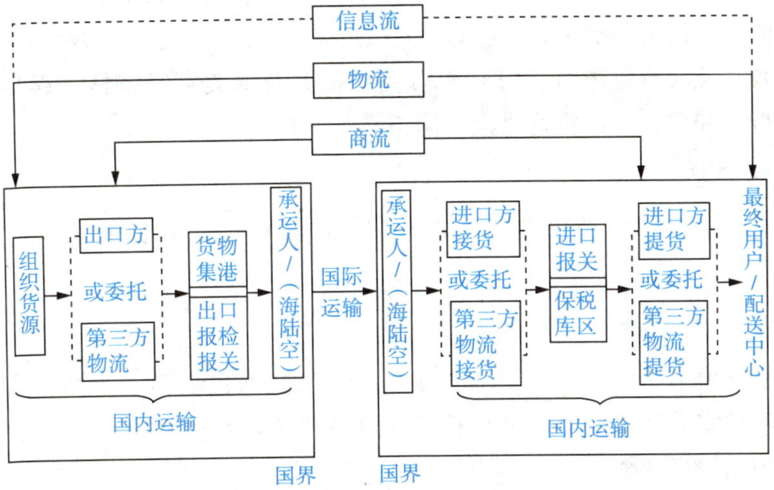


图5-1　国际物流业务流程图

### （一）需求承接

承接运输需求，从发货需求方收集货物详细资料信息，如品名、质量、包装尺寸、收件人信息等。

### （二）协议签署

根据运输需求进行运费报价、付款方式、公司服务流程、时效和安全问题等做沟通，达成共识后签署国际物流服务协议。

### （三）揽收送仓

揽收货物后进行称重→分类→量尺寸→打单→贴单→装袋→装车，送往港口/机场指定仓库。

### （四）安检入仓

送往相对应港口/机场后进行理货→过磅→打单→安检等，如果货物安检失败就会被退回不予以入仓，货物通过安检证明货物没有问题就可以入仓。

### （五）出口报关

准备所需报关单据（如报检单、许可证、货物清单、货物吨位、货物价值等）向出口口岸海关如实申报，以便海关进行监管和征税。

### （六）货物运输

出口报关完成后，就可以通过陆运、海运或空运的形式把货物运送到目的地口岸指定的仓库。

### （七）进口报关与清关

当货物到达目的口岸后，货物的收货人或其代理按照海关规定的手续和流程，向海关进行报关与清关申请，申报进口货物的情况，并提交相关单证和资料，以便海关进行审核和监管。报关与清关是货物进入市场前的官方程序之一，涉及到申报、审核、缴纳税款、监管及放行等环节。只有当海关对报关及清关资料审核无误后，才会核发报关单和放行通知单，允许货物进入该国市场。

### （八）货物配送

只有当货物通过了清关手续后，才能被提取进行配送到目的地，完成整个物流过程。

### （九）费用结算说明

结算一般分为票结和月结，票结一般是客户先付款再运输，如果运输过程中产生其他费用，配送完成确认账单后进行补付；月结要求客户书面确认各项费用后按沟通好的的结算周期进行付款。

## 四、国际物流的分类

国际物流作为跨越国境的供应链，正在成为物流的和供应链管理的发展趋势。国际物流与在一个国家或区域范围的物流并没有本质的区别。国内物流和供应链管理的技术、手段和目标都可以延伸到国际物流之中。国际物流根据不同的标准可以分成不同的类型。

### （一）货物流动的关税区域分类

国际物流可以分为国家间物流与经济区域物流。这两种类型的物流在形式和具体环节上存在着较大差异。例如，欧洲经济共同体国家之间由于属于同一关税区，成员国之间物流的运作与欧共体成员国，以及其他国家或者经济区域之间的物流运作在方式和环节上存在着较大的差异。

### （二）根据货物在国与国之间的流向分类

国际物流可分为进口物流和出口物流。凡存在于进口业务中的国际物流行为被称为“进口物流”，而存在于出口业务中的国际物流中的行为被称为“出口物流”，鉴于各国的经济政策、管理政策、外贸体制的不同，进口物流和出口物流，既存在交叉的业务环节，又存在不同的业务环节，需要物流经营管理人员区别对待。

### （三）根据跨国运送的货物特性分类

(1) 国际邮政物流是指通过各国邮政运输办理的包裹、函件等。由于国际邮政完成的货运数量较大，使得国际邮政物流成为国际物流的重要组成部分。航空快递的发展已经开始分流一部分函件和货物包裹。

(2) 国际展品物流是伴随着国家展览业的发展而发展的。它是指以展览为目的，暂时将商品运入一国境内，待展览结束后再复出境的物流活动，国际展品物流的主要内容包括制定展品物流的运作方案，确定展品种类和数量，安排展品的征集和运输，协调组织展品等货物的包装、装箱、开箱、清点和保管，协助安排展品布置等工作。

(3) 国际军火物流是指军用品作为商品和物资在不同的国家或地区之间的买卖和流通，是广义物流的一个重要组成部分。

(4) 国际逆向物流是指对国际贸易中回流的商品进行改造和整修活动，包括循环利用容器和包装材料。由于损坏和季节性库存需要重新进货、回调货物或过量库存导致的商品回流。

**小提示**

目前国际上的物流主要有四种形式：国际快递、国际空运、国际平邮、国际海运。

## 五、国际物流与国际贸易的关系

国际贸易是指世界各国地区之间的商品，以及服务和技术交换活动，包括进口和出口两个方面，国际物流实质上就是国际贸易活动的一部分，是为国际贸易活动服务的。因此，国际物流得以产生的前提就是国际贸易的存在。如果没有国际贸易，也就没有商品的国际间流动，因此也就不需要有国际物流。

### (一)国际贸易与国际物流存在相辅相成，互相促进的关系

国际贸易促进了国际物流的产生与发展。国际贸易是国际物流产生的前提，同时，国际物流也是国际贸易得以实现的必要条件。随着国际贸易的发展，贸易双方对国际物流服务的专业化、一体化要求加强，使得国际物流由早期的仅指将货物由一国供应者向另一国需求者的物理性移动，发展成为今天的集采购、包装、运输、储存、搬运、流通加工、配送和信息处理等基本功能于一身的综合性的系统。

### (二)国际贸易的发展促进了国际物流技术的进步

国际贸易的发展给企业及社会的物流预测管理等技术方面提出了更高的要求，也是促使物流技术发展的主要动因之一。国际贸易的发展要求从各个方面降低成本，如原材料价格、订单成本、运输价格、库存成本等。这就对国际物流的各个环节提出了新的挑战和要求。在国际贸易的这种推动下，国际物流从理论上到技术上都有了重大的创新和发展。

### (三)国际贸易发展不断对国际物流提出新的要求

全球经济的发展，人类需求层次的提高，一方面，使得国家贸易取得了长足的发展，贸易量的快速增长，可贸易商品种类极大丰富；另一方面，也使国际贸易的结构产生了巨大的变化，传统的初级产品、原料等贸易品种正逐步让位于高附加值、精密加工的产品。国际贸易的变化发展对国际物流的质量、效率、安全等提出了新的要求。

### (四)国际贸易的发展必将推动国际物流在各个方面取得新的进展和突破

目前，各国间的联系越来越紧密，全球的贸易量也在不断上升，这必将给国际物流提供更大的发展空间，也会给国际物流的发展以更大的推动力。

国际贸易的进一步发展需要国际物流的支持，如果国际物流的发展无法跟上国际贸易发展的脚步，将会大大阻碍国际贸易的纵深发展。因此，除了政策支持、全球合作等促进国际贸易的传统方法外，必须大力发展国际物流，以适应国际贸易发展的需要，促进国际贸易的持久发展。

## 任务二　国际物流业务认知

### 任务引入

索尼集团公司是日本一家跨国经营和生产电子产品的厂商，在全球拥有75家工厂和200多个销售网点。仅在电子产品方面，索尼集团公司每年的全球集装箱货运量已

经超过16万标准箱，是世界上规模比较大的发货人之一，为改善物流供应链，提高的经济效益，索尼集团公司采用如下措施开展国际物流业务。

### 1. 每年一度的全球物流洽谈

索尼集团公司每年都会举行一次与承运人的全球物流洽谈会，通过认真谈判把计划中的集装箱货运量配送给选中的承运服务提供人。双方约定，如果索尼提供的箱量低于许诺，索尼向承运人赔款，如果箱量超过许诺，索尼不要求承运人提供回扣，但要求承运人提供半年至一年的运价成本。索尼集团公司通过这样能有效加强与承运人的合作和联系，建立质量上乘、价位低廉的物流链服务网络。

### 2. 独特务实的远洋运输业务处理方式

随着国际分工的细化，索尼公司不可能把某一个特定消费市场所需要的所有产品全部生产出来。为了既要把市场包下来，同时又要保证产品成本不上扬，务实的索尼集团公司鼓励各地区索尼子公司互相协作，尽量从别的地区寻找本地区缺乏而又必需的零部件产品。

### 3. 全球各地物流分支机构联合服务

过去索尼经过改革调整，把分布各国物流分支机构的服务联合起来，发挥全球性索尼物流网络功能，使得各个物流分支机构功能更大，服务范围更广泛，从而降低物流成本，提高经济效益。例如，新加坡或者马来西亚有一家索尼物流分支公司把来自当地的零部件拼装箱，运到位于日本的另一家索尼物流分支公司。后者收到集装箱货后，立即拆箱，把货物迅速配送到分布于日本各地的索尼工厂车间。

### 4. 组织“牛奶传送式”服务

索尼集团公司在世界各地组织“牛奶传送式”服务，改善索尼公司在全球，特别是在亚洲地区的索尼产品运输质量。这种服务非常灵活，客户可以通过电话、传真和电子邮件申请服务，甚至可以租用“牛奶传送式”服务车辆进行自我服务。

## 任务

请以小组为单位，分析索尼公司的全球物流的运作具体做法都包括哪些？

## 任务准备

(1) 以“国际物流”“全球物流”“商品检验”“国际货运代理”等为关键词，检索并阅读相关的物流文献。

(2) 以小组为单位，前往当地的国际快递企业、国际物流企业等进行实地调研，了解企业商品检验、报关业务、货运代理等，撰写调研报告，并提供对策建议。

## 任务重点与实施

# 一、商品检验

商品检验是指在国际货物买卖中，对卖方交付给买方货物的品质、数量、包装、残损，以及货物装运条件的检验和公证鉴定。商品检验还包括根据一国的法律或行政法规对某些货物进行卫生、安全、动植物病虫害的检疫。

商品检验有利于保证商品质量，维护贸易各方的合法权益。为买卖双方交接货物、结算货款、通关计税和索赔理赔提供了依据。

## （一）商品检验的机构

### 1. 官方检验机构

官方检验机构是指国家或地方政府投资，按照国家有关法律法令对出入境商品实施强制性检验、检疫和监督管理的机构。如美国食品药物管理局。

### 2. 半官方检验机构

半官方检验机构是指一些有一定权威的、由国家政府授权、代表政府行使某项商品检验或管理工作的民间机构。如美国的担保人实验室。

### 3. 非官方检验机构

非官方检验机构主要是指由私人创办的、具有专业检验、鉴定技术能力的公证行或检验公司。如瑞士日内瓦通用鉴定公司。

**知识链接**

2018年3月，根据第十三届全国人民代表大会第一次会议批准的国务院机构改革方案，将国家质量监督检验检疫总局的职责整合，组建中华人民共和国国家市场监督管理总局；将国家质量监督检验检疫总局的出入境检验检疫管理职责和队伍划入海关总署；将国家质量监督检验检疫总局的原产地地理标志管理职责整合，重新组建中华人民共和国国家知识产权局；不再保留中华人民共和国国家质量监督检验检疫总局。目前，我国的商品检验机构主要是海关总署和中国检验认证集团。

## （二）商品检验的内容

### 1. 包装检验

包装检验是根据购销合同、标准和其他有关规定，对进出口商品或内销商品的外包装和内包装，以及包装标志进行检验。

包装检验首先核对外包装上的商品包装标志(标记、号码等)是否与有关标准的规定或贸易合同相符。对进口商品主要检验外包装是否完好无损，包装材料、包装方式和衬垫物等是否符合合同规定要求。

#### 2. 品质检验

品质检验也称质量检验，运用各种检验手段，包括感官检验、化学检验、仪器分析、物理测试、微生物学检验等，对商品的品质、规格、等级等进行检验，确定其是否符合贸易合同(包括成交样品)、标准等规定。品质检验的范围很广，大体上包括外观质量检验与内在质量检验两个方面。

#### 3. 卫生检验

卫生检验主要是根据法规，对食品、药品、食品包装材料、化妆品、玩具、纺织品、日用器皿等进行的卫生检验，检验其是否符合卫生条件，以保障人民健康和维护国家信誉。

#### 4. 安全性能检验

安全性能检验是根据国家规定、标准，对商品有关安全性能方面的项目进行的检验，如易燃、易爆、易触电、易受毒害、易受伤害等，以保证生产、使用和生命财产的安全。

#### 5. 数量和质量检验

商品的数量和质量是贸易双方成交商品的基本计量计价单位，是结算的依据，直接关系到双方的经济利益，也是贸易中最敏感而且容易引起争议的因素之一。商品的数量和重量检验包括商品的个数、件数、长度、面积、体积、容积、质量等。

### （三）商品检验的时间和地点

#### 1. 在出口国装船前检验

(1)在产地检验

出入境检验检疫机构派员在产地对出口商品执行的检验称产地检验。产地检验的优点是避免不合格商品运往口岸造成损失。同时，更有利于把检验工作深入生产领域，对生产、加工部门进行技术指导，督促其改进生产加工，加强质量管理和产品检验，所以是检验和监督管理相结合的好方式。

(2)装运前或装运时在装运港检验

“离岸品质、离岸质量”。由买卖双方在合同中规定，出口货物在装船前进行品质的检验和数量的衡量，以装船口岸商检机构出具的品质证明书和重量证明书作为决定商品品质、质量和包装的最后依据。在采用这种做法时，买方在货物到达目的港后，虽然可以委托检验机构对货物进行检验，但原则上无权对品质和数量提出异议。这种做法对卖方比较有利，可以使卖方免于负担货物在运输途中品质或重量发生变化的风险。我国各进出口公司在出口贸易中，常采用这种做法，以维护正当权益。

#### 2. 在进口国卸货后检验

(1)目的港检验。“到岸品质、到岸重量”。商品的品质、质量，应在目的港卸货后进行检验，以目的港的商检机构签发的品质、质量证明书为准。买方可据此向卖方提出品质或数量上的任何异议。这种做法显然是对买方有利。

(2)买方营业处所及最终用户所在地检验。

### 3. 出口国检验，进口国复验

出口国检验，进口国复验即货物需要检验两次，出口国的检验证书用于交单索汇，进口国的检验证书用于证明货物是否符合合同的规定。由于这种方法同时考虑了出口商和进口商实际操作的需要，所以受到行业的普遍欢迎，现在大多数国际货物买卖合同在检验条款上都采用这个方法。

## 二、报关业务

报关是指进出口货物的收发货人或其代理人向海关办理申报手续的过程，这是国际贸易中至关重要的一环。其主要目的是确保货物合法合规地进出口，并遵守国家的海关法规。按照我国《中华人民共和国海关法》的规定：凡是进出国境的货物，必须经由设有海关的港口、车站、国际航空站，并由货物所有人向海关申报，经过海关放行后，货物才可提取或者装船出口。

报关工作的全部程序分为申报、查验、放行三个阶段。在报关过程中，企业需要准备并提交详细的货物信息，包括发票、装箱单、合同、许可证等文件，以供海关审核。

### （一）出口报关作业流程

一般出口货物的具体通关作业流程可以分为四个阶段：单证准备阶段、电子申报阶段、现场交单阶段，以及后续管理阶段，如图 5-2 所示。

#### 1. 单证准备阶段

单证(接单、审单、制单)准备是报关员开始进行出口报关工作。单证的齐全、正确与否，将会直接影响到整个出口报关工作是否能够顺利进行。单证准备阶段如下。

(1)出口货物发货人办理报关委托事宜

出口货物的发货人委托报关企业向海关办理出口货物报关，在货物出口之前，客户应该与报关企业签署报关委托书，同时向报关企业提供报关所需要的基本单证、特殊单证、预备单证。

(2)报关员审核报关单据

报关员在接到报关单证之后，要认真审核各种单证是否齐全、有效、合法。如果单证不全、有误，应该及时和发货人联系，给予补齐或者修改正确。同时，报关员应该根据客户提供的原始单据，按照《中华人民共和国海关进出口货物报关单填制规范》认真、规范、如实地填写报关单手填联，并对所填写的报关单手填联的真实性、合法性承担相应的法律和经济责任。按照规定，出口货物如果属于法定检验检疫和特殊货物，需要检验检疫，必须先取得商检局的检验检疫证书，以作为出口报关的重要原始单据之一。

(3) 检验检疫

货物如果需要检验检疫，在报关前需要向口岸检验检疫机构报检，经检验检疫合格后，方可向海关报关。

(4) 预录入、审核、发送预录

报关员将填制好的报关单手填联或商检部门出具的检验检疫证书交给预录入人员，预录入人员将报关单填制的报关单手填联的内容录入到计算机中形成电子报关单。预录入完毕后，预录入人员会提供一张打印好的报关单核对联和三联浅蓝色空白的报关单。

报关单电子数据录入方式有以下三种，通过“电子口岸”平台统一预录入向海关发送信息。

① 终端录入：报关员前往海关报关大厅委托预录入，企业使用连接海关计算机系统的终端录入。

② 自行电子数据交换方式录入：报关员在本企业办公地点使用电子数据交换方式自行录入。

③ 委托电子数据交换方式录入：报关员委托预录入企业使用电子数据交换方式录入。

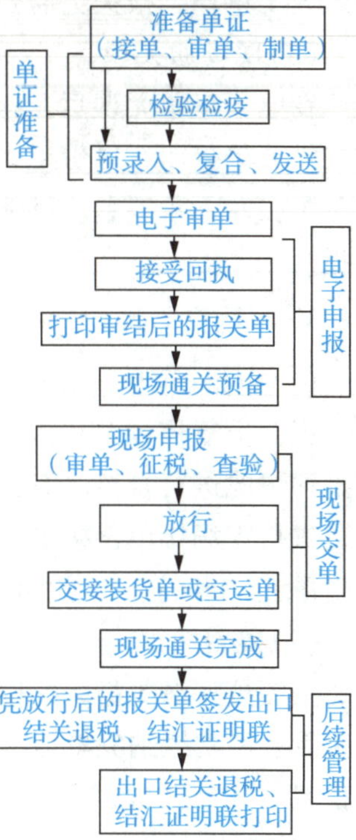

图 5-2　出口报关流程

(5) 审核

报关员要对预录入人员录入的报关单电子数据与发货人提供的各种原始单据，以及自己手写填制的报关单各栏目内容进行认真核对。若有错误，及时在计算机上改正。

发送报关员对预录入报关单审核无误后，在预录入计算机上按“发送”键，将电子数据发送到海关通关管理处审单中心，向海关通关管理信息系统（H2000）系统申报。

## 2. 电子申报阶段

(1) 电子审单

审单中心收到报关单电子数据之后，将会通过利用计算机系统对报关企业及报关员进行资格认证。海关计算机系统根据预先设置的各项参数对电子报关数据的规范性，有效性和合法性进行电子审核，审核结果通过计算机网络通知申报人。

(2) 接受回执

报关员在海关的信息查询系统查询电子审单结果——回执。

① 如回执信息显示为“不接受申报”，表明报关单电子数据没有通过规范性审核，海关不接受申报。系统自动退回报关单电子数据，报关员按退单原因修改后重新申报。

② 如回执信息显示为“接受申报”，表明报关单电子数据通过规范性审核，海关接受申报，海关计算机系统自动接受申报时间，此时构成海关接受报关人申报的法律行为。

③ 如回执信息显示为“等待处理”，表明海关接受申报后，需要实施人工审单，则

转入人工审核，报关员需要等待。

(3)现场通关预备

在电子审单无误后，报关员即可打印审结后的纸质报关单，即浅蓝色、空白、正式的报关单打印；每份正式的报关单右下角的“申报单位”加盖报关单位的报关专用章；报关员在左下角签名。将随附单证和报关单按照规定的顺序装订好，准备向现场海关申报。

### 3. 现场交单阶段

(1)申报(审单、征税、查验)

报关员复核报关的相关信息接单现场的单证复核关员对电子报关数据、书面单证及批注情况进行复核。海关关员首先通过报关员证验核报关员的报关资格，验核通过，关员进行现场接单，接单后审核书面单证。审核书面单证的内容是否“单单(报关单与随附单证)”相符，审核“单机(纸质报关单和报关单电子数据)”相符。

(2)税费缴纳

报关员持海关打印的税费专用缴款书或专用票据到银行缴纳税费，或通过网络支付税款。税费缴纳完毕后，将银行回执带回现场接单岗位；现场接单人员登录系统核注税费。

(3)查验

如果海关布控查验货物，报关员要带齐单证到现场查验部门办理查验手续。海关对需要查验的货物实施现场查验。查验结束后，报关员应在《查验记录单》上签名、确认。

(4)放行

放行即现场通关完成现场关员审核无误后，应结合场站的入货信息进行电子信息放行，同时在装货单或空运单上加盖“放行章”，即表明出口报关手续已完成。出口报关完成，场站将货物运至港区或监管仓库。

### 4. 后续管理阶段

凭放行后的报关单签发出口结关退税、结汇证明联出口货物离境后，船代公司向海关传输出口清洁舱单。海关在核对报关单电子数据与清洁舱单数据一致后，办理结关核销手续。报关员到海关查询系统查询舱单是否已核销，报关单信息将由“已放行”变成“已结关”，此时即可签发事后证明联，即出口结关退税核销单、收汇核销单、外汇核销单。同时，海关通过电子通关系统向有关银行和国家外汇管理部门，以及国家税务机构发送证明联的电子数据。

### 5. 出口结关退税、结汇证明联打印

在海关签发出口退税核销单和结汇证明联完毕后，企业可以到证明联打印窗口领取证明联，供客户在当地外管局及当地税务局办理外汇核销、出口退税等手续。

## (二)进口报关流程

进口报关流程是指进口货物时需办理的流程，步骤包括：签订进口代理合同→办理相关许可证→开信用证(电汇)→外商发货→审核进口单据→换单→三检及商检→报关预录→海关审价→缴纳税金→海关查验→放行货物→提货→动植物检验检疫→送货至仓库→结算单据留存→完成。

进口货物的申报进口货物的收、发货人或者他们的代理人，在货物进口时，应在海关规定的期限内，按海关规定的格式填写进口货物报关单，随附有关的货运、商业单据，同时提供批准货物进口的证件，向海关申报。报关的主要单证有以下几种：①进口货物报关单；②随报关单交验的货运、商业单据；③进口货物许可证；④检验检疫证；⑤进口货物批准单证；⑥报关报检委托书。

报关具体内容如下。

(1)将客户提供的到货通知书、正本提单或电放提单，到船公司交换单费、码头费等，换取进口提货单。

(2)准备进口报关所需单证，具体内容如下。

① 必备单证：装箱单、发票、合同一式一份、报关、报检委托书各一份。

② 如是木制包装箱的需提供熏蒸证书及盖 IPPC 章(国际植物保护公约标识)，已做消毒杀虫的处理。

③ 不同的产品所需要的特殊单证准备齐全。

④ 有减免税关税的国家需提供相关国家优惠产地证。

(3)进口申报后如海关审价需要，客户需提供相关价格证明。如信用证、保单、原厂发票、招标书等海关所要求的文件。

(4)海关打印税单后，客户需在 7 个工作日缴纳税费。如超过期限，海关按日计征收滞纳金。

(5)报关查验放行后，客户需及时到代理公司缴纳报关、报检代垫代办费。需要注意以下事项。

① 货物到港后 14 日内必须向海关申报。如超过期限海关按日计征滞报金(按货物价值万分之五)超过 3 个月，海关将作无主货物进行变卖。

② 如实报货值，如果引起海关审计就会产生不必要的仓租柜租。

③ 报关程序进口报关工作的全部程序分为申报、查验、审价、缴税、放行五个阶段。

**知识链接**

申报应注意报关时限。报关时限是指货物运到口岸后，法律规定发货人或其代理人向海关报关的时间限制。出口货物的报关时限为装货的 24 小时以前。不需要征税费、查验的货物，自接受申报起 1 日内办结通关手续。

### (三)进出口货物的查验

查验是指海关在接受报关单位的申报并已经审核的申报单位为依据，通过对出口货物进行实际的核查，以确定其报关单证申报的内容是否与实际进出口的货物相符的一种监管方式。

通过核对实际货物与报关单证来验证申报环节所申报的内容与查证的单、货是否一致，通过实际的查验发现申报审单环节所不能发现的有无瞒报、伪报和申报不实等问题。通过查验可以验证申报审单环节提出的疑点，为征税、统计和后续管理提供可靠的监管依据。海关查验货物后，均要填写一份验货记录。

验货记录一般包括查验时间、地点、进出口货物的收发货人或其代理人名称、申报的货物情况，查验货物的运输包装情况(如运输工具名称、集装箱号、尺码和封号)、货物的名称、规格型号等。需要查验的货物自接受申报起 1 日内开出查验通知单，自具备海关查验条件起 1 日内完成查验，除需缴税外，自查验完毕 4 小时内办结通关手续。

### (四)进出口货物的放行

海关对进出口货物的报关，经过审核报关单据、查验实际货物，并依法办理了征收货物税费手续或减免税手续后，在有关单据上签盖放行章，货物的所有人或其代理人才能提取和装运货物。此时，海关对进出口货物的监管才算结束。

另外，进出口货物因各种原因需海关特殊处理的，可向海关申请担保放行。海关对担保的范围和方式均有明确的规定。

(1)对于一般出口货物，在发货人或其代理人如实向海关申报，并如数缴纳应缴税款和有关规费后，海关在出口装货单上盖“海关放行章”出口货物的发货人凭以装船起运出境。

(2)出口货物的退关。申请退关货物发货人应当在退关之日起 3 天内向海关申报退关，经海关核准后方能将货物运出海关监管场所。

(3)签发出口退税报关单。海关放行后，在浅黄色的出口退税专用报关单上加盖“验讫章”和已向税务机关备案的海关审核出口退税负责人的签章，退还报关单位。

报关单的有关内容必须与船公司传送给海关的舱单内容一致，才能顺利地核销退税。对海关接受申报并放行后，由于运输工具配载等原因，部分货物未能装载上原申报的运输工具的，出口货物发货人应及时向海关递交《出口货物报关单更改申请单》及更正后的箱单发票、提单副本进行更正，这样报关单上内容才能与舱单上内容一致。

此外，根据《中华人民共和国海关法》的有关规定，进出口的货物除国家另有规定外，均应征收关税。关税由海关依照海关进出口税则征收。需要征税费的货物，自接受申报 1 日内开出税单，并于缴核税单 2 小时内办结通关手续。

知识链接

### 足不出户"掌上办"，海关政务服务不打烊

"掌上海关"APP是海关总署官方推出的政务服务移动应用，是"互联网+海关"一体化网上办事平台的移动端，为广大用户提供覆盖货物通关、税费办理、物品通关、行政审批等多个海关政务服务领域的掌上办理渠道。

个人用户可通过"掌上海关"APP进行跨境电子商务个人消费信息查询、进出境邮包查询、个人物品税款支付、出/入境卫生健康申报等。例如，用户可通过跨境电子商务个人消费信息查询功能，查询本人本年度的跨境电子商务已消费额度、剩余可用额度，以及所购物品的通关数据、税款信息等消费明细数据；用户还可查询个人进出境邮包状态，缴纳个人邮递物品税款，在出/入境时进行健康申报等。

企业用户可通过"掌上海关"APP进行通关全流程状态查询、通关参数查询、商品名称编码协调制度(harmonized system，HS)税目结构查询、预约通关、补充申报、海关行政审批事项备案等。

## 三、国际货运代理

国际货运代理是指国际货运代理组织接受进出口货物收货人、发货人的委托，以委托人或自己的名义，为委托人办理国际货物运输及相关业务，并收取劳务报酬的行业。国际货运代理协会联合会将其定义为："根据客户的指示，并为客户的利益而揽取货物运输的人，其本身不是承运人"。货运代理也可以依据这些条件，从事与运输合同有关的活动，如储货(也含寄存)、报关、验收、收款等。

在我国，国际货运代理具有两种含义，其一是指国际货运代理业；其二是指国际货运代理人。

国际货物运输代理业是指接受进出口货物收货人、发货人的委托，以委托人的名义或者以自己的名义，为委托人办理国际货物运输及相关业务并收取服务报酬的行业。

国际货运代理人是指接受进出口货物收货人、发货人和承运人的委托，以委托人的名义或者以自己的名义，为委托人办理国际货物运输及相关业务并收取服务报酬的企业。人们通常所说的货代更多的是指国际货运代理企业。

知识链接

### 国际货物运输代理企业设立的条件

设立国际货物运输代理企业，根据其行业特点，应当具备下列条件。

(1)有与其从事的国际货物运输代理业务相适应的专业人员。

(2)有固定的营业场所和必要的营业设施。

(3)有稳定的进出口货源市场。

(4)国际货物运输代理企业的注册资本最低限额应当符合下列要求。

① 经营海上国际货物运输代理业务的，注册资本最低限额为500万元人民币。

② 经营航空国际货物运输代理业务的，注册资本最低限额为300万元人民币。

③ 经营陆路国际货物运输代理业务或者国际快递业务的，注册资本最低限额为200万元人民币。

④ 经营前款两项以上业务的，注册资本最低限额为其中最高一项的限额。国际货物运输代理企业每设立一个从事国际货物运输代理业务的分支机构，应当增加注册资本50万元。

### (一)国际货运代理的业务范围

从国际货运代理人(简称货代)的基本性质看，货代主要是接受委托方的委托，处理有关货物运输、转运、仓储、装卸等事宜。货代与货物托运人订立运输合同，同时又与运输部门签订合同。国际货代所从事的业务主要有以下几点。

#### 1. 为发货人服务

货代代替发货人承担在不同货物运输中的任何一项手续。

(1)以最快最省的运输方式，安排合适的货物包装，选择货物的运输路线。

(2)向客户建议仓储与分拨。

(3)选择可靠、效率高的承运人，并负责缔结运输合同。

(4)安排货物的计重和计量。

(5)办理货物保险。

(6)货物的拼装。

(7)装运前或在目的地分拨货物之前把货物存仓。

(8)安排货物到港口的运输，办理海关和有关单证的手续，并把货物交给承运人。

(9)代表托运人/进口商承付运费、关税税收。

(10)办理有关货物运输的任何外汇交易。

(11)从承运那里取得各种签署的提单，并把他们交给发货人。

(12)通过与承运人与货运代理在国外的代理联系，监督货物运输进程，并使托运人知道货物去向。

#### 2. 为海关服务

当货运代理作为海关代理办理有关进出口商品的海关手续时，不仅代表他的客户，而且代表海关当局。目前，在许多国家，货运代理得到了当局的许可，办理海关手续，并对海关负责，负责在法定单证中申报货物确切的金额、数量、品名，以使政府在这些方面不受损失。

### 3. 为承运人服务

货运代理向承运人及时定舱，议定对发货人、承运人都公平合理的费用，安排适当时间交货，以及以发货人的名义解决和承运人的运费账目等问题。

### 4. 为航空公司服务

货运代理在空运业上，充当航空公司的代理。在国际航空运输协会以空运货物为目的，而制定的规则上，它被指定为国际航空协会的代理。同时，作为一个货运代理，通过提供适于空运程度的服务方式，继续为发货人或收货人服务。

### 5. 为班轮公司服务

货运代理与班轮公司的关系，随业务的不同而不同。由货代提供的拼箱服务，即拼箱货的集运服务已建立了货代与班轮公司，以及其他承运人(如铁路)之间的较为密切的联系。

### 6. 提供拼箱服务

随着国际贸易中集装运输的增长，引进集运和拼箱的服务，在提供这种服务中，货代担负起委托人的作用。集运和拼箱的基本含义是：把一个出运地由若干发货人，发往另一个目的地的若干收货人的小件货物集中起来，作为一个整件运输的货物发往目的地的货代，并通过它把单票货物交各个给收货人。货代签发提单，即分提单或其他类似收据交给每票货的发货人；货代目的港的代理，凭初始的提单交给收货人。拼箱的收、发货人不直接与承运人联系，对承运人来说，货代是发货人，而货代在目的港的代理是收货人。因此，承运人给货代签发的是全程提单或货运单。如果发货人或收货人有特殊要求，货代也可以在出运地和目的地从事提货和交付的服务，提供门到门的服务。

### 7. 多式联运服务

《联合国国际多式联运公约》规定：“多式联运经营人(multimodal transport operator, MTO)是指本人或通过其代表订立多式联运合同的人，其以独立主体身份行事，并非发货人的代理人、代表，亦非参与多式联运的承运人的代理人或代表，且对合同履行负有责任”。

## (二)国际多式联运经营人基本特征

### 1. 多式联运经营人是多式联运合同的主体

国际多式联运经营人是“本人”而非代理人，既对全程运输享有承运人的权利，又负有履行多式运输合同的义务，并对责任期间所发生的货物的灭失、损害或迟延交付承担责任。

### 2. 多式联运经营人的职能在于负责完成多式运输合同或组织完成多式运输合同

国际多式联运经营人既可以拥有运输工具从事一个或几个区段的实际运输，也可以不拥有任何运输工具，仅负责全程运输组织工作。

### 3. 多式联运经营人是“中间人”

国际多式联运经营人具有双重身份，既以契约承运人的身份与货主(托运人或收货人)签订国际多式联运合同，又以货主的身份与负责实际运输的各区段运输的承运人(通常称为实际承运人)签订分运输合同。

## 四、理货业务

理货是在货物装卸中，按货运票据对货物进行点数、计量、清理残缺、分票、分标志和现场签证、办理交接手续等工作的总称。中华人民共和国交通运输行业标准《理货行业服务规范》(JT/T 1317－2020)中对理货业务的定义为：“收集、整理货物信息，理清货物数量，检查货物表面状况，分清货物标志和残损，编制货物实际积载图，办理货物交接手续，出具相关证明，提供相关信息等服务工作”。理货业务分为公证性理货和交接性理货。

公正性理货是理货部门应车(船)方申请，代车(船)方办理理货工作，理货部门只提供签证，证明货物交接实际情况，并不负担货物溢缺、残缺责任。

交接性理货是由交接双方各自派出理货人员代表本单位进行，办理货物交接手续，应做到收付明确，单货相符，单货同行，衔接清楚，责任分明，并指导装卸人员合理堆垛，分票清楚，分清残损原因。

### (一)理货的业务范围

在我国专业提供理货服务的公司有“中国外轮理货总公司”和“中联理货有限公司”。理货企业服务的对象主要包括船舶、承运人，托运人、收货人，海关、商检等口岸管理机关，保险公司，司法机关和仲裁机构等。

### 1. 外轮理货总公司的业务范围

外轮理货总公司的业务主要包括国际、国内航线船舶货物及集装箱的理货、理箱；集装箱装、拆箱理货；货物计量、丈量；监装、监卸；货损、箱损检验与鉴定。

外轮理货公司的核心工作是确保船舶货物和集装箱的准确计数与交接，这包括对货物和集装箱进行计量和丈量，以确保数量的准确性。此外，外轮理货公司还负责监装和监卸，即在货物装载和卸载过程中进行监督，确保操作符合安全标准和规定。在货物运输过程中，可能会发生货损或箱损，外轮理货公司也负责对此进行检验和鉴定，以确保货物的安全和质量。

这些服务对于保障国际贸易的顺利进行至关重要，尤其是在海运领域，外轮理货公司的服务能够有效地提高货物运输的效率和安全性，减少货物损失，从而促进国际贸易的顺畅进行

### 2. 各外轮理货公司的具体业务

(1)根据进口舱单和出口装货单，核对货物上的主标志是否相符，按票理清货物数

字，分清或剔除残损货物，办理货物交接手续。

(2)指导和监督货物装舱积载、隔票和分票卸货，分清货物工残、原残。

(3)出具进口货物溢短、残损证明，签批出口货物装货单等。

(4)根据货物实际装船情况，绘制积载图，制作分舱单。

(5)船舶配载和货物挑样、分规格等。

(6)集装箱装卸船的理箱和装/拆箱的理货业务。

(7)丈量货物尺码，计算货物容积。

(8)办理散装货物装卸船的单证手续业务，包括提供装卸进度、分清货物残损、办理交接签证手续，提供理货单证。

(9)港区外理货；随船理货；出国理货。

(10)其他理货业务。

## (二)理货作业的基本要求

(1)理货工作应以事实为依据，客观、公正、如实反映货物的数量、表面状况等情况。

(2)理货人员应现场采集货物交接的真实信息，应以诚信为本，遵守职业操守，高效率、高质量完成理货业务。

(3)现场理货结果应准确无误，相关方一次签字确认，不得随意变更理货单证的结果。

(4)理货人员应为委托方保守商业秘密，不利用该商业秘密为自己或他人谋取不正当利益。

## (三)理货作业的经验要求

### 1. 港口理货业务经营人信息化要求

(1)港口理货业务经营人应具有与开办业务范围相适应的信息化设备(如计算机设备、通信设备、办公设备等)。

(2)港口理货业务经营人应建立与理货业务相适应的信息系统，并定期维护更新，保证系统安全稳定运行。理货信息系统应具备下列功能。

① 满足港口生产需求。

② 能与港航电子数据交换中心和电子口岸进行实时数据传输。

③ 满足其他委托方的个性化需求。

④ 具有相应的数据灾备系统。

⑤ 能够提供委托方及其代理人查询、传递理货电子信息的服务。

### 2. 港口理货业务经营人安全要求

(1)港口理货业务经营人应具备安全生产作业条件，依法配备与港口理货经营相适应的安全生产管理机构或专职安全生产管理人员，制定安全生产管理制度和应急预案。

(2)港口理货业务经营人的主要负责人、安全生产管理人员和现场理货人员应具备从事理货作业的安全生产知识和能力。

(3)港口理货业务经营人在港口进行理货作业，应与港口经营人协商一致，遵守港口经营人的安全生产管理规定及属地管理要求。

(4)港口理货业务经营人应与港口经营人签订安全生产管理协议，明确各自的安全生产管理职责和应当采取的安全措施，并指定专职安全生产管理人员进行安全检查与协调。

(5)港口理货业务经营人应建立健全安全生产责任制和安全规章制度。

#### 3. 理货人员要求

(1)掌握港口理货业务知识，具备胜任岗位工作的专业技能。

(2)参加相关的安全和业务等教育培训，熟悉各类理货设备的使用维护和保养要求。

(3)能够适应理货工作环境和要求，遵守港口理货业务经营人和相关作业场所的管理规定，着装符合要求。

### (四)理货操作要求

#### 1. 准备工作要求

(1)港口理货业务经营人应对相关方提供的理货依据进行审核整理，如发现问题，应及时联系有关单位解决。

(2)港口理货业务经营人应提前对接港口计划、装卸、场站等业务关联部门，了解作业过程，明确安全生产、信息交流及业务配合等工艺流程，确保理货工作顺利开展。

(3)港口理货业务经营人应根据作业计划和码头特点，合理安排理货人员、配置理货工具和设备。

#### 2. 实施要求

(1)理货人员应根据理货相关作业流程，配合相关交接方及作业人员开展理货业务。

(2)集装箱装卸船理货过程中，理货人员应做到以下几点。

① 根据原始舱单等理货依据及理货资料，理清集装箱箱号、箱型、尺寸，保留相应的理货过程记录或信息记录。

② 检查箱体外表状况，界定原残、工残，并记录。

③ 如实准确记录相应集装箱积载位置。

④ 协助船方进行配载、积载工作。

⑤ 及时与港口经营人等相关部门传递相关作业需求和要求。

⑥ 根据船方要求，合理规范、指导并协助装卸人员实施装卸船作业，防止错装错卸。

⑦ 及时向船方反馈作业进度。

(3)件杂货装卸船理货过程中，理货人员应做到以下几点。

① 根据原始舱单等理货依据及理货资料，核对货物标志，按票理清货物数量。

② 分清货物种类和归属，保留相应的理货过程记录或信息记录。

③ 检查货物包装或外表是否异常，界定原残、工残，并记录。

④ 如实准确记录相应货物积载位置。

⑤ 协助船方开展配载、积载工作。

⑥ 及时与港口经营人等相关部门传递相关作业需求和要求。

⑦ 根据船方要求，合理规范、指导并协助装卸人员实施装卸船作业，进行衬垫和隔票的业务指导，防止错装错卸。

⑧ 及时向船方反馈作业进度。

(4)装拆箱理货过程中，理货人员应做到以下几点。

① 根据原始舱单等理货依据及理货资料，核对集装箱箱号、箱型、尺寸，检查箱体状况。

② 审核记录封识号码及状况。

③ 核对装拆箱内货物的标志，理清货物件数，检查货物包装或外表状况，保留相应的理货过程记录或信息记录。

④ 如实准确记录相应货物装箱积载位置。

(5)对于使用信息化设备取代部分现场理货人员的操作，港口理货业务经营人应在理货现场配备理货人员，处理现场理货业务，并与相关方协调、沟通。

#### 3. 理货结束

(1)港口理货业务经营人应准确、及时办理船舶理货签单，向委托方提供下列证明文件和材料。

① 作业货物的残损、溢短等理货证明。

② 电子或纸质船舶积载图。

③ 分舱单等理货结果。

④ 作业货物的实际装卸/装拆数量的理货证明。

(2)港口理货业务经营人可按照委托方或相关管理部门的要求提供理货报告。

### (五)档案要求

(1)港口理货业务经营人应将理货服务过程中形成的各种理货单证进行分类、汇总、储存，建立档案数据库，实现档案的计算机管理和查询服务。理货单证包括理货计数单、溢短/残损单、理货证明书、理货报告、船舶出口积载图等。

(2)档案中各项记录的内容应真实、客观，能够记录理货服务的过程。

(3)港口理货业务经营人应对理货依据、理货单证和相关资料进行保管，纸质档案保管年限应不少于3年，电子档案保管期限应不少于5年。

# 任务三　保税制度与保税物流认知

## 任务引入

香港某贸易公司有一批韩国产的橡胶粒需卖给中山、东莞、广州、深圳等地的十几家企业进行加工贸易，货柜到达香港码头后经皇岗转关后拖至昌运保税仓库，拆柜入仓存放。东莞以外的企业凭加工贸易手册在东莞海关办理进口转关手续提货；东莞企业则可直接申报进口，手续简单，运费低廉。这样的运作模式使供应商既节省了仓租，同时又能方便客户办理进口报关手续。

## 任务

请以小组为单位，分析案例中从境外运入保税仓库的橡胶粒属于哪类海关监管货物？保税物流货物具有哪些监管特征？

## 任务准备

(1) 以“保税制度”“保税物流”“保税区”“保税仓库”等为关键词，检索并阅读相关的物流文献。

(2) 以小组为单位，前往当地的国际物流企业、国际外贸企业、自由贸易区等进行实地调研，了解企业保税制度及保税物流发展现状等。

## 任务重点与实施

扫码看视频

### 一、保税制度、保税区和保税仓库

#### (一) 保税制度

保税制度是一种国际通行的海关制度，是指经过海关批准的境内企业所进口的货物，在海关监管下在境内指定的场所储存、加工、装配，并暂缓缴纳各种进口税费的一种海关监管业务制度。进口货物可以缓缴进口关税和其他国内税，在海关监管下于指定或许可的场所、区域进行储存、中转、加工或制造，是否征收关税视货物最终进口内销或复运出口而定。

#### (二) 保税区

保税区也称保税仓库区，级别低于综合保税区。这是一国海关设置的或经海关批准注册、受海关监督和管理的可以较长时间存储商品的区域，还是经国务院批准设立的、海关实施特殊监管的经济区域。保税区的功能定位为“保税仓储、出口加工、转口贸易”三大功能。保税区具有进出口加工、国际贸易、保税仓储商品展示等功能，享有“免征、免税、保税”政策，实现“境内关外”运作方式，是中国对外开放程度高、运作机制便捷、政策优惠的经济区域之一。保税区有以下四个特性。

(1)实施封闭式管理，即海关对保税区实行封闭管理，境外货物进入保税区，实行保税管理。

(2)实施若干“境内关外”理念，境内其他地区货物进入保税区，视同出境。

(3)实施若干海关、外经贸、外汇管理等的特殊管理，有关部门对保税区实行较区外相对优惠的政策和便捷的管理。

(4)实施与港口共生共长的发展战略。我国15个保税区都位于港口地区，或在港区附近，又或在港内。

**知识链接**

我国现行保税制度的主要形式：一是为国际商品贸易服务的保税仓库、保税区、寄售代销和免税品商店；二是为加工制造服务的进来料加工、保税工厂、保税集团 。

## (三)保税仓库

保税仓库(bonded warehouse)是指经海关批准设立的专门存放保税货物，以及其他未办结海关手续货物的仓库。保税仓库按照使用对象不同分为公用型保税仓库、自用型保税仓库。经海关批准可以存入保税仓库，包括加工贸易进口货物，转口货物供应国际航行船舶和航空器的油料，物料和维修用零部件，供维修外国产品所进口寄售的零配件，外商暂存货物，未办结海关手续的一般贸易货物，经海关批准的其他未办结海关手续的货物。

保税区与保税仓库的区别如下。

### 1. 概念不同

(1)保税区又称加工贸易保税区，即一个国家划出一定范围，在海关监管之下，对制造出口货物而进口的原材料、零部件，以及在区内存储、加工、装配后复出境的货物，准予暂缓办理纳税手续。进入保税区货物属于海关保税货物，自进口之日起至全部出口之日止，受海关监管。保税区具有仓储，贸易，加工和展示功能，今后的发展重点是依托口岸强化仓储物流功能。保税区是外向型经济区域，与境外开展业务往来的外向型企业适合在保税区运作。

(2)保税仓库是指经海关批准设立的专门存放保税货物，以及其他未办结海关手续货物的仓库。保税仓库仓储货物可以进行包装，分级分类，加刷唛码，分拆，拼装等简单加工，不得进行实质性加工；入库货物的进境口岸不在保税仓库主管海关的，经海关批准，按照海关转关的规定或者在口岸海关办理相关手续。

#### 2. 两者的操作流程不同

保税区内外进出，等同外国，视同进出口，即按照一般的有关进出口的管理规定来办理相关手续。进区要报出口，提供出口报关单，加工贸易保税“登记手册”，相关出口许可证件；出区要报进口，填写进口货物报关单。

保税仓库货物进出库不视同进出口。保税仓库进口货物进境时，收货人或其代理人应持有手写白色进口货物报关单一份，保税仓库货物进库清单、保税仓库货物进出库登记表(一式两份)进口合同，进口发票，装箱单，正本提单及海关需要的其他单证。收货人或其代理公司报关员凭主管海关审批同意的 保税仓库货物进库清单 进口货物报关单手写联，到预录入公司进行报关单预录入，并向海关通关中心进行电子通关进口申报。

保税仓库货物的进口报关单电子数据一律经审单中心集中审核，无特殊情况的，准字进入绿色通道，最后现场海关审核，验放。

进口货物存入保税仓库后，其出库的流向一般可分为储存后原装复出口，原装复出口进保税区，加工贸易提取后加工成品出口、向国内销售等情况。

## 二、自由贸易港(自由口岸/自由贸易区)

### (一)自由贸易港

自由贸易港也称为“自由口岸”，是指设在国家与地区境内、海关管理关卡之外的，允许境外货物、资金自由进出的港口区。对进出港区的全部或大部分货物免征关税，并且准许在自由港内，开展货物自由储存、展览、拆散、改装、重新包装、整理、加工和制造等业务活动。

自由贸易港政策对发展外贸确实极为有利，但综合考虑我国当前的外贸、经济运行态势，税收监管政策等因素，还不宜在全国范围内过快推进。当前保税港更多的是作为航运中心的配套政策实施，因此只有经过国家认定具备国际航运中心资质的沿海城市才可以申请并获得批准。

**对点案例**

海南自由贸易港是我国唯一的一座中国特色自由贸易港。

1. 设立背景与发展历程

2018 年 4 月 13 日，习近平总书记在庆祝海南建省办经济特区 30 周年大会上宣布，党中央决定支持海南全岛建设自由贸易试验区，支持海南逐步探索、稳步推进中国特色自由贸易港建设。2020 年 6 月 1 日，中共中央、国务院印发了《海南自由贸易港建设总体方案》，为海南自贸港建设明确了方向和路径。此后，海南自贸港建设不断推进，政策陆续落地生效并不断滚动升级。

2. 实施范围

实施范围海南岛全岛。海南省陆地总面积 3.54 万平方公里，海域面积约 200 万平方公里，海岸线总长 1 944 公里，有大小港湾 68 个。其特殊的区位优势，北以琼州海峡与广东省划界，其他三面隔海，与菲律宾、文莱、印度尼西亚和马来西亚为邻，是往来印度洋和太平洋的海上要地，也是连接东北亚和东南亚的区域中心。

3. 发展目标

到 2025 年，初步建立以贸易自由便利和投资自由便利为重点的自由贸易港政策制度体系。到 2035 年，成为我国开放型经济新高地。到本世纪中叶，全面建成具有较强国际影响力的高水平自由贸易港。

4. 政策优势

“零关税”政策清单多次扩围，让符合条件的企业和商品享受关税减免，降低了企业的运营成本，有助于吸引更多的投资和贸易活动。加工增值内销免关税政策：对鼓励类产业企业生产的不含进口料件或者含进口料件在海南自由贸易港加工增值超过 30%（含）的货物，经“二线”进入内地免征进口关税，照章征收进口环节增值税、消费税，这有利于发展高端加工制造业，同时辐射带动国内市场。企业和个人“两个 15%”所得税政策：企业和个人所得税的优惠政策，吸引了众多企业和人才来海南发展，促进了海南的经济发展和产业升级。

## （二）自由贸易区

### 1. 自由贸易区概念

自由贸易区分为两种，广义的自贸区，是指签订自由贸易协定的成员国相互彻底取消商品贸易中的关税和数量限制，使商品在各成员国之间可以自由流动的一片区域。但是，各成员国仍保持自己对来自非成员国进口商品的限制政策。

有的自由贸易区只对部分商品实行自由贸易，如“欧洲自由贸易联盟”内的自由贸易商品只限于工业品，而不包括农产品。这种自由贸易区被称为“工业自由贸易区”。有的自由贸易区对全部商品实行自由贸易，如“拉丁美洲自由贸易协会”和“北美自由贸易区”，对区内所有的工农业产品的贸易往来都免除关税和数量限制。

狭义的自贸区，指一国的部分领土，在这部分领土内运入的任何货物就进口关税及其他各税而言，被认为在关境以外，并免于实施惯常的海关监管制度的区域。

### 2. 自由贸易区基本功能

自由贸易区内允许外国船舶自由进出，外国货物免税进口，取消对进口货物的配额管制，也是自由港的进一步延伸，是一个国家对外开放的一种特殊的功能区域。

自由贸易区除了具有自由港的大部分特点外，还可以吸引外资设厂，发展出口加工企业，允许和鼓励外资设立大的商业企业、金融机构等促进区内经济综合、全面地发展。自由贸易区的局限在于，它会导致商品流向的扭曲和避税。如果没有其他措施作为补充，第三国很可能将货物先运进低贸易壁垒成员国，再转运到高贸易壁垒成员国。为了避免出现这种商品流向的扭曲，自由贸易区组织均制订“原产地原则”，规定只有自由贸易区成员国的“原产地原则”才享受成员国之间给予的自由贸易待遇。理论上，凡是制成品在成员国境内生产的价值额占到产品价值总额的50%以上时，该产品应视为原产地产品。一般而言，第三国进口产品越是与自由贸易区成员国生产的产品相竞争，对成员国境内产品的增加值含量越高。原产地原则的涵义表明了自由贸易区对非成员国的某种排他性。现实中比较典型的自由贸易区，如北美自由贸易区。

**知识链接**

截至2024年，我国共有22个自由贸易试验区。自2013年9月29日上海自由贸易试验区正式挂牌成立以来，我国自贸区的建设布局逐步完善，先后在全国范围内设立了上海自由贸易试验区、广东自由贸易试验区、天津自由贸易试验区等22个自贸区，这些自由贸易试验区分布在中国的各个地区，包括上海、广东、天津、福建、辽宁、浙江、河南、湖北、重庆、四川、陕西、海南、山东、江苏、河北、云南、广西、黑龙江、北京、湖南和安徽等地。这些自贸区由上海“一个点”扩展到东部“一条线”，再到全国“一个面”，形成了覆盖东西南北中，统筹沿海、内陆、沿边的高水平改革开放新格局。

#### 3. 自贸区和保税区区别

自贸区属于境内关外，海关对于进入自贸区的货物一般是不加干涉，如货物可以在自贸区内自由地买卖、存储，都不需要跟海关打交道。只有当自贸区的货物要进入境内非自贸区，才需要报关、缴税。

保税区属于境内关内，也就是货物一旦进入保税区，就要受到海关监管。保税区相当于一个更大的保税仓库。

### （三）出口加工区

#### 1. 出口加工区概念

出口加工区是国家划定或开辟的专门制造、加工、装配出口商品的特殊工业区。经济特区的形式之一，常享受减免各种地方征税的优惠。出口加工区一般选在经济相对发达、交通运输和对外贸易方便、劳动力资源充足、城市发展基础较好的地区，多设于沿海港口或国家边境附近。世界上第一个出口加工区是1956年建于爱尔兰的香农国际机场。

#### 2. 出口加工区的特点

出口加工区的特点，是海关特别监管区域，是中华人民共和国境内，中华人民共和国海关之外的一个特殊区域。称为“境内关外”。

“境内”指公司所在之出口加工区在中华人民共和国境内，因此适用中国的所有法律法规。公司的注册、运营和税收适用中国法律和法规的相关规定。

"关外"指公司所在之出口加工区在中华人民共和国海关监管之外，即对海关而言，出口加工区视作境外。"关外"构成出口加工区的主要特征。所有在出口加工区内的物品视作在国外。

(1)所有从中国进入出口加工区的物品都是出口。供应商能够获得出口退税。包括：原料，设备，厂房建设材料，水电煤的消费等。

(2)所有从国外进入出口加工区的物品都是一般贸易，没有关税和增值税。国外进入出口加工区的原料，设备均免关税和增值税。

(3)所有从出口加工区进入中国境内的物品都是进口。从出口加工区进入中国境内的物品要征收关税和进口环节增值税。

(4)所有从出口加工区进入国外的物品都是一般贸易。出口加工区内企业没有增值税，也没有出口退税。

最适合在出口加工区开展设立企业的，是那些原料都来自国外，产品都出口的企业，这相当于生产还是在国外，但享受了我国的劳动力。当然相应地增加了运输成本。这类企业，是出口加工区成立的初衷，也是出口加工区的目标客户。

# 任务四　国际物流运作认知

## 任务引入

《"十四五"现代物流发展规划》精准聚焦现代物流发展重点方向，提出构建国际国内物流大通道。对内，将建设"四横五纵"9条国内物流大通道，串接东中西部的沿黄、陆桥、长江、广昆等物流通道，以及联接南北方的京沪、京哈-京港澳(台)、二连浩特至北部湾、西部陆海新通道、进出藏等物流通道，提升相关城市群、口岸城市物流综合服务能力和规模化运行效率。对外，将建设"两沿十廊"国际物流大通道，包括沿海、沿边物流走廊以及10条国际物流通道，对接区域全面经济伙伴关系协定等，强化服务共建"一带一路"的多元化国际物流通道辐射能力，为构建新发展格局奠定坚实基础。

一是建枢纽，提效率。2022年7月，交通运输部和财政部共同启动了国家综合货运枢纽补链强链工作，确定重庆、成都、广州、郑州、昆明等第一批支持的15个城市，安排车购税资金支持综合货运枢纽及集疏运体系重点项目等建设，有力提高了综合交通运输网络效率。

二是强联通，扩辐射。目前，中欧班列通达欧洲24个国家196个城市，国际道路运输合作范围拓展至19个国家，水路国际运输航线覆盖100多个国家和地区，航空网络覆盖60余个国家和地区，全方位、多层次、立体化的“一带一路”交通互联互通网络加快建设。下一步，交通运输部将推进基础设施“硬联通”和制度规则“软联通”，进一步畅通国际运输。

### 任务

请以小组为单位，分析案例中物流大通道对国际物流运作起到什么重要作用？国际物流运作包含哪些内容？

### 任务准备

(1)以“物流大通道”“国际物流运作”等为关键词，检索并阅读相关的物流文献。

(2)以小组为单位，前往当地的国际物流企业、国际外贸企业等进行实地调研，了解企业国际物流运作现状等。

### 任务重点与实施

## 一、国际物流运营的五大系统

### （一）运输子系统

国际货物运输是国际物流系统的核心。商品通过国际货物运输作业由卖方转移给买方。国际货物运输具有路线长、环节多、涉及面广、手续繁杂、风险性大、时间性强等特点。运输费用在国际贸易商品价格中占有很大比重。国际运输主要包括运输方式的选择、运输单据的处理，以及投保等有关方面。

### （二）仓储子系统

国际贸易和跨国经营中的商品从生产厂或供应部门被集中运送到装运港口，有时须临时存放一段时间，再装运出口，是一个集和散的过程。它主要是在各国的保税区和保税仓库进行，主要涉及各国保税制度和保税仓库建设等方面。保税仓库的出现，为国际物流的海关仓储提供了既经济又便利的条件。从物流角度看，应尽量减少储存时间、储存数量，加速货物和资金周转，实现国际物流的高效率运转。

### （三）商品检验子系统

由于国际贸易和跨国经营具有投资大、风险高、周期长等特点，使得商品检验成为国际物流系统中重要的子系统。根据国际贸易惯例，商品检验时间与地点的规定有以下三种做法。

(1)在出口国检验。在出口国检验可分为两种情况：在工厂检验，卖方只承担货物离厂前的责任，运输中品质、数量变化的风险概不负责；装船前或装船时检验，其品质和数量以当时的检验结果为准。买方对到货的品质与数量原则上一般不得提出异议。

(2)在进口国检验。在进口国检验包括卸货后在约定时间内检验和在买方营业处所，又或最后用户所在地查验两种情况。其检验结果可作为货物品质和数量的最后依据。在此条件下，卖方应承担运输过程中品质、重量变化的风险。

(3)在出口国检验、进口国复验。货物在装船前进行检验，以装运港双方约定的商检机构出具的证明作为议付货款的凭证，但货到目的港后，买方有复验权。如复验结果与合同规定不符，买方有权向卖方提出索赔，但必须出具卖方同意的公证机构出具的检验证明。

在国际贸易中，从事商品检验的机构很多，包括卖方或制造厂商和买方或使用方的检验单位，有国家设立的商品检验机构，以及民间设立的公证机构和行业协会附设的检验机构。

在我国，统一管理和监督商品检验工作的是国家进出口商品检验局及其分支机构。究竟选定由哪个机构实施和提出检验证明，在买卖合同条款中必须明确加以规定。为此，有必要考虑构建适合我国产品进出口结构的快速商检子系统，最大程度地降低进出口产品的商检成本，提高产品的进出速度。

### （四）商品包装子系统

国际物流系统对出口商品包装的各种特殊要求；认真组织好各种包装物料和包装容器的供应工作。

### （五）国际物流信息子系统

国际物流信息子系统主要功能是采集、处理和传递国际物流和商流的信息情报。没有功能完善的信息系统，国际贸易和跨国经营将寸步难行。国际物流信息的主要内容包括进出口单证的作业过程、支付方式信息、客户资料信息、市场行情信息和供求信息等，具有信息量大、交换频繁、传递量大、时间性强、环节多、点多线长等特点。所以要建立技术先进的国际物流信息系统，把握国际贸易 EDI 的发展趋势，强调 EDI 在我国国际物流体系中的应用，建设国际贸易和跨国经营的信息高速公路。

## 二、货主企业开展国际物流运作基本流程

### （一）货物准备与包装

国际物流运输的第一步是货物的准备与包装。货主需要根据货物的性质、数量，以及运输方式等因素，选择合适的包装材料和方式，确保货物在运输过程中的安全和完好。同时，还需要按照相关规定对货物进行标识、分类和计量，为后续的报关和运输做好准备。

### （二）报关与报检

货物准备好后，需要进行报关和报检手续。货主需要向海关提交相关单证，如合同、发票、装箱单等，以便海关对货物进行核查和征税。同时，根据货物的性质和目的地国家的要求，可能还需要进行商检、卫生检疫等手续。这些手续的完成对于确保货物顺利出口和入境至关重要。

### (三)运输安排

报关和报检手续完成后，货主需要选择合适的运输方式和运输公司，安排货物的运输。国际物流运输方式多样，包括海运、空运、陆运等，货主需要根据货物的性质、运输时间、成本等因素进行综合考虑。同时，货主还需要与运输公司协商运输合同、保险等事宜，确保货物在运输过程中的安全和保障。

#### 1. 海洋运输

在国际货物运输中，运用最广泛的是海洋运输。

目前，海运量在国际货物运输总量中占80%以上。从经营方式划分，海洋运输可分为班轮运输和租船运输两种，具体内容如下。

(1)班轮运输。班轮运输又称为定期船运输，《物流术语》(GB/T 18354－2021)对其定义："在固定的航线上，以既定的港口顺序，按照事先公布的船期表航行的水上运输经营方式。"班轮运输的特点是"四固定"，即航线固定、港口固定、船期固定和费率固定。所运货物主要为件杂货和集装箱。

(2)租船运输。租船运输又称为不定期船运输，《物流术语》(GB/T 18354－2021)对其定义为："船舶出租人把船舶租给承租人，根据租船合同的规定或承租人的安排来运输货物的运输方式"。租船运输的营运安排视合同而定，因此无固定航线，无船期表，租金率或运费率根据租船市场行情而变化，货物装卸费的分担按租船合同规定来划分，租船运输适宜大宗货物运输。

#### 2. 国际铁路运输

(1)根据《物流术语》(GB/T 18354－2021)对国际铁路联运的定义为："使用一份统一的国际铁路联运票据，由跨国铁路承运人办理两国或两国以上铁路的全国运输，并承担运输责任的一种连贯运输方式。"对于参加国际货协的国家之间的货物运送，发货人只需在发货站办理铁路托运，使用一张单据，即可办理货物的全程运输。未参加国际货协的国家铁路之间的顺向或反向货物运输，在转换的最后一个或第一个参加国的国境站要改换适当的联运票据。

(2)根据《物流术语》(GB/T 18354－2021)对中欧班列的定义："固定车次、线路、班期和全程运行时刻开行，运行于中国与欧洲以及'一带一路'沿线国家间的集装箱等铁路国际联运列车"。

#### 3. 国际航空货物运输

《物流术语》(GB/T 18354－2021)对国际航空货物运输的定义："货物的出发地，约定的经停地和目的地之一不在同一国境内的航空运输"。主要包括以下几种运营方式。

(1)班机运输

班机运输是指在固定时间、固定航线、固定始发站和目的站运输的飞机，通常班机是使用客货混合型飞机。一些大的航空公司也有开辟定期全货机航班的。班机因有定时、定航线、定站等特点，因此适用于运送急需物品、鲜活商品，以及节令性商品。

(2)包机运输

包机运输是指定包租整架飞机或由几个发货人(或航空货运代理公司)联合包租一架飞机来运送货物。因此，包机又分为整包机和部分包机两种形式，前者适用于运送数量较大的商品，后者适用于多个发货人，但货物到达站又是同一地点的货物运输。

(3)集中托运

集中托运是指航空货运公司把若干单独发运的货物(每一货主货物要出具一份航空运单)组成一整批货物，用一份总运单(附分运单)整批发运到预定目的地，由航空货运公司在那里的代理人收货、报关、分拨后交给实际收货人。集中托运的运价比国际空运协会公布的班机运价要低一些。因此发货人比较愿意将货物交给航空货运公司安排。

(4)急件传递

急件传递是目前航空运输中最快捷的方式，它由专门经营此项业务的部门和航空公司合作，以最迅速的方式传送急件。如急需药品、图纸资料、货样单证，以及文件合同等小件物品。

#### 4. 邮包运输

邮包运输是一种较简便的运输方式。各国邮政部门之间订有协定和公约，通过这些协定和公约，各国的邮件包裹可以相互传递，从而形成国际邮包运输网。由于国际邮包运输具有国际多式联运和“门到门”运输的性质，而且手续简便，费用不高，故其成为国际贸易中普遍采用的运输方式之一。

**小提示**

邮包运输包括普通邮包和航空邮包两种。国际邮包运输，对邮包的重量和体积均有限制，如每包裹重不超过20公斤，长度不得超过一公尺。因此，邮包运输只适用于量轻、体小的货物，如精密仪器、机器零部件、药品、金银首饰、样品等零星物品。

#### 5. 国际多式联运

国际多式联运是在集装箱运输的基础上产生和发展起来的一种综合性的连贯运输方式，它一般是以集装箱为媒介，把海、陆、空各种传统的单一运输方式有机地结合起来，组成一种国际间的连贯运输。

### (四)货物发运与在途跟踪

货物发运后，货主需要密切关注货物的运输情况。运输公司会提供货物的在途跟踪服务，货主可以通过相关平台或软件实时了解货物的位置、运输状态等信息，这有助于货主及时应对可能出现的问题，确保货物按时到达目的地。

### (五)清关与交付

货物到达目的地后，需要进行清关手续。收货方需要向海关提交相关单证，如进口许可证、提单等，以便海关对货物进行核查和放行。清关手续完成后，货物即可交付给收货方。收货方在收到货物后，需要进行验收和确认，确保货物的数量和质量与合同要求一致。

### （六）结算与售后服务

国际物流运输的最后一步是结算与售后服务。货主和运输公司需要根据运输合同进行费用结算，包括运费、保险费、关税等。同时，运输公司还需要提供售后服务，如处理运输过程中出现的问题、提供货物退换货等服务，确保客户的满意度和信任度。

## 三、物流企业的国际化运营策略

### （一）整合并购

对于物流企业来说，整合并购可以推动生产经营要素化及活动的结合，在很大程度上减少技术开发、市场开拓及人才培养等各个方面所花费的时间。有效发挥传统企业物流配送网络的优势使“规模经济”得以实现，在相对较短的时间内完成在市场竞争中占据优势地位的目的，并购可以使市场集中度得到增强，在市场之中构建起种潜在垄断力量，这就能够在国际市场竞争过程中奠定良好的基础，使自身能够和国外物流知名企业形成对峙局面。就具体的并购方式来说，一方面能够通过资产并购的方式开展，另一方面还能够通过股权并购的方式进行，既可通过独资的方式还可通过合资的方式开展。在具体的实践过程中，一些物流公司均通过合资方式然后再通过并购的方法实现。

### （二）直接投资

对于直接投资来说，其主要是国内市场为前提进行的，选取一个海外市场开展投资活动。在这种模式下，因网络、市场，以及诸多方面的社会关系等均需要重新进行构建，正是由于这个原因，市场规模存在着非常慢的扩张速度。20 世纪 90 年代早期，我国的中远集团就通过这种方式，在英国建立起子公司，这一公司大体上是为中英两国彼此间的物流业务提供服务。

### （三）合作合资

合作合资是利用合作的方式，一方面可以对本土化优势进行充分利用，主要包括基础设施资源、本土网络资源、人力资源、客户资源，以及供应商资源等诸多方面；另一方面广大物流企业能够对特定国家的法律障碍进行有效的规避。在市场进入方面，在和政府关系、客户，以及网络关系等诸多方面可以相对较快地建立起良好的格局。但是本土企业利用和跨国企业进行合资的方式，真正得到自身发展所必须具备的专业人才、管理理念及先进技术等方面，国外物流企业以我国企业，不管是在国内或者在国外均可以建立起强强合作的双赢条件。

### （四）战略联盟

对于物流企业而言，利用战略联盟能够对事先约定的资源进行相互共享，使物流服务的覆盖面积得到扩展，努力将一体化物流服务提供给广大客户，从而使自身的竞争能力以及市场份额得到显著提升。在这里战略联盟大体上包括两种类型，也就是横向战略联盟和纵向供应链战略联盟。

### 1. 横向战略联盟

横向战略联盟是物流企业利用战略联盟模式，可以使较为分散的物流产业充分实现集约化运作以及规模经济，从而将一体化物流服务提供给客户。对于横向战略联盟来说，其能够在没有开展大规模的资本投资的前提条件下，使市场进入的最终目标得以实现，从而使物流服务的覆盖范围得到扩大。

### 2. 纵向供应链战略联盟

纵向供应链战略联盟是指处于产业链上下游的企业之间建立的战略联盟，纵向供应链战略联盟有助于提升供应链的整体竞争力和效率，实现成员企业的互利共赢，在汽车、零售等多个行业都有广泛的应用。

**对点案例**

#### 跨国运输“门到门”！这个集结中心揭牌运营

2024年8月14日，新疆乌鲁木齐市经开区乌鲁木齐国际陆港区，TIR集结中心(乌鲁木齐)正式揭牌运营，这是继今年5月26日我国首个国际道路运输联盟(IRU)认证的TIR集结中心落地新疆喀什后，全国第二个IRU认证的TIR集结中心。

TIR(《国际公路运输公约》)系统是目前唯一的全球性跨境货物运输通关系统，涵盖公路、铁路、内陆河流、海运等多式联运，覆盖全球70多个缔约国。

传统运输方式很难实现“门到门”跨多国运输，每次出入关都要经历申报查验、吊装换车等程序。而获得TIR运输资质的企业，可以仅凭一张单据在TIR公约成员国间畅通无阻，只需接受始发地和目的地国家海关检查，途经国一般情况下不再开箱查验。

TIR集结中心(乌鲁木齐)将提供仓储、配送、报关等增值服务，为“天山号”多式联运品牌体系建设夯实基础。

## 项目总结

本项目主要介绍了国际物流的概念、产生及其发展历程、特点分类、保税制度及保税物流、国际物流作业的流程步骤。国际物流具体包括商品检验、报关、货运代理、理货作业等内容。国际物流是供应链的重要组成部分，通过本项目的学习，可培养读者全球视野和国际化思维，为个人开辟广阔的职业道路，更好地适应全球化发展的工作环境。

# 项目习题

## 一、单选题

1. (　　)又称为国际快件、国际快运、国际速递业务，是由专门经营该项国际业务的航空货运公司与航空公司合作，派专人用最快速度，在货主、机场、用户之间传送急件的国际运输服务业务，又称“桌到桌”运输。

A. 集中托运　　B. 班机运输
C. 包机运输　　D. 国际航空快递业务

2. “离岸重量，离岸品质”指的是哪种检验地点的约定方法？(　　)

A. 在出口国检验　　B. 在进口国检验
C. 在第三国检验　　D. 出口国检验，进口国复验

3. 货运代理属于运输市场中的(　　)。

A. 运输需求者　　B. 运输供给者
C. 运输中介　　D. 运输管理者

4. 下列关于国际物流的概念描述正确的是(　　)。

A. 国际物流是发生在不同国家和地区之间的物流活动
B. 国际物流是发生一个国家内的物流活动
C. 国际物流仅指贸易性的国际物流
D. 国际物流不需要代理人

5. 理货的工作内容包括计数、检查货物残损、指导装舱积载和(　　)。

A. 制作有关单证　　B. 装卸搬运
C. 报关　　D. 报检

6. 下列属于国际货物运输的主要运输方式的是(　　)。

A. 海洋运输　　B. 航空运输　　C. 铁路运输　　D. 公路运输

7. 根据我国《中华人民共和国海关法》有关规定，出口货物的发货人或其代理人，除海关核准以外，应当在装货的(　　)前向海关申报。

A. 24 小时　　B. 48 小时　　C. 72 小时　　D. 96 小时

8. 对于出口商品，经检验部门检验合格后，凭什么进行通关？(　　)

A.《出境货物通关单》　　B.《质检证书》
C.《入境货物通关单》　　D.《卫生检疫证书》

9. 国际物流系统的核心子系统是(　　)。

A. 物流信息　　B. 国际货物运输
C. 国际货物通关　　D. 国际货物储存

10. 下列货物出口程序中，哪一项最早进行？(　　)

A. 通关　　B. 受理报检并计费
C. 报检　　D. 检验检疫

二、判断题

1. 国际物流是国内物流的跨国延伸和扩展。( )

2. 理货工作的主要内容包括对货物进行计数、检查货物残损、指导装舱积载、制作有关单证等。( )

3. 凡保税货物可以全部免纳关税。( )

4. 跨境电子商务发展中出现的海外仓是跨境电子商务物流发展中的创新模式。( )

5. 通关手续通常包括申报、查验、征税和放行四个基本环节。( )

6. 国际物流信息系统的特点是信息量大、交换频繁；传递量大，时间性强；环节多、点多，线长。( )

7. 确定商品检验时间、地点时必须考虑货物自身的特性。( )

8. 对于允许进出自由港或自由贸易区的外国商品，可以储存、展览、拆散、分类、重新包装、重新贴标签、但是不可以加工、制造、修理和改装。( )

9. 海关对进出口货物的查验一般采取彻底查验、抽查、外观查验等方法以强化海关对进出口货物的实际监管。( )

10. 进口货物的报关期限为自运输工具申报进境起 14 日向海关申报；出口货物的报关期限除海关特准外，应当在装货的 24 小时前向海关申报。( )

三、简答题

1. 简述国际物流的特点。

2. 简述国际贸易与国际物流的关系。

3. 简述班轮运输的特点。

4. 一般进出口货物的报关程序有哪些？

5. 保税仓和保税区有什么异同？

6. 国际物流运作的内容包含哪些？

四、案例分析

## 重庆物流集团创新多式联运“一单制” 打造中欧班列“钢铁驼队”

重庆物流集团有限公司(以下简称重庆物流集团)依托重庆中欧班列，探索“中欧班列+”公路，“中欧班列+”铁路(西部陆海新通道国际铁路班列)，“中欧班列+”水路(长江黄金水道)等多种运输模式，建立起“3+10+N”集结分拨体系，中欧、渝满俄、中亚、中越、中老泰、渝滇缅印度洋等 51 条国际班列线路稳定运行，通达亚欧 100 余个城市和地区，形成辐射中南半岛、衔接中亚地区、联通欧洲腹地的国际贸易新路径。同时，重庆物流集团创新中欧班列多式联运“一单制”运输提单——渝新欧铁路提单，探索基于铁路提单的融资模式，丰富健全国际铁路多式联运物流与贸易规则，成功打造“一带一路”建设的“钢铁驼队”，有效支撑重庆市“33618”现代制造业集群体系建设，服务外向型经济发展。

重庆物流集团主要做法及成效如下。

**1. 创新应用多式联运提单**

重庆物流集团依托提单数字化平台研制多式联运电子提单，融合铁路、公路、海运等全链条不同运输方式运输信息，利用区块链技术将货物运输信息上链，形成电子提单实现线上流转，可解决验真伪、防篡改等瓶颈，填补铁路多式联运提单缺失的空白，为客户提供"一次委托、一次结算、一单到底"一体化物流解决方案。

**2. 创新多式联运提单供应链融资产品**

重庆物流集团充分利用多式联运电子提单全程可视化、可控化、可溯化等优点，对货物运输全程监控，形成"交货—运输—监管—提货"全链条闭环。通过与金融机构合作，在商流、物流、信息流、资金流"四流合一"的情况下，强化多式联运电子提单物权凭证功能，为客户提供基于联运提单的无抵押、无担保进口货物融资服务，实现了区块链技术赋能物权属性、全流程信息实时追溯、单据信息透明化"三大突破"。

**3. 推进多式联运信息互联互通**

建设多式联运信息系统，打通重庆中欧班列、渝甬班列、渝穗班列、东盟跨境公路班车等国际物流大通道，以及国内分拨配送网络信息，联通德国 DIT 堆场管理系统，实时掌握集装箱进出场动态及在场箱源信息。联通重庆市政府口岸物流办单一窗口平台、海关系统，融合交互班列计划、海关报关数据、班列运踪等信息，通过"数据跑路"降低多环节操作管理成本，提高中转联运效率，综合效率提升超10%。

**4. 规划布局国际联运场站**

重庆物流集团在中心城区及周边区县布局了50个物流场站，大型物流场站均具有多式联运功能。在德国杜伊斯堡港投资布局中欧班列自主产权海外仓——渝新欧德国分拨中心，并以德国为中心，在波兰、白俄罗斯、匈牙利等国建集散分拨节点，实现欧洲全域集散分拨网络全覆盖，充分满足外贸企业境外集散分拨、清关等地面服务需求，加速外贸货物周转速率。

问题：

1. 重庆物流集团在开展国际货运多式联运方面有哪些创新举措？
2. 重庆物流集团在多式联运方面的创新为企业开展国际物流带来哪些便利？

# 项目六　行业物流认知

## 项目导读

行业物流是现代物流发展的重要组成部分，是根据不同行业的特点和需求，提供专业化、定制化的物流服务。农业物流作为连接农业生产与消费的关键纽带，在保障农产品供应、促进农业经济发展方面发挥着重要作用；工业物流是工业生产的动脉系统，连接着生产、流通与消费环节，对工业经济的高效运行起着关键支撑作用；商业物流，是商业活动里的“幕后英雄”，连接着商品从生产到消费的全过程。通过本项目的学习，读者将构建行业物流的基本认知框架，为后续物流学习奠定坚实基础。

## 学习目标

### ◆ 知识目标

- 了解农业物流的含义、分类、特点与运作模式，理解发展农业物流的意义。
- 了解工业物流的含义、现状及运作模式。
- 了解商业物流的含义、特性与运作模式。

### ◆ 能力目标

- 能提出对农业、工业及商业企业的物流运作模式相应的观点与见解。

基于行业特性与企业需求，具备设计适配物流解决方案的能力。

- 关注智能化、绿色等行业发展趋势，能运用前沿技术与理念，为行业物流发展提出创新优化建议。

### ◆ 思政目标

- 培养读者具备物流人的职业操守，高效组织物流作业。
- 培养读者具备承担社会责任的担当意识。

## 知识导图

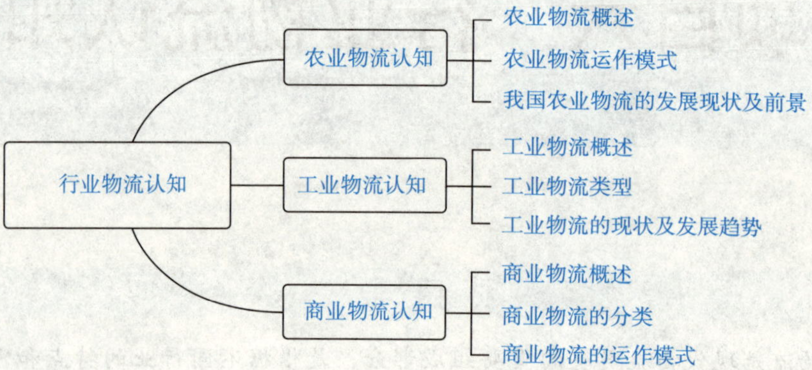


## 案例导入

### 统筹产地加工预冷，实现生鲜全产业链运营

#### 一、企业简介

明康汇生态农业集团(以下简称“明康汇”)以社区生鲜连锁便利店为核心业务，是一家集科研、种植、养殖、加工、物流、仓储、销售为一体、全产业链运营的企业。明康汇通过自建基地、自有检测、自配物流、自营终端，全力打造全产业链的经营模式，以“实体+互联网”方式布局社区生鲜连锁市场，为社区家庭和企事业单位、学校等提供优质的生鲜农产品。

#### 二、主要做法与成效

(1)冷链物流体系化

明康汇依托自身的全产业链及规模化优势，统筹产地预冷，并在明康汇萧山仓中利用先进的技术持续优化物流系统管理水平，提高物流资源的使用效率。

明康汇以“实体+互联网”布局线上线下社区生鲜便利业态，深耕杭州市、辐射长三角。公司利用自身渠道优势，基地直供辅以产地直采、全程冷链运输、每日配送，保证产品新鲜度，让消费者在家门口就能买到优质食材。截至目前，明康汇共有三个大型冷链物流基地。2020年新建杭州市萧山物流园占地面积约60亩，总建筑面积4 000平方米，库容约11万立方米，截至2022年9月员工750人。仓库分为四个温区：恒温、冷藏、冷冻、常温，主要承担冷链仓储、城市配送、蔬菜加工三个模块的业务。明康汇萧山仓采用国际领先的保鲜制冷设备和自动化加工包装流水线安装，全库冷藏保鲜化。年处理蔬菜120 000吨、水果60 000吨、鲜肉21 900吨，满足近600家门店仓储配送服务需求，年度销售额突破10亿元。数字化程度、设备自动化水平、仓库规模化等方面，均在同行业领域处于国内领先水平。形成以杭州主城为核心，辐射带动周边区域门店的食材供应链发展格局，推动完善生鲜全产业链布局。

(2)食品安全追溯化

明康汇启动食品安全溯源计划，为生鲜食物建立食品的“身份证”，也就是溯源查询二维码，消费者可以通过扫码查询食品的生产数据、运输数据、加工数据等信息，实现从田间到餐桌的全程质量追溯，提升消费者对农产品安全性的信任，提升品牌公信力和影响力。

(3)高效管理数字化

明康汇布局农产品干线运输和末端配送环节，通过物联网设备和技术，实现车厢温度、行车路线、驾驶员情况等有效监控，保证农产品在运输途中保持低温冷藏的环境，保持食物的鲜度和营养成分。通过信息系统平台的数据管理，合理制定行车路线，降低农产品在运输环节的损耗。通过大数据及智慧管理系统，精准预测次日配货量，联动调整配送中心上游订货量，持续优化生鲜供应链各环节的管理，极大降低仓配和存储成本。从基地采收、加工、运输、仓储、配送，直至门店销售至消费者手中，所有环节始终处于低温控制的环境下，不仅可以极大地降低中间环节的产品损耗，还能更好地保证产品品质和质量安全，对促进农民持续增收、助推区域经济转型发展具有十分重要的意义。

(4)全链路信息化

明康汇引入国内外先进成熟可靠的硬件设备及软件产品，确保整体系统水平处于行业领先地位，采用仓储管理系统、运输管理系统、订单管理系统、客户管理系统、数字农场、数字农场大数据平台、供应商管理系统、企业管理系列管理软件、自动化办公系统。

从农田到餐桌，全程进行信息采集，在基地端，使用数字农场记录播种、施肥、采收等数据，在冷链运输过程，采用仓储管理系统和运输管理系统实现冷链设备、物资数据等相关信息的实时更新，将多个软件的数据联通共享，形成全链路的信息存储、智能数据分析，用于指导物流管理决策，实现食材订货需求的精准预测、人与物的高效管控，全面提升企业工作效能。

## 任务一　农业物流认知

### 任务引入

2023 年，国内农产品滞销问题严重，给广大农民带来了巨大的经济损失，也让市场上的优质农产品变得稀缺。近年来，随着城市化进程的加速和人们生活水平的提高，对农产品的需求也在不断增加。然而，由于多种原因，一些地区的农产品出现了严重的滞销现象。

近年来，农产品滞销似乎已是“老大难”问题。一边是，“丰产”的农民满脸愁容，丝毫没有“丰收”的喜悦；另一边则是，城市中的民众抱怨身边的菜市场果蔬价格太贵，“农民卖难、市民买贵”怪圈难除。

## 任务

对于农民的“滞销之急”，你认为应如何破解？

## 任务准备

(1)通过文献检索对比中外农业物流，并实地观察家乡或校园周边相关农业物流现象。

(2)查找与农业物流相关的主要门户网站，并基于网站简要了解常见的农业物流活动。

(3)以小组(2～4人)形式探讨农业物流与人们生活的关联。

## 任务重点与实施

## 一、农业物流概述

### (一)农业物流的定义

农业物流是指以农业生产为核心而发生的一系列物品从供应地向接受地的实体流动和与之有关的技术、组织、管理活动。也就是使运输、储藏、加工、装卸、包装、流通和信息处理等基本功能实现有机结合。根据农业物流的管理形式不同，可以将农业物流分为：农业供应物流、农业生产物流、农业销售物流。

扫码看视频

#### 1. 农业供应物流

农业供应物流是为保证农业生产不间断进行，保障农村经济发展，供给和补充农村生产所需生产资料的物流。农业供应物流主要是指农业生产资料的采购、运输、储存、装卸搬运。农业生产资料包括种子(种苗、种畜、种禽)、肥料、农药、兽药、饲料、地膜、农机具，以及农业生产所需的其他原料、材料、燃料等，包括电力资源和水利资源。

#### 2. 农业生产物流

农业生产物流是指在农作物耕种、田间管理到农业收获过程中由配置、操作和回收各种劳动要素所形成的物流。它是构成农业生产活动的核心和主要内容，决定着农业生产的成本和效率，直接影响农业生产的收益。

农业生产物流可细分三个环节：一是种（植）养（殖）物流，包括整地、播种、育苗、移栽等；二是管理物流，即农作物生长过程中的物流活动，包括除草、用药、施肥、浇水、整枝等，或动物的喂养、微生物培养等所形成的物流；三是收获物流，即为了回收生产所得而形成的物流，包括农产品采收、脱粒、晾晒、整理、包装、堆放或动物捕捉等所形成的物流。

#### 3. 农业销售物流

农业销售物流是指农业生产结束后的农产品从田间到消费者餐桌的运输过程，包括为了销售农产品而实行的收购、运输、储存和装卸搬运，为了满足消费者需要而实施的流通加工、包装和配送等活动。与工业品相比，农产品的特点有以下几方面。

（1）易腐性。农业产品一般都是生鲜易腐产品，商品寿命期短，保鲜困难。

（2）笨重性。农产品的单位价值较小，数量品种较多。

（3）品质差异大。由于对自然条件的可控力不强，农业生产受自然条件影响大，即使按统一标准生产的农业产品质量也会存在一定的差异。

（4）价格波动大。农产品的价格在一年、一个季节，甚至是一天之内也可能有频繁、大幅度的变动。以上农产品特性给农产品物流管理的储存、运输、包装、装卸搬运、配送等均增加了难度。

### （二）农业物流的特点

#### 1. 农产品物流数量大、品种多

根据国家统计局发布的2023年经济数据：全国粮食总产量达到69 541万吨，棉花产量561.8万吨，猪牛羊禽肉产量9 641万吨，禽蛋产量3 563万吨，牛奶产量4 197万吨。这些商品除少部分农民自用外，绝大部分都成为商品需要物流，数量之大，品种之多，都是世界罕见的，形成了巨大的农产品物流。

#### 2. 物流难度较大

与工业品不同，农产品是动物性或植物性的产品，在物流过程中存在包装难、装卸难、运输难、仓储难等问题。有相当一部分需要特殊处理。例如，水产品从捕捞到消费者手中，一般都要经过“预冷–冷库–冷藏运输–批发站冷库–自选商场冷柜–消费者冰箱”等环节。

#### 3. 农产品物流要求高

一是季节性生产要求物流及时；二是要保证食品安全；三是要满足一些农产品的特种物流方式，如粮食散装运输、水产品冷冻运输、分割肉冷藏运输、乳制品恒温运输等。

## 二、农业物流运作模式

目前我国农业物流存在多种运作模式，主要发展模式有批发市场物流模式、流通企

业物流模式、加工企业物流模式、物流园区模式和农业流通枢纽港模式。

### 1. 批发市场物流模式

批发市场物流模式是较常见的农产品物流模式，它是依托于一定规模的批发市场，由生产者或中间收购商将分散的产品集中到批发市场被批发商收购，然后再通过零售商销售，最终到达消费者手中，如图 6-1 所示。这种模式可以规避产品分散经营，实现规模化，降低物流成本。

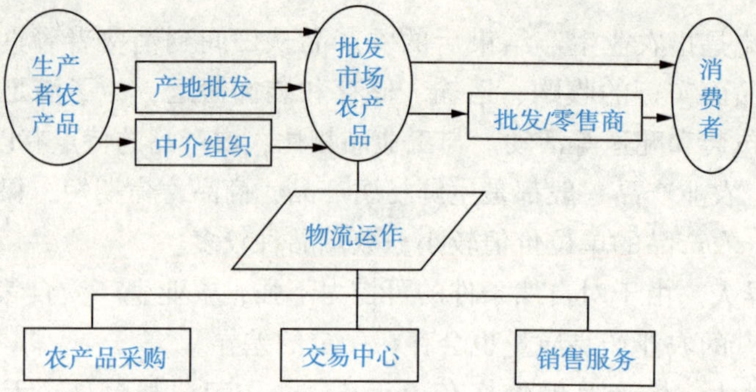


图 6-1　批发市场物流模式

**对点案例**

在我国广袤的农业版图上，寿光蔬菜批发市场以其独特的地位和影响力，成为全国蔬菜产业的璀璨明珠。自 1984 年成立以来，寿光蔬菜批发市场经过 40 多年的发展，已从一个区域性市场成长为“买全国、卖全国”的蔬菜集散中心、信息交流中心、价格形成中心、物流配送中心和蔬菜标准形成中心，是全国最大的蔬菜批发市场。

### 2. 流通企业物流模式

流通企业物流模式一般是连锁超市与物流企业结盟运转的农产品物流模式，通过大型卖场、连锁超市、物流企业等来组织物流的运作，从而把农产品通过配送中心送到消费者手中，如图 6-2 所示。

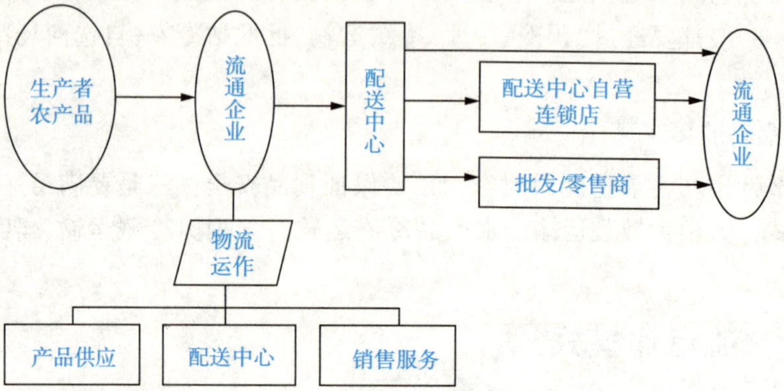


图 6-2　流通企业物流模式

配送中心有两种配送途径：一种途径是"配送中心-批发商-零售商-消费者"；另一种途径是通过它自己的连锁店或者直接送达消费者。随着农产品电子商务的快速发展，流通企业物流模式演化出垂直类企业对消费者模式(business to consumer，B2C)。如天天果园、门店辐射+线上服务如盒马鲜生。线上到线下模式(online to offline，O2O)社区服务平台，如叮咚到家、社交属性的团购模式。拼多多模式已成为农产品物流的主流模式。

**对点案例**

为实现完全可追溯，可监管，天天果园按照国际标准来做供应链，获得了追溯产品上下游的能力。一批货从哪里来到哪里去，储藏在什么位置，几时周转，谁来负责都能了如指掌。

除此之外，天天果园不断扩张着自己冷库的规模，从最初1间600平方米的冷库，到现在9间12 000平方米的冷库，日处理超过2万单，不同的冷库放置着不同类别的进口水果，它们和仓储、分发、包装、检测、运输等一起构成了天天果园后端的冷链体系。拥有高标准的冷链仓库，能降低无谓损耗，把节省下来的成本让利给消费者。

天天果园用了5年时间打造水果冷链：具体涉及到精准订单预测体系、标准化品类管理、拣货和包装环节的SOP、车辆装载效率、快速配送的SOP、产品的库存周转速度等。

### 3. 加工企业物流模式

以农产品加工企业为核心，它直接与农户或者通过合作社或生产基地和农户签订合作协议，自己来组织物流的运作，从而把农产品通过批发商、零售商或者一些直销网点送到消费者手上，如图6-3所示。

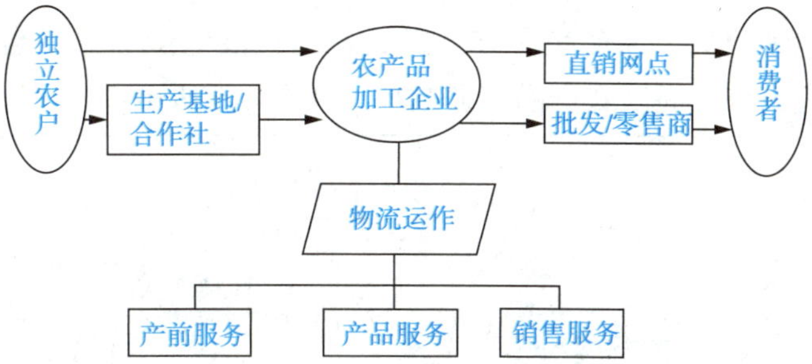


图6-3　加工企业物流模式

### 4. 物流园区模式

目前我国有很多农产品物流园区，物流园区具有运输集散、仓储、配送、流通加工、报关、检验检疫等多种功能，如图6-4所示。通过依托物流园区的物流基础设施，把农产品从供方送达到需方。通过发布、查询农产品物流运输信息，可以提升农产品物流的效率。

农产品物流园区模式可以为入驻园区的企业提供农产品展示和展销服务，通过收集、处理、分析、公布与农产品交易及其产品相关信息，以及洽谈、拍卖等方式实现现场交易、现场结算。

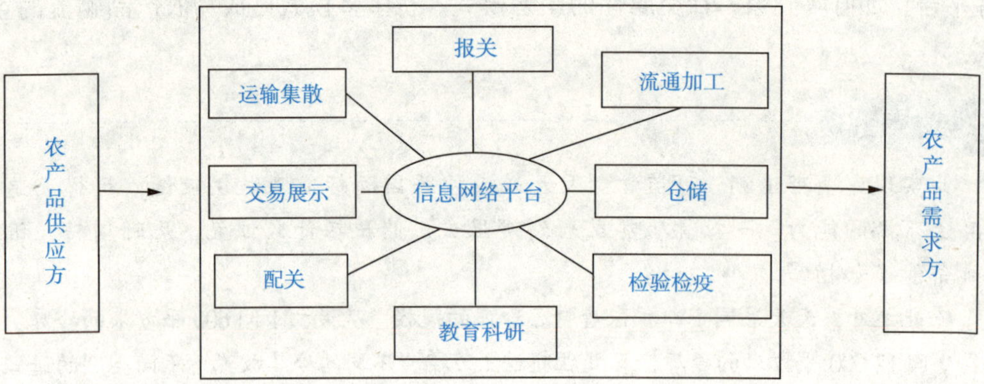


图 6-4　物流园区模式

## 对点案例

在蒙牛公司创立之初，公司通过与散养奶牛农户签订协议，给散养奶牛农户提供一些养殖技术上的指导，定期回收鲜牛奶，对鲜奶加工后再出口或者分销给零售商，使得公司和农户同时受益。

### 5. 农业流通枢纽港模式

农业流通枢纽港模式是升级版的农产品物流园，是线上线下结合的模式，也是"实体连锁+线上服务"，还是农业流通产业链的整合升级。农业流通枢纽港打造冷链物流中心，构建实体连锁网络，各个交易方可以通过枢纽港电子商务平台完成交易，也可通过实体店面完成销售，提高农产品流通效率，如图 6-5 所示。

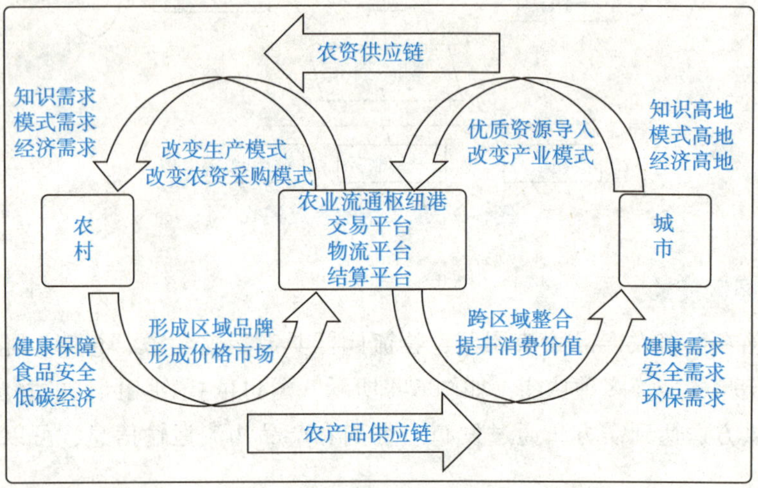


图 6-5　农业流通枢纽港模式

枢纽港连锁模式不仅减少了农产品交易环节，可以为农产品来源、运输和配送提供可查验的溯源体系，农产品质量和食品安全得到保证；还可以叠加农业品牌营销、人才培训、农机融资租赁、供应链金融等服务，为产业链上的中小企业提供全方位支持，促进区域农业供应链的健康发展。

**对点案例**

和汇淮海智慧农业枢纽港项目是由和汇恒基集团开发和运营的现代化农副产品批发交易中心。项目选址于新亚欧大陆桥的东桥头堡区域——“淮海经济区”20座城市中的菏泽市。致力于搭建物流与产业平台；创建以物流园区为核心驱动功能区域、以产城融合一体化为导向，主导参与区域交通、公共产品、环境、人居、人文、总部基地的规划、建设、运营，实现效益最大化的物流产业新城。项目立足淮海经济区，辐射苏鲁豫皖，进而与“一带一路”有机结合，形成产业经济完美闭环。

## 三、我国农业物流的发展现状及前景

### （一）我国农业物流的现状

#### 1. 基础设施建设逐步完善

近年来，国家持续推进农村现代物流体系建设，乡镇客货邮融合站点和村级寄递物流综合服务点纷纷建立，农村地区基本实现快递服务全覆盖。这些基础设施的建设为农村物流的发展提供了有力支撑。

#### 2. 农村电子商务物流加速发展

随着电子商务的普及，农村电子商务物流业务快速增长。直播带货、即时配送等新模式不断涌现，农村业务量显著提升。特别是在电子商务购物节期间，农村电子商务物流业务量实现大幅增长。

#### 3. 国家政策支持力度加大

国家邮政局等政府部门加快推进县乡村寄递物流配送体系建设，深化农村快递与电子商务的协同发展，出台了一系列政策措施支持农村物流发展。

### （二）我国农业物流存在的问题

农村物流现有的设施设备、系统、网络及信息平台等基本配套建设均达不到现代要求，物流专业人才缺乏，标准化建设滞后，农村的物流和生产组织基本处于无序状态，规模小，管理水平低，形不成相配套的物流体系，具体问题如下。

#### 1. 物流设施建设滞后

尽管农村物流基础设施建设有所加强，但仍存在设施滞后、网点设置不合理等问题。这导致农村物流效率不高，难以满足快速发展的农村电子商务需求。

#### 2. 通达能力不足

部分农村地区由于地理位置偏远、交通不便等原因，快递服务通达能力有限。村民取件往往需要到较远的镇上或县城，增加了取件的难度和成本。

#### 3. 服务质量不稳定

农村快递服务质量参差不齐，存在服务态度差、包裹损坏、延误等问题。这影响了村民的快递使用体验，也制约了农村电子商务的发展。

#### 4. 资源整合困难

各家快递公司在农村地区的末端共同配送资源整合困难，导致资源浪费和效率低下。同时，由于派件收费低等原因，快递企业入村积极性不高。

#### 5. 农产品外销困难

农村地区的优质农产品往往难以通过快递外销到更广阔的市场。一方面，村民不善于使用快递外销农产品；另一方面，快递物流外发农产品的费用较高，增加了销售成本。

### （三）我国农业物流的发展前景

#### 1. 政府不断增强政策支持与基础设施建设

近年来，国家高度重视农村物流的发展，出台了一系列政策文件，如 2024 年农业农村部印发了《全国智慧农业行动计划(2024—2028 年)》提出要加强农村物流的智能化、信息化发展，不断完善农村物流网络。2023 年国务院出台《中共中央国务院关于做好 2023 年全面推进乡村振兴重点工作的意见》《县域商业三年行动计划(2023—2025 年)》等，明确提出要加快完善县乡村电子商务和快递物流配送体系，推动农村客货邮融合发展，大力发展共同配送、即时零售等新模式。这些政策为农村物流的发展提供了强有力的支持。

农村寄递物流体系不断完善，自 2014 年启动“快递下乡”工程以来，农村寄递物流体系从无到有，逐渐完善。到“十三五”末期，乡镇快递网点覆盖率达到 98%，全国范围内基本实现了“县县有分拨、乡乡有网点”。进入“十四五”期间，农村寄递物流体系继续向着“开放惠民、集约共享、安全高效、双向畅通”的方向发展；村级寄递物流综合服务站的建设成效显著。2024 年，全国累计建设了 33.78 万个“一点多能、一站多用”的村级寄递物流综合服务站，有效拓展了农村寄递“最后一公里”的服务。

#### 2. 市场需求增长迅速

随着农村经济的发展和农民收入的提高，农村消费潜力不断释放。农村物流作为连接城乡生产和消费的重要纽带，其市场需求也随之增长。

农产品上行是农村物流的重要组成部分。近年来，随着电子商务的普及和农产品电子商务的发展，越来越多的农产品通过电子商务平台销往全国各地，带动了农村物流需求的增长。

### 3. 技术创新与模式创新不断涌现

现代信息技术和物流技术的应用，如物联网、大数据、云计算等，为农村物流的发展提供了有力支撑。这些技术的应用可以提高农村物流的信息化水平，提升物流效率和服务质量。

农村物流模式不断创新，如共同配送、即时零售等新模式的兴起，为农村物流的发展注入了新的活力。这些新模式可以整合资源，降低成本，提高物流效率和服务水平。

### 4. 挑战与机遇并存

尽管我国农村物流发展前景广阔，但仍面临一些挑战，如部分地区基础设施不完善、利用效率较低、服务品质不高等问题。此外，农村物流的信息化水平还有待提高，物流人才短缺也是制约农村物流发展的一个重要因素。

随着乡村振兴战略的深入实施和城乡融合发展的推进，农村物流将迎来新的发展机遇。政府将继续加大对农村物流的支持力度，推动农村物流基础设施建设和服务水平提升。同时，随着电子商务和农产品电子商务的快速发展，农村物流市场需求将持续增长。

# 任务三　工业物流认知

## 任务引入

在工业制造业中普遍存在着“90%定律”：一个制造企业，纯生产的时间只占全部生产流程总时间的10%，而各种物流时间占90%；一个工业产品，生产成本只占10%，而采购与物流成本占90%；一个工业产品，生产的利润只占总利润的10%，而物流与销售利润占利润的90%。

## 任务

以小组为单位，讨论“90%定律”，并且从物流角度总结提升制造业效率、降低工业产品成本的策略。

## 任务准备

(1)通过文献检索工业企业特别是制造业产品流程、物流现状，并实地走访校园周边相关制造企业。

(2)查找工业企业的主要门户网站，并基于网站简要了解工业物流活动。

(3)以小组(2～4人)形式探讨工业物流与生活的关联，并总结人们身边的工业物流。

任务重点与实施

## 一、工业物流概述

### (一)工业物流概念

工业物流理念是以集中采购为主，零部件加工为核心，为工业企业产品出口搭建平台，引导仓储、运输、配送企业发挥协同作用，提高社会资源的综合利用效果，降低企业间的互动成本，面向全球工业企业提供延伸和成套服务的系统工程。

工业物流的出现源于工业发展进入高度加工阶段，以制造业物流为典型代表。随着科技的发展，规模化集成生产方式得到普及，促使大型集成化生产平台出现，生产规模的大型化、集成化及流通全球化，使工业物流的出现和普及成为一种必然趋势。工业物流通过将工业企业的订单管理、库存、运输、仓储管理、物料处理，以及包装管理优化成一个有机整体，使物流过程能与供应链整体运作保持同步。工业物流可有效降低物流成本，缩短平均订单处理时间，减少整体库存水平。

### (二)工业物流的发展阶段

工业和物流业的发展历程表明，工业的发展是物流发展的基础，物流的发展又推动了工业发展，两者良性互动。工业物流与工业发展经历了相匹配，共经历了以下四个阶段的发展。

#### 1. 工厂式制造阶段

工厂式制造阶段企业生产效率不高，产品销售量不大，对物流的需求不是很迫切。随着产品销售逐渐扩大，人们开始意识到降低销售成本的重要性，现代物流开始萌芽。

#### 2. 少品种、大批量的流水线生产阶段

随着工业化进程的加快，为适应大批量产品的生产和市场销售，货物配送的物流组织方式出现。同时，物流技术装备的发展也为大批量配送提供了条件，现代物流进入实物配送管理阶段。

#### 3. 精准生产阶段

以计算机技术为基础的自动化和生产成组技术的普遍应用，使工业产品种类增加。此时，工业发展对物流的要求不单是考虑从生产者到消费者的货物配送问题，而是把采购、生产、运输、销售等情况进行综合考虑，现代物流进入一体化物流管理阶段。

#### 4. 敏捷制造、柔性生产阶段

敏捷制造、柔性生产阶段要求复杂多变的产品快速进入市场，而开发新产品的最快

路线，涉及从不同的企业中组织资源，借助信息技术共同完成各自的功能，要求物流服务进入供应链的协同运作阶段，于是现代物流发展到最新的形式-供应链管理阶段。

## 二、工业物流类型

### 1. 基于行业的协同，集中采购的物流模式

基于行业的协同，集中采购的物流模式模式非常简单，大规模的集中采购，就是共同采购。特别适合中小型制造型企业，通过行业内部资源的整合，加大采购数量，实现了共享供应链带来的红利。

集中采购的物流模式有几种方式，用现代物流企业来牵头，一些大型物流企业现在越来越多进行跨界，除了进行物流、仓储，越来越多给客户提供零部件管理，或者是可以降低物流成本，提高物流运作效率。

从采购的环节，采购的成本，还有订单的交流，通过行业内的协同大规模采购，都会给企业带来非常多的收益。

### 2. 面向客户订单的敏捷供应链管理模式

敏捷供应链是指在不确定性、持续变化的环境下，为了在特定的某一市场机会中获得价值最大化而形成的基于一体化的动态联盟和协同运作的供应链，以核心企业为中心，通过对资金流、物流、信息流的控制，将供应商、制造商、分销商、零售商及最终消费者用户整合到一个统一的、无缝化程度较高的功能网络链条，以形成一个极具竞争力的战略联盟。

### 3. 面向成本控制的精益物流模式

精益物流是一种源于精益生产理念的管理模式，旨在通过消除物流过程中的浪费，实现物流活动的持续优化和成本降低。精益物流强调以客户需求为导向，通过精准地计划、执行和控制，实现物流过程的高效、灵活和可靠。

精益物流核心是追求消灭包括库存在内的一切浪费，并围绕此目标发展的一系列具体管理方法和措施。精准物流是从精益生产的理念中蜕变而来，是精益思想在物流管理中的应用。精益物流的内涵包括以下几方面。

（1）以客户需求为中心，从客户角度出发对物流管理流程进行分析，消除非增值活动。

（2）对产品设计、制造和订货等的每一个环节进行分析，找出不能提供增值的浪费所在。

（3）依据不间断、不迂回、不倒流、不等待和不出废品的原则，制定创造价值流的行动方案。

（4）及时创造仅由顾客驱动的价值。

（5）一旦发现有造成浪费的环节就及时消除，努力追求完美。

精益物流管理要求对库存的管理，生产成本、消费成本，都有非常高的要求，这里面核心要求是准确、准时、快速、降低成本，通过信息化实现整个优势的整合。

对点案例

亚马逊作为全球最大的电子商务平台之一，其物流系统也备受瞩目。亚马逊通过运用大数据、人工智能等先进技术，实现物流信息的实时共享和快速响应。同时，亚马逊还不断优化仓储布局和配送路线，降低运输成本和时间成本。此外，亚马逊还注重与第三方物流公司的合作，共同提高物流效率和服务质量。

#### 4. 面向互联网+的大规模定制化物流管理模式

大规模定制是指根据客户的个性化需求，以大批量生产的低成本、高质量和效率提供定制产品和服务的生产方式。这种生产方式充分利用了企业已有的各种资源，在标准技术、现代设计方法、信息技术和先进制造技术的支持下实现。

大规模定制化物流管理具有如下特点。

(1)以现代信息技术和制造技术为支撑

大规模定制依赖于先进的信息技术和制造技术，如CAD、CAM、ERP等，以实现高效、精准的生产。

(2)以客户为核心

大规模定制强调以客户需求为导向，通过与客户的紧密互动，准确捕捉和满足客户的个性化需求。

(3)以模块化设计、零部件标准化为基础

通过模块化设计和零部件标准化，降低产品的内部多样性，增加顾客可感知的外部多样性，从而实现定制生产的高效和低成本。

(4)以敏捷制造为标志

敏捷制造强调对市场变化的快速响应能力，大规模定制正是通过敏捷制造实现快速定制生产，以满足市场的多样化需求。

(5)以供应链管理为手段

大规模定制需要高效的供应链管理来支持，包括原材料采购、生产计划、物流配送等各个环节的紧密协作和优化。

对点案例

大数据、物联网等新一代信息技术向工业领域的融合渗透，正加速制造业生产方式和企业形态的根本性变革。顺应智能制造转型的客观趋势，承接企业物联网转型，创建生态品牌的战略，海尔探索基于卡奥斯工业互联网平台(COSMOPlat)的大规模定制管理创新，颠覆传统大规模制造模式，通过企业、用户、生态资源共创共赢，持续创造用户体验。基于大规模定制管理，海尔通过两化融合示范、互联工厂、智能制造示范和工业互联网平台四个阶段发展，实现了从“信息技术开发与应用者”到“工业互联网平台建设者”、从“单一制造业”到“跨行业、跨领域”覆盖和从“软件平台建设与运营”到“生态体系构建与经营”的三大跨越。

### 5. 面向供应链一体化的物流管理模式

一体化供应链从传统供应链发展而来，主要由第三方企业提供，以实施一体化解决方案、满足客户的多维度需求为基本特征。其核心优势是以顾客为导向，具有战略性、系统性、集成性、敏捷性，从而获得竞争优势。

一体化供应链物流服务与传统的、孤立的供应链物流服务不同，该服务的供应商有能力提供全面的物流服务，包括整车及零担运输、快递物流、“最后一公里”配送、仓储及其他增值服务(如上门安装和售后服务)。由于一体化供应链物流服务可以更加一体化且实现端到端、具有先进的技术应用和数据赋能、拥有行业洞察和见解，以及可以增强客户业务运营的能力，企业对外包物流服务的需求已经逐步从单一同质的服务向多元化、一体化转变。

一体化供应链物流服务具有以下特点。

(1)更加一体化及实现端到端。能够提供仓储及存货管理解决方案等一站式解决方案，从产品制造到配送满足客户的端到端需求，使企业客户避免使用多家服务供应商的烦琐程序。

(2)先进的技术应用和行业洞察。基于长期根植第三方客户的经验，对不同行业深入了解，能够结合先进的 IT 技术、数据沉淀、运营经验提供量身定制的解决方案，提高客户的运营效率。

(3)增强客户主业运营的能力。可提供额外增值服务，例如，在销售预测、生产规划、SKU 及存货管理，以及终端客户订单管理等多个方面为客户赋能，提升业务运营能力。

知识链接

#### 新质物流的核心：供应链一体化

汽车钢铁“新质物流”服务模式与传统的物流相比，它根据整体供应链的角度进行了系统化的管理。即在控制整个物流供应链的基础上，达到整体链条成本最优的效果；其物流系统可以减少流通环节，促成构建流畅的和高效、可控的流通体系，且在减少流通费用的同时以满足顾客不断变化的需求。因此，新质物流的核心是供应链一体化，并随着时代的发展，服务业务领域不断扩充和完善。汽车钢铁供应链的成员主要有钢厂、汽车钢铁物流服务企业、汽车制造企业、汽车零配件生产企业、汽车销售商、汽车售后服务商……。汽车钢铁物流服务企业承担着供应链的基础流程——物流的协同和运作，成为沟通各个网链成员的重要桥梁和中介；并以此为基础，可以为相关网链成员提供相关信息和金融服务。

### 6. 面向产品生命周期的物流管理模式

面向产品生命周期的物流管理模式是一种将物流管理贯穿于产品的整个生命周期的管理方法，从产品的设计、采购、生产、销售、使用到最终的废弃或回收等各个环节进行管理和优化。这种模式旨在提高物流效率，降低成本，同时满足客户的需求，增强企业的市场竞争力。

对于整个产品的研发，以及从整个产品生命周期而言，企业推出新产品后需要不断地迭代和研发，对物流和供应链的要求都是非常强的。面向产品生命周期的物流管理模式能够缩短整个产品的生命周期，获得一些时间方面的竞争优势；还可以提高反应的速度和降低供应链反应的成本。

面向产品生命周期的物流管理模式的主要有以下特点。

(1)全过程管理：覆盖产品的整个生命周期，从产品研发到最终退市或回收，确保每个阶段的物流活动都得到有效管理。

(2)客户需求响应：通过快速响应市场需求，提高产品的市场适应性，缩短产品从设计到市场的周期。

(3)资源整合：有效整合研发、生产、销售、售后等环节的资源，提高整体运营效率。

(4)成本控制：通过精细化管理，减少不必要的浪费，控制物流成本。

#### 对点案例

小米科技，全称为北京小米科技有限责任公司，简称小米，是我国一家移动通讯终端装置研制与软件开发的企业，于2010年4月6日成立。

小米科技长期采用的是预售模式的供应链。小米的产品供应生产外包给制造公司，通过互联网预售直销的渠道销售产品给用户。而经过了预售，所需要生产的产品型号、产量、交付时间都是确定的，启动生产的资金也能及时到位，小米对供应链的掌控相对主动和简单。

小米科技在供应链中属于核心企业，专注于设计研发、客户体验和销售，与传统意义的企业定位不同，小米定位互联网企业，以互联网模式生产高性价比的。自身没有产能，与互联网企业类似将制造外包给原始设计制造商，先集中向供应商采购产品零部件再交由制造商代工，避免了代工厂和供应商的中间环节，把握住自己的采购权。

在这样的互联网模式下，小米供应链实施拉动式策略，实现的关键因素在于能否实现快速的信息传递，缩短提前期。从时间维度来分析其供应链战略如下表所示，可以分成两部分时间。从左到右的：产品需求预测到接收用户订单再到产品送达用户的时间维度；从上到下的：新产品构思研发到导入生产的时间维度。引用Levi的观点，从左到右的对应企业的供应链，从上到下的对应的是企业的开发链。以小米为例，开发链反映每一代新从早期设计、粉丝客户体验、量产设计一直到新产品发布的时间。而供应链反映小米满足订单客户需求的反应快慢程度。

#### 7. 面向物联网的智能集成式物流模式

智能物流是基于互联网、物联网技术的深化应用，是利用先进的信息采集、处理、管理、流通，智能分析等技术，智能化地完成包装、运输、配送、装卸、仓储等多项环节；而且可以实时反馈物品流动状态，强化货物流动监控，使货物能够高效快速地送到需求者手中，从而为供应方降低成本、提供最大利润；为需求方提供最快捷服务，而且还能大大降低社会资源和自然资源的消耗。

物联网的核心是物联、互联、智能。所以面向物联网的智能集成式物流模式是能够准确地采集物流车辆、运送路线、仓储等信息，又能与相关的网络资源相互联通，能够智能地分析客户的需求、规划物流方案、优化运送方式等，同时还能辅助实现物流服务的网络化、电子化交易等。

## 三、工业物流的现状及发展趋势

工业物流作为现代经济的重要组成部分，其现状和发展趋势受到广泛关注。

### （一）工业物流现状

#### 1. 市场规模持续扩大

近年来，随着全球经济的稳步增长和工业化进程的加速，工业物流市场规模持续扩大。特别是在我国等新兴市场，工业物流需求更是呈现爆发式增长。

#### 2. 物流需求稳定增长

当前，工业物流需求保持稳定增长态势。这得益于产业升级、技术创新，以及全球供应链的深度融合。特别是高技术制造业的快速发展，对工业物流提出了更高要求，也为其提供了更广阔的发展空间。

#### 3. 物流效率不断提升

物流技术的不断进步和物流管理的持续优化，使得工业物流效率不断提升。自动化、智能化、信息化等技术的应用，使得物流作业更加高效、精准、可控。

#### 4. 物流成本逐步降低

在激烈的市场竞争下，物流企业纷纷通过优化流程、降低成本来提高竞争力。同时，政府也出台了一系列政策措施，推动物流行业的降本增效。

#### 5. 绿色物流成为趋势

随着环保意识的增强和绿色发展的要求，绿色物流逐渐成为工业物流的重要趋势。物流企业开始注重节能减排、资源循环利用等方面的工作，推动物流行业的可持续发展。

### （二）工业物流发展趋势

#### 1. 数字化转型加速

数字化转型将成为工业物流发展的重要趋势。通过大数据、云计算、物联网等技术的应用，物流企业可以实现物流信息的实时共享和智能决策，提高物流作业的透明度和可控性。

### 2. 供应链协同增强

随着全球供应链的深度融合和复杂度的增加，供应链协同将成为工业物流发展的关键。物流企业需要与上下游企业建立紧密的合作关系，实现供应链的协同优化和资源共享。

### 3. 绿色低碳发展

绿色低碳发展将成为工业物流的重要方向。物流企业需要积极响应国家环保政策，推广绿色包装、绿色运输等环保措施，降低物流活动对环境的影响。

### 4. 智能化水平提升

智能化水平的提升将推动工业物流的进一步发展。自动化仓储、智能分拣、无人驾驶等技术的应用，将大大提高物流作业的效率和准确性。

### 5. 国际化布局加快

随着全球化进程的加速和“一带一路”倡议的推进，工业企业对国际物流的需求不断增加。物流企业需要加快国际化布局，拓展海外市场，提高国际竞争力。

# 任务三　商业物流认知

## 任务引入

“外运 E 拼”产品是为应对国际贸易碎片化的新趋势，以生态圈构建为核心主旨，以强大的后台技术为支撑，为拼箱货代公司及各相关方提供一站式、端到端、线上线下一体化的拼箱物流服务和解决方案。这是中外运推出的首个全国统一的标准化服务产品，是中外运携手合作伙伴重构碎片化物流生态的一次创新。

“外运 E 拼”产品作为一个公共性的拼箱服务平台，集线上需求整合平台、线下配载集采平台于一体，通过中外运全链路的服务和全球性的网络，与客户形成更为紧密的协作关系，构建了一个跨界融合、互动共生的生态圈，创造和共享交易价值。

“外运 E 拼”产品的雏形始于2003 年的深圳笋岗，以拼箱 CFS 业务为切入点，经过十余年的持续创新和迭代发展，形成了以深圳、广州、厦门和香港为中心仓，延伸至华南众多内陆卫星仓的运营格局。2018 年初，中外运依托自身的网络和资源优势，对接客户的全网服务需求，全力开启全国性拼箱服务平台的建设工作。

2019 年底，“外运 E 拼”平台完成国内主要沿海港口的全覆盖，拥有大连、天津、青岛、上海、宁波、厦门、广州、深圳、香港等12个中心仓和30余个卫星仓的网络化布局，投入运营的仓库面积达21万平方米实现平台年吞吐量800万立方米，年出口报关53万票，平台外贸出口额超过57亿美元，平台活跃合作伙伴超过10万家，成长为我国较大的拼箱服务平台。

2020年，在东南亚投入运营第一个海外中心仓，并已建立“15个中心仓+30个卫星仓”的一体化服务网络。2020年累计完成集拼业务出库量515万立方米同比增长27%。

## 任务

总结分析商业物流的运作模式，比较商业物流与工业物流的区别。

## 任务准备

(1)通过文献检索商业物流现状与运营模式，并实地观察校园周边相关商业物流现象。

(2)查找与商业物流相关的主要门户网站，并基于网站简要了解商业物流活动。

(3)以小组为单位讨论完成案例任务。

## 任务重点与实施

### 一、商业物流概述

扫码看视频

商业是以货币为媒介进行交换从而实现商品流通的重要产业。商业物流是指商品被生产出来以后，通过销售进入最终消费的物流活动，即“生产企业发货-商贸企业销售-最终消费的物流活动”。按照流通环节的不同阶段，商业物流可以分为批发业物流和零售业物流。

物流是商业活动最终实现的前提条件。商业物流产生于商品交换过程中，具有实现商品实体从生产者向最终消费者转移，从而完成整个商品流通过程的重要职能。随着商业的不断发展、流通规模的不断扩大，以及多种流通业态并存和连锁企业的快速发展，对商业物流水平的要求越来越高。

相对于其他物流，商业物流具有以下特点。

(1)商品价格变化快，随着市场供应和需求的变化，商品的进货价格和销售价格会不断调整。

(2)配送频率高，特别是连锁零售企业，由于店铺多、订单频率高、时间要求严格，送货非常频繁。

(3)需要拆零，当供应商大包装送货时，商业物流需要按照店铺的订货量进行拆零、分拣。

(4)退换货物流多，由于消费者对商品不满意，或者商品保质期的限制，商业物流需要经常处理退换货问题。

(5)商品保质期管理要求高，商业企业所销售的多为日常消费品，通常有不同的保质期，因此商业物流需要进行有针对性的保质期管理。

## 二、商业物流的分类

### (一)批发业物流

与零售商相比，批发商不直接面对千百万个消费者和用户，而是面对具有一定购销批量的中间商、零售商。与大批量现代生产企业相适应，需要以低成本、大批量的方式组织货源、储备商品，并大批量组织分销。这种以低成本支撑的“大进大出”的经营优势，使批发业成为现代市场经济不可缺少的商品经营形式。

批发业物流既具有商业物流的一般性质，又具有批发业自身的特点。这些特点主要表现在以下三个方面。

(1)批发业物流的商品数量和品种多、规模大、覆盖面广，是商业物流的主干。

(2)在批发业物流各项功能中，配送功能居主导地位，它是反映批发业物流水平的最主要指标。

(3)批发业物流的功能集成比较困难，需要有效整合行业内各企业的物流资源。

### (二)零售业物流

零售包含所有直接销售产品或服务给予最终消费者，以供其作为个人与非商业用途的一切活动。零售业是整个流通过程的最终环节，应直接联系最终消费者，是社会生产和流通活动的最终目的所在。零售业的指向是最终消费者，满足最终消费所需，而不是生产所需。

零售业物流是零售商在其购、销、存业务活动中，商品从供应商经零售商向消费者转移的过程，包括商品输送、搬运、保管、包装、配置和陈列、简单加工及相关信息的流动等功能要素，创造商品的时间价值、空间价值并收到商品部分性质改变的效果。

零售业物流属于典型的商业物流，受零售业本身特性的影响较为明显，并显现出其自身的特点。零售业物流主要有直接反映市场变化、物流过程复杂、信息技术占据主导地位等特点。零售企业打造竞争优势必须以高效率的流程为基础，而零售物流是贯穿零售企业从采购到销售全过程的关键流程，对零售企业的有效运营至关重要。一般来讲，零售业物流具有协调各职能部门、优化商品流程、预测商品销量三大作用。

## 三、商业物流的运作模式

### (一)自营物流模式

从方便和便于管理的目的出发，大型商业企业通常采取以自建配送中心为主的自营物流模式。自营物流模式依靠配送中心来实现商品的集中储存和配送，以实现在企业内形成一个稳定运行、完全受控的物流系统，满足商业企业对商品多品种、多批次、低数量的及时配送的要求。自营物流模式既有利于商业企业保证和保持良好的服务水平，又便于对物流各个环节的管理和监控。此外，自营物流需要的巨额基础设施投资也使一些中小型商业企业没有足够的资金和实力来与之抗衡，在一定程度上提高了行业壁垒。

### （二）外包物流模式

一些中小型商业企业由于物流业务量相对较少，资金实力方面的欠缺，或者大企业通过综合比较测算，不适于自己建设如配送中心等一些项目投资大、回收期长的服务性工程。因此，这些企业通常会采用与社会性专业物流企业结成战略联盟的方式，将业务外包，有效利用第三方物流来完成仓储和配送任务，以完全实现或接近实现本企业零库存的目的。

### （三）共同物流模式

共同物流是指多家商业企业联合起来，为实现整体的物流合理化，在互惠互利原则指导下，共同出资建设或租用配送中心，制订共同的计划，共同对某一地区的用户进行配送，共同使用配送车辆的物流模式，特别是一些经营规模较小或门店数量较少的商业企业常采用这一模式。此模式主要是能解决运输车辆跑空车和运费上升的问题，特点是当数个产地和销地相距较远且又交叉运输时，其优点尤为突出。采用共同化物流模式，既能减少企业的物流设施投资，又便于将分散于各中小型商业企业的物流设施集中起来形成合力，从而提高物流效率，降低物流成本。

### （四）供应商物流模式

供应商物流模式是由生产企业直接将商业企业采购的商品，在指定的时间范围内送到各个商店甚至到货架的物流模式。我国的大型生产企业，如很多大型电器厂家、食品生产企业在全国范围内建立了自己的分销体系，将分销渠道直接介入到商业企业的分销物流活动当中，并且根据商品的属性、运输距离、自己的运输能力，以及季节等条件安排有关物流的活动。供应商物流模式使一些大型的连锁超市企业与供应商之间的关系由竞争走向了协作，能够降低交易成本，并保持双方之间供需信息的快速传递。

#### 对点案例

北京城市一百物流有限公司（以下简称“城市100”）成立于2011年12月20日。该公司以C2C快递和B2C配送为基础，以营业门店为载体，整合上下游供应商、服务商，打造面向公众的末端物流配送及社会服务平台。

“城市100”现拥有146个营业网点（门店），实现北京区域配送无盲区；现自有员工总数613人，加盟人员425人，平均日配送量接近30 000单，可提供北京全境当日递、次日达业务。配送业务产品多样化，包括电视购物、网络购物、高端金融保险业务、医药冷链配送、大件贵重业务等。“城市100——共同配送”是北京市政府打造的“15分钟社区服务商圈”的有机组成部分，其“共同配送”模式实现了物流快递行业人员、网点等末端资源的高效整合，为快递企业解决高校、社区送件难顽疾，改善投诉率居高不下的问题。

# 项目总结

本项目主要从行业角度来认识物流，通过对农业物流、工业物流及商业物流内涵的阐述，让读者明确了农业物流、工业物流和商业物流的概念，了解其主要运作模式，并通过深入系统的分析让读者能够结合农业、工业和商业物流运作模式提出相应的见解，为后续物流知识的学习筑牢根基。

# 项目习题

**一、判断题**

1. 农业物流就是农产品物流，主要是将农产品由农村运往城市。(　　)

2. 农产品不同于工业品的最大特点是农产品市场价值的很大一部分是在离开生产领域后得到提升，具有更大的加工增值潜力。(　　)

3. 工业物流就是制造业物流，主要是将工业产品由生产地运往销售地。(　　)

4. 商业物流是指商品被生产出来以后，通过销售进入最终消费的物流活动。(　　)

5. 大型商业企业面向市场必须坚持自营物流模式，充分利用自身规模优势。(　　)

**二、选择题**

1. 现代农业物流管理理念的首要目标是(　　)。

A. 降低物流成本　　B. 提升运营效率

C. 保障物流对象的质量　　D. 实现顾客满意

2. 以下商品的物流活动，季节性与周期性特点最为显著的是(　　)。

A. 大米　　B. 洗衣机　　C. 饼干　　D. 家具

3. 在工业产品从原材料、加工制造直到销售至用户的过程中，绝大部分时间消耗于(　　)环节。

A. 生产制造　　B. 仓储与运输　　C. 分拣与包装　　D. 装卸与搬运

4. 从行业角度看，物流企业一般不包括(　　)。

A. 制造业物流企业　B. 批发业物流企业　C. 金融业企业　　D. 零售业物流企业

5. 规模较小的商业物流企业采用共同化配送模式的目的一般是(　　)。

A. 加强交流与合作　　B. 及时了解商业行情

C. 解决车辆跑空，降低运费　　D. 有利于促销

**三、简答题**

1. 简述我国农业物流成本偏高的主要原因。

2. 简述工业物流的大规模定制物流模式。

3. 简述批发业物流的特点。

**四、案例分析题**

在超市经营中，生鲜是公认较难经营的品类。一方面，生鲜商品是消费者必须反复购买的生活必需品，集客力非常强，属于超市中的“磁石”商品；另一方面，由于生

鲜品对鲜度的要求非常高，但如果措施不当会造成高损耗，使生鲜品的毛利率降低，甚至亏损。据统计，国内超市生鲜经营的平均毛利率仅为7%左右。

面对这块好吃却难啃的骨头，一些企业采用联营、租赁方式规避经营难题和风险，但联营方式也有与生俱来的缺陷。因此，生鲜品经营如何做到既新鲜又赚钱，成了许多超市多年未解的难题。

福州的永辉超市，在生鲜品的经营上则非常大胆。从2001年创立伊始，他们不仅没有回避生鲜产品的经营，反而将其作为市场切入点和最重要的卖点，并采用完全自营的经营方式。经过10多年的探索和努力，不仅实现了生鲜品的“鲜”与“利”的双赢，还形成了一套独特的生鲜商品经营心得和管理模式，被业界誉为“永辉模式”。

问题：

永辉生鲜，“鲜”从何来？读者可以通过相关文献或就近调研附近的超市，总结分析超市生鲜物流的要点。

# 项目七　现代物流发展趋势认知

## 项目导读

在数字化浪潮与经济全球化的双重驱动下，现代物流正经历深刻变革，呈现出一系列全新发展趋势：智能技术深度融入物流全流程；环保意识推动物流绿色转型；现代物流不再孤立存在，而是强调供应链上下游协同；物流数据成为关键资产。通过本项目的学习，读者将理解现代物流发展趋势，把握现代物流项目核心的关键，为企业在物流领域的创新发展提供方向，助力构建高效、绿色、协同的现代物流新生态。

## 学习目标

◆ 知识目标

- 了解智慧物流概念、作用、策略。
- 了解绿色物流、冷链物流、电子商务物流、物流金融等概念和发展趋势。

◆ 能力目标

- 能认清现代物流发展趋势，能针对现代物流发展趋势提出方案与构想。
- 了解国际物流规则，具备应对关税、汇率波动等跨境风险的能力。

◆ 思政目标

- 培养读者感受物流领域的先进技术，体会科技的强大力量。
- 培养读者具备成本意识，弘扬勤俭节约的优良传统。
- 培养读者树立敬业精神，牢固树立安全意识。

## 知识导图

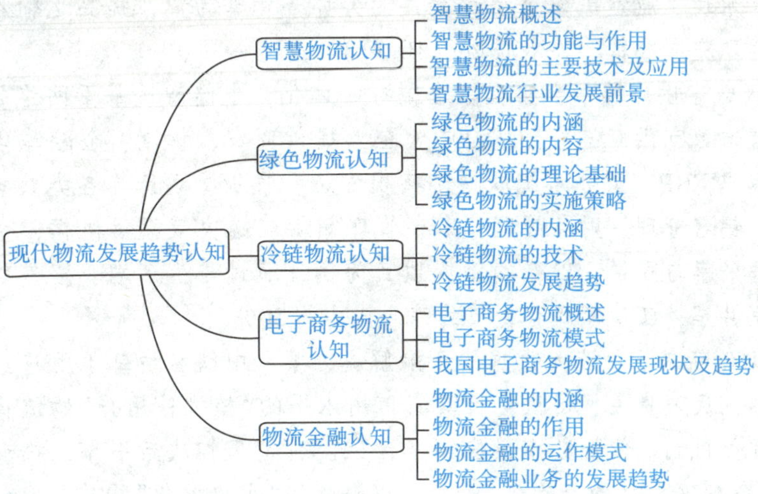


## 案例导入

### 中储智运创新网络货运新模式，数字赋能传统运输转型升级

中储智运科技股份有限公司(以下简称中储智运)隶属于中国物流集团，依托互联网、云计算、大数据、人工智能等先进信息技术，构建物流运力智能交易平台、网络货运平台、数字供应链平台等“三大数字平台”，积极探索创新基于互联网平台的交通物流新模式，为实体经济提供数智物流与供应链综合解决方案，实现物流与供应链的闭环管理与高效协同，有效促进社会物流效率与发展质量的“双向提升”。

中储智运依托“三大数字平台”，汇集车辆超302万辆、船舶2.3万艘，开通5.4万条运输线路，形成覆盖全国31个省(区市)的货运服务“运力网”。2023年，完成运单868万单、8就货运量4.2亿吨、运费交易额396.7亿元，分别同比增长20.2%、36.2%、9.5%，服务领域涵盖煤炭、钢铁、矿石、化工、有色、粮食、新能源等与制造业相关的重点产业，约6.3万家客户，运输方式已由单一公路运输拓展至多式联运。

中储智运的主要做法及成效如下。

(一)运用大数据算法实现配对定价双智能。中储智运构建智能配对数字算法模型，将货源精准推荐给返程线路、返程时间、车型等最为契合的实际承运人，实现货源与车辆的高效匹配与线上交易。同时，通过智能定价模型实现货主与司机合理运价交易，从而促进行业价格规范，合理引导市场预期。通过车货源精准配置，平均为货主企业降低成本10%，平均为司机减少找货时间69%。

(二)打造智慧多式联运系统实现“一单制”。中储智运智慧多式联运系统利用“智慧组网路由”物流大数据算法，为客户提供“里程优先”“时效优先”“价格优先”等多套物流解决方案，实现物流方案的“一键生成”。货主通过多式联运系统即可完成委托运输、过程跟踪、对账、结算、开票等流程，每笔业务形成唯一单号，客户无须再对接铁路、公路、水运、航空等多个承运商，业务环节化繁为简，提高运输组织效率。目前，中储智运已完成公铁、公水联运约10万单。

(三)升级数字供应链平台实现综合服务一体化。中储智运基于网络货运、多式联运大数据，打造数字供应链平台，为广大企业提供商贸、物流、金融等供应链集成服务。通过与客户ERP、财务系统联通，实现发货、收货、运价等各类数据同步，为客户采购管理、销售管理、财务管理、库存管理等供应链决策提供依据，全面提升客户的供应链管理效率与质量。以徐钢物流项目为例，通过与生产端、贸易端、物流端系统打通、数据共享，实现零库存，节约综合成本约30%。

(四)探索创新基于物流大数据的金融解决方案。中储智运基于用户经营行为构建全域画像，建立反映货主、司机会员真实信用水平的“核桃信用分”物流信用体系，探索物流信用评价机制。依托数字供应链平台“链魔方”风控决策引擎，推动供应链上下游企业的“业务数据”向“数字存证”升级，以全流程“去单据化”构建数字信用体系，实现平台、链上企业、政府部门、金融机构的“链上共识”，为企业支付结算、货物交割、税务管理、保险等环节提供指令依据。中储智运与银行等金融机构合作为企业提供基于信用的融资服务，降低融资风险与成本。中储智运基于信用评级衍生多元化增值服务，与工商银行、京东数科等金融机构合作，创新预付运费、免保证金、运费通等物流金融产品。自产品上线以来，运费通银行累计放款6.55亿元，运费预付累计151.43亿元，解决了市场主体融资难和融资贵问题。

## 任务一　智慧物流认知

### 任务引入

2020年2月12日上午，一架顺丰无人机从顺丰速运湖北区将军路点部起飞。7分钟后，无人机顺利降落在武汉金银潭医院，将医疗和防疫物资送到了医护人员手中。这是顺丰利用无人机首批运输的物资，打通了运输绿色通道。

同时，针对小批量、多批次、“点到点”医疗、民生物资的物流运输等需求，顺丰无人机团队又相继在十堰市、赣州市、温州市、哈尔滨市多地重点区域开展了特定场景下的无人机物流运输作业。

## 任务

什么是智慧物流？智慧物流与传统物流有什么不同？

## 任务准备

(1) 通过文献检索国内外智慧物流，并实地调研家乡或校园周边相关智慧物流企业。

(2) 查找主要智慧物流企业门户网站，并基于网站简要了解常见的智慧物流活动。

(3) 以小组为单位讨论智慧物流的发展方向。

## 任务重点与实施

# 一、智慧物流概述

《物流术语》(GB/T 18354－2021) 将智慧物流定义为："以物联网技术为基础，综合运用大数据、云计算、区块链及相关信息技术，通过全面感知、识别、跟踪物流作业状态，实现实时应对、智能优化决策的物流服务系统"。

智慧物流可以简单地理解为在物流系统中采用物联网、大数据、云计算和人工智能等先进技术，使得整个物流系统运作如同在人的大脑指挥下实时收集并处理信息，做出最优决策、实现最优布局，物流系统中各组成单元能实现高质量、高效率、低成本的分工、协同。

智慧物流的特点如下。

(1) 互联互通：数据驱动所有物流要素实现互联互通，一切业务数字化，实现物流系统全过程透明可追溯；一切数据业务化，以"数据"驱动决策与执行，为物流生态系统赋能。

(2) 深度协同：高效执行跨集团、跨企业、跨组织之间深度协同，基于物流系统全局优化的智能算法，调度整个物流系统中各参与方高效分工协作。

(3) 自主决策：学习提升软件定义物流实现自主决策，推动物流系统程控化和自动化发展；通过大数据、云计算与人工智能构建物流大脑，在感知中决策，在执行中学习，在学习中优化，在物流实际运作中不断升级、学习提升。

## 知识链接

2022 年 10 月，交通运输部、国家标准化管理委员会印发《交通运输智慧物流标准体系建设指南》。文件提出，到 2025 年，聚焦基础设施、运载装备、系统平台、电子单证、数据交互与共享、运行服务与管理等领域，完成重点标准制修订 30 项以上，形成结构合理、层次清晰、系统全面、先进适用、国际兼容的交通运输智慧物流标准体系，打造一批标准实施应用典型项目，持续提升智慧物流标准化水平，为加快建设交通强国提供高质量标准供给。

## 二、智慧物流的功能与作用

### (一)智慧物流的功能

#### 1. 感知功能

运用各种先进技术能够获取运输、仓储、包装、装卸搬运、流通加工、配送、信息服务等各个环节的大量信息。实现实时数据收集，使各方能准确掌握货物、车辆和仓库等信息。初步实现感知智慧。

#### 2. 规整功能

智慧物流网络把采集的信息通过网络传输到数据中心，用于数据归档。建立强大的数据库，分门别类后加入新数据，使各类数据按要求规整，实现数据的关联性、开放性及动态性。并通过对数据和流程的标准化，推进跨网络的系统整合，实现规整智慧。

#### 3. 智能分析功能

运用智能的模拟器模型等手段分析物流问题。根据问题提出假设，并在实践过程中不断验证问题，发现新问题，做到理论与实践相结合。在运行中系统会自行调用原有经验数据，随时发现物流作业活动中的漏洞或者薄弱环节。从而实现发现智慧。

#### 4. 优化决策功能

结合特定需要，根据不同的情况评估成本、时间、质量、服务、碳排放和其他标准，评估基于概率的风险，进行预测分析，协同制订决策。提出最合理有效的解决方案，使做出的决策更加的准确、科学，从而实现创新智慧。

#### 5. 系统支持功能

系统智慧集中表现于智慧物流并不是各个环节各自独立、毫不相关的物流系统，而是每个环节都能相互联系、互通有无、共享数据、优化资源配置的系统，从而为物流各个环节提供最强大的系统支持，使得各环节协作、协调、协同。

#### 6. 自动修正功能

在前面各个功能的基础上，按照最有效的解决方案，系统自动遵循最快捷有效的路线运行。并在发现问题后自动修正，并且备用在案，方便日后查询。

#### 7. 及时反馈功能

物流系统是一个实时更新的系统。反馈是实现系统修正、系统完善必不可少的环节。反馈贯穿于智慧物流系统的每一个环节，为物流相关作业者了解物流运行情况、及时解决系统问题提供强大的保障。

### (二)智慧物流的作用

近年来，技术与物流融合的智慧物流加快起步，发展智慧物流有利于降低物流成本、提高企业利润，有利于促进企业生产、采购和销售系统一体智能融合。

**1. 降低物流成本，提高企业利润**

智慧物流能大大降低制造业、物流业等各行业的成本，实打实地提高企业的利润，生产商、批发商、零售商三方通过智慧物流相互协作，信息共享，物流企业便能更节省成本。其关键技术诸如物体标识及标识追踪、无线定位等新型信息技术应用，能够有效实现物流的智能调度管理、整合物流核心业务流程，加强物流管理的合理化，降低物流消耗，从而降低物流成本，减少流通费用、增加利润。

**2. 加速物流产业的发展，成为物流业的信息技术支撑**

智慧物流的建设，将加速当地物流产业的发展，集仓储、运输、配送、信息服务等多功能于一体，打破行业限制，协调部门利益，实现集约化高效经营，优化社会物流资源配置。同时，将物流企业整合在一起，将过去分散于多处的物流资源进行集中处理，发挥整体优势和规模优势，实现传统物流企业的现代化、专业化和互补性。此外，这些企业还可以共享基础设施、配套服务和信息，降低运营成本和费用支出，获得规模效益。

**3. 为企业生产、采购和销售系统的智能融合打基础**

随着射频识别技术与传感器网络的普及，物与物的互联互通，将给企业的物流系统、生产系统、采购系统与销售系统的智能融合打下基础，而网络的融合必将产生智慧生产与智慧供应链的融合，企业物流完全智慧地融入企业经营之中，打破工序、流程界限，打造智慧企业。

**4. 使消费者节约成本，轻松、放心购物**

智慧物流通过提供货物源头自助查询和跟踪等多种服务，尤其是对食品类货物的源头查询，能够让消费者买得放心，吃得放心，再增加消费者的购买信心同时促进消费，最终对整体市场产生良性影响。

**5. 提高政府部门，助于政治体制改革**

智慧物流可全方位、全程监管食品的生产、运输、销售，大大节省了相关政府部门的工作压力的同时，使监管更彻底更透明。通过计算机和网络的应用，政府部门的工作效率将大大提高，有助于我国政治体制的改革，精简政府机构，裁汰冗员，从而削减政府开支。

**6. 促进当地经济进一步发展，提升综合竞争力**

智慧物流集多种服务功能于一体，体现了现代经济运作特点的需求，即强调信息流与物质流快速、高效、通畅地运转，从而降低社会成本，提高生产效率，整合社会资源。

## 三、智慧物流的主要技术及应用

智慧物流技术是现代物流行业中的重要组成部分，通过集成智能化、自动化和信息技术，实现了物流过程的高效、精准和可视化。智慧物流技术的主要内容如下。

### (一) 物联网技术

物联网技术通过传感器、射频识别技术、GPS等设备，将物品与互联网连接起来，实现数据的实时采集、传输和处理。在智慧物流中，物联网技术应用于以下几个方面。

#### 1. 货物追踪与监控

通过RFID标签和GPS设备，实时追踪货物的位置和状态，提高运输的透明度和安全性。

#### 2. 仓储管理

利用物联网技术实现仓库的自动化管理，包括货物的入库、存储、出库等环节，提高仓储效率和准确性。

#### 3. 智能调度

根据货物的实时位置和运输需求，智能调度运输车辆和路线，优化运输资源。

**对点案例**

食糖是吸湿性食品，在运输过程中温度过低或过高、湿度过大，可能使食糖返潮，甚至融化。因此，制糖企业需要一种可以监测食糖在运输过程中的温湿度的技术。射频识别技术便是可以满足此需求的技术。

射频识别技术在食糖物流中的应用具体如下。

(1)在生产食糖时，将电子标签装入食糖包装内，以记录生产日期、生产时的温湿度等信息。

(2)在食糖入库时，利用电子标签记录入库时间、入库时食糖的温湿度等信息。

(3)在食糖在库时，利用电子标签监测食糖在仓库内的温湿度。

(4)在运输食糖时，利用电子标签记录装车时间、装车时食糖的温湿度、运输车辆的基本信息、驾驶员的基本信息等，并监测食糖在运输过程中的温湿度。

应用射频识别技术后，制糖企业可以全程掌握食糖的温湿度变化情况，便于及时采取有效的应对措施，从而防止食糖因温湿度的变化而变质；客户可以直接根据电子标签上记录的温湿度的变化情况判断食糖的品质，无须拆包验货，从而节省作业时间。

### (二) 大数据技术

让数据驱动的商业模式成为产业智能化变革的新引擎。通过对大数据的处理与分析，物流企业能够挖掘出运营管理中的有价值信息，从而进行科学决策。数据共享、销售预测、网络规划、库存部署等行业洞察，都在大数据的助力下得以实现。在智慧物流中，大数据技术应用于以下几个方面。

(1)需求预测：通过对历史销售数据、市场趋势等进行分析，预测未来的物流需求，提前做好准备。

(2)路由优化：根据实时交通信息、路况数据等，优化运输路线，减少运输时间和成本。

(3)库存优化：通过数据分析，合理控制库存水平，减少库存积压和浪费。

### （三）人工智能技术

人工智能技术(artificial intelligence，AI)包括机器学习、深度学习、自然语言处理等先进技术，可以模拟人类的智能行为，实现物流过程的智能化管理。在智慧物流中，人工智能技术应用于以下几个方面。

(1)智能决策：通过算法和模型，对物流过程中的复杂问题进行智能决策，如运输方式选择、运输路径规划等。

(2)智能客服：利用自然语言处理技术，实现与客户的智能交互，提供便捷的物流服务咨询和查询服务。

(3)智能分拣：利用机器人和机器视觉技术，实现货物的自动分拣和包装，提高分拣效率和准确性。

例如，亚马逊通过以下方式将 AI 集成到供应链中。

(1)需求预测：其供应链优化技术每天处理超过 4 亿种产品的需求预测，提供关于哪些产品应该储备、储备数量，以及储存地点的智能决策。

(2)路径优化：亚马逊使用 20 多种机器学习模型，包括大型语言模型，结合天气预测、司机反馈和历史数据，为司机规划最佳路线。

(3)仓储自动化：使用 AI 驱动的机器人优化库存管理，加快交货速度，提高客户满意度。

### （四）自动化技术

自动化技术通过机器人、自动化设备等手段，实现物流过程的自动化操作。在智慧物流中，自动化技术应用于以下几个方面。

(1)自动仓储：利用自动化立体仓库和堆垛机等设备，实现货物的自动存取和存储。

(2)自动分拣：利用自动化分拣系统和机器人，实现货物的快速、准确分拣。

(3)自动包装：利用自动化包装设备和机器人，实现货物的自动包装和封口。

#### 对点案例

京东物流在智慧物流领域进行了大量投入。其中，无人仓库和自动驾驶配送车是京东智慧物流的重要组成部分。

京东的无人仓库采用先进的自动化技术和物联网技术，实现了仓库内商品的自动存储、拣选和出库。通过智能算法和数据分析，无人仓库能够高效、准确地完成订单处理任务。

京东的自动驾驶配送车能够在指定区域内自动行驶、避障和停车，完成货物的配送任务。这不仅提高了配送效率，还降低了人力成本。

京东的无人仓库和自动驾驶配送车项目不仅提升了京东自身的物流效率和服务质量，也为整个物流行业树立了智慧物流的新标杆。

### （五）区块链技术

区块链技术通过去中心化、不可篡改等特性，为物流过程提供了更高的安全性和透明度。在智慧物流中，区块链技术应用于以下几个方面。

(1)货物溯源：通过区块链技术记录货物的全生命周期信息，实现货物的全程溯源和防伪。

(2)合同管理：利用区块链技术的智能合约功能，实现物流合同的自动执行和监管。

(3)数据共享：通过区块链技术实现物流数据的共享和交换，提高物流过程的协同效率。

## 四、智慧物流行业发展前景

### （一）政策利好

智慧物流行业发展随着世界经济走向智慧时代，物流行业也开始跟随世界经济脚步进行转变。智慧物流是以物流互联网和物流大数据为依托，通过协同共享创新模式和人工智能先进技术，重塑产业分工，再造产业结构，转变产业发展方式的新生态。近些年，智慧物流行业发展环境向好。2024 年 6 月，交通运输部等 13 部门发布的《交通运输大规模设备更新行动方案》提出，加快推进智慧物流枢纽、物流园区智能化改造。智慧物流是建设现代物流体系的必然之路，未来，国家建设现代物流体系将利好智慧物流产业发展。

### （二）技术创新驱动智慧物流实现飞跃

随着物联网、人工智能、区块链等前沿技术的不断突破与融合应用，物流业的运营模式将被重塑，智慧物流将在技术创新的驱动下实现前所未有的飞跃。从智能仓储的自动化管理，到无人配送的精准执行，再到物流数据的实时分析与优化，每一步都展现了技术创新的力量。这种转型将显著提升物流效率，降低运营成本，并为消费者带来更加便捷、高效的物流服务体验。

### （三）产业协同与跨界融合带来新机遇

智慧物流的发展将进一步打破行业壁垒，促进不同产业之间的协同与跨界融合。通过与制造业、农业、零售业等行业的深度融合，智慧物流将形成更加紧密的供应链生态体系。在这个体系中，各个环节将实现无缝对接和高效协同，推动产业链上下游企业的共同发展。同时，智慧物流还将促进跨界合作与创新，为物流行业带来更多的发展机遇和市场空间。

# 任务二 绿色物流认知

## 任务引入

为实现物流业的可持续发展，近年来京东物流不断加大在绿色物流方面的投入和研发力度，逐步形成了具有京东特色的绿色物流发展模式，具体措施如下。

### 1. 绿色包装

自2017年起，京东物流发起了“青流计划”，致力于实现包装的标准化、循环化、减量化和无害化。通过引入可降解材料、推广循环包装、优化包装设计等措施，京东物流有效减少了包装材料的使用量和废弃物的产生量。此外，京东物流还不断创新绿色包装技术。

### 2. 绿色运输

为了降低运输环节的碳排放量，京东物流采取了一系列有效措施。首先，京东物流积极推广新能源车辆的使用。2024年6月底，京东物流新能源车辆同比新增超2 000辆，并在全国范围内规模化投用新能源车。

### 3. 绿色仓储

为了降低仓储环节的资源消耗和提高仓储效率京东物流积极推动绿色仓储建设。首先京东物流在仓储设施中大量采用节能技术和设备如LED照明、智能温控系统等以减少能源消耗。其次京东物流还通过优化仓储布局和提高货物周转率来降低仓储成本和提高仓储效率。此外京东物流还注重仓储设施的环境保护。例如，在仓储设施周围种植绿化带以减少尘土污染；在仓储设施内部设置垃圾分类回收站以促进资源循环利用。这些措施不仅改善了仓储设施的环境质量还提升了京东物流的社会形象。

## 任务

(1)小组讨论京东物流在绿色物流方面做了哪些努力？这些措施对于物流业的可持续发展将会产生哪些影响？

(2)举出5个例子说明绿色物流对人们生活的影响，能举出3个例子说明绿色包装对企业利润产生的影响。

## 任务准备

(1)通过文献检索国内外绿色现状，理解绿色的内涵。

(2)查找主要绿色物流企业门户网站，并基于网站简要了解常见的绿色物流活动。

(3)以小组为单位，讨论列举相关案例说明绿色物流对人们生活的影响。

## 任务重点与实施

## 一、绿色物流的内涵

根据《中华人民共和国国家标准-绿色物流指标构成与核算方法》(GB/T 37099－2018)的定义："绿色物流是指通过充分利用物流资源，采用先进的物流技术，合理规划和实施运输、储存、装卸、搬运、包装、流通加工、配送、信息处理等物流活动，降低物流对环境影响的过程"。绿色物流强调了全局和长远的利益，强调了全方位对环境的关注、体现了企业的绿色形象，是一种全新的物流形态。

绿色物流里的绿色是一个特定的形象用词，是泛指保护地球生态环境的活动、行为、计划、思想和观念在物流中及其管理活动中的体现。

### (一)绿色物流的最终目标

绿色物流的最终目标是可持续发展，实现该目标的准则是经济利益、社会利益和环境利益的统一。

绿色物流除追求经济利益的目标之外，还追求节约资源、保护环境这一既具有经济属性又具有社会属性的目标。因此，企业无论在战略管理还是战术管理中，都必须从促进经济可持续发展这个基本原则出发，在创造产品的时间效应和空间效益、满足消费者需求的同时，注重按生态环境的要求，保护自然生态平衡和自然资源，为子孙后代留下生存和发展的空间。

### (二)绿色物流的行为主体

绿色物流的行为主体不仅包括专业物流企业，还包括供应链上的制造企业和分销企业以及各级政府等 。

绿色物流战略是联结绿色制造和绿色消费的纽带，也是企业获得持续竞争优势的战略武器。专业物流是运输、包装、仓储等物流作业绿色化的主体，供应链上的制造企业也应设计、制造绿色产品，供应链上的其他企业、客户协同、从节约资源、保护环境的目标出发，制定绿色供应链策略，做到绿色生产、绿色物流、绿色消费。此外，政府在制定物流生产总体规划发展、法规、政策上，也应鼓励发展绿色物流。例如，对于绿色物流企业进行低息贷款支持、一定的税收减免等。

### (三)绿色物流的活动范围

绿色物流的活动范围包括物流活动作业环节和物流管理全过程的绿色化。绿色物流作业环节包括绿色运输、绿色仓储、绿色包装、绿色流通加工等。物流管理过程来看，主要是从节约资源和保护环境的目标出发改进物流体系。这既要考虑正向物流环节的绿色化，又要考虑供应链上的逆向物流体系。

## 二、绿色物流的内容

### （一）绿色物流的本质内容——集约资源

集约资源是绿色物流最本质的内容，也是发展物流的主要指导思想之一。通过整合现有资源，优化资源配置，企业能够提高资源利用率，减少资源消耗和浪费。

### （二）解决污染环境的有效路径——绿色运输

运输过程中的燃油消耗和尾气排放是物流造成环境污染的主要原因之一。绿色物流首先对货运网点、配送中心的货运进行合理布局与规划，通过缩短路线和空载率，实现节能排放的目标。绿色物流的另一个目标是改善内燃机技术和使用清洁燃料，以提高效能。此外，还应当防止运输过程中的泄漏问题以免对局部地区造成严重的环境污染危害。

### （三）选址要求——绿色仓储

绿色仓储要求仓库布局合理，以节约运输成本。布局过于密集，会增加运输的次数，从而增加资源消耗；布局过于松散，则会降低运输效率，增加空载率。仓储建设前还应进行相应的环境污染评价，充分考虑库房建设对所在地的影响。例如，易燃易爆货物不应该设置在居民区，有害物质仓储不应设置在重要水资源地附近。

### （四）商品营销的重要手段——绿色包装

绿色包装是营销产品的一个重要手段，但大量的包装材料在使用一次之后就被消费者遗弃，从而造成环境问题。例如，现在我国比较重要的白色污染问题就是不可降解的塑料包装随地遗弃引起的。绿色包装要求提供包装服务的物流企业进行绿色包装改造，包括使用环保材料、提高材质利用率、设计折叠包装以减少空载率、建立包装回用(回收利用)制度等。

### （五）循环利用资源的有效措施——逆向物流

逆向物流是指所有与资源循环、资源替代、资源回收和资源处置有关的物流活动。它能够充分利用现有资源，减少对原材料的需求，常被发达国家作为建设循环经济的重要举措。实施逆向物流是一项系统工程，需要有完善的商品召回制度、废物回收制度及危险废物处理处置制度。

**知识链接**

我国《“十四五”现代物流发展规划》明确提到2025年基本建成供需适配、内外联通、安全高效、智慧绿色的现代物流体系。

2020年，国务院办公厅转发国家发展改革委、交通运输部《关于进一步降低物流成本实施意见的通知》，提出要积极发展绿色物流，深入推动货物包装和物流器具绿色化、减量化。

2021 年 08 月 26 日公布“交通强国建设交通运输部规划研究院试点任务要点”。将“现代绿色物流体系建设”作为三大试点任务之一。并列出“现代绿色物流体系建设”1～2 年预期成果和 3～5 年预期成果。

2022 年 8 月 18 日，交通运输部发布了《绿色交通标准体系(2022 年)》，细化并进一步推进交通运输绿色低碳转型。

2023 年 8 月 22 日，国家发展改革委等 10 部门联合发布《关于印发〈绿色低碳先进技术示范工程实施方案〉的通知》提出，到 2030 年，通过绿色低碳先进技术示范工程带动引领，先进适用绿色低碳技术研发、示范、推广模式基本成熟，相关支持政策、商业模式、监管机制更加健全，绿色低碳技术和产业国际竞争优势进一步加强，为实现碳中和目标提供有力支撑。

2024 年国家发展改革委办公厅等 4 部门联合发布《关于做好 2024 年降成本重点工作的通知》提到降低物流成本、推动绿色物流发展的相关措施等。

## 三、绿色物流的理论基础

### (一)可持续发展

可持续发展是指既满足当代人的需要，又不对后代人满足其需要的能力过程构成威胁。1987 年国际环境与开发委员会发表的《我们共有的未来》的研究报告提出，当代对资源的开发和利用必须有利于下一代环境的维护及其资源的持续利用。因此，为了实现长期、持续发展，就必须采取各种措施来维护人们的自然环境。这种经济上的可持续发展政策同样适用于物流管理活动。

由于物流过程中不可避免地要消耗能源和资源，产生环境污染。因而为了实现长期的、持续的发展，形成了物流与环境之间相辅相成的推动和制约关系，进而促进了现代物流的发展，达到环境与物流的共生。

### (二)生态经济学理论

生态经济学是研究再生产过程中，经济系统与生态系统之间的物质循环、能量转化和价值增值规律及其应用的科学。物流是社会再生产的重要环节，它既包括物质循环利用、能量转化，又包括价值转化与价值实现。因此，物流涉及经济与生态环境两大系统。理所当然地架起了经济效益与生态效益之间联系的桥梁。而传统的物流管理没有处理好二者的关系，过多地强调经济效益而忽视了环境效益。

现代绿色物流的出现，较好地解决了这一问题。绿色物流以经济学的一般原理为指导，以生态学为基础，对物流的经济行为、经济关系和规律、与生态系统之间的相互关系进行研究，以谋求生态平衡、经济合理、技术先进条件下的生态与环境的最佳结合及协调发展。

### （三）生态伦理学理论

生态伦理学迫使人们对物流过程中造成的环境问题进行深刻反思，从而产生一种强烈的社会责任感与义务感。为了人类自身更健康、更安全地生存与发展，赋予人类不可推卸的责任，也是人类对自然应尽的义务，绿色物流正是从生态伦理学中得到了道义上的支持。

## 四、绿色物流的实施策略

### （一）树立绿色物流观念

21 世纪是绿色世纪，绿色经济要求政府以科学发展观为指导，以建设节约型社会为基本国策，开展全社会的绿色环保、节约资源教育，为实施绿色物流创造一个良好的社会氛围。绿色经济要求物流企业在经营决策时综合考虑人们的短期利益和长远利益、企业利益和社会利益，并以此观念策划绿色物流活动。企业经营者要改变“环保不经济、绿色要花费”的观念，把绿色物流作为世界全方位绿色革命的重要组成部分，展望和迎接绿色物流的未来。

### （二）推行绿色物流经营

物流企业要从保护环境的角度制定其绿色经营管理策略，以推动绿色物流进一步发展。

（1）选择绿色物流。宏观上，在政府的合理布局下，做好各种运输方式相互衔接，发挥组合效率和整体优势，形成高效、安全的综合交通运输体系；微观上，通过有效利用车辆，提高运输效率。

（2）提倡绿色包装。绿色包装要醒目环保，还要符合“4F1D”的要求，即少耗材、可利用、可回收 、可再循环及可降解腐化。

（3）开展绿色流通加工。由分散加工转向专业集中加工，以规模作业方式提高资源利用率，减少环境污染。集中整理流通加工中产生的边角废料，减少废气污染等。

### （三）开发绿色物流技术

绿色物流不仅依赖绿色物流观念的树立、绿色物流经营的推行，更离不开绿色物流技术的开发和应用。没有先进绿色物流技术的发展，就没有绿色物流的立身之地。而物流技术与绿色要求有较大的差距，要提高自主创新能力，大力发展新型能源、新型材料、新型物流信息技术等绿色物流技术。加快物流技术创新，否则绿色物流就无从谈起。

### （四）制定绿色物流法规、 政策

政府要从建设资源节约型、环境友好型社会的理念出发，严格实施《中华人民共和国环境保护法》《中华人民共和国固体废物污染环境防治法》《中华人民共和国噪声污染防治法》等现有的法律法规，并加强绿色物流相关法规的制定，如通过立法控制物流污染发生源，限制交通量，控制交通流。同时，政府也应加强绿色物流公共基础设施规划和建设，促进物流信息系统的发展和标准化体系的建设，进一步鼓励并促使企业实施绿色物流战略。

### (五)培养绿色物流人才

资料表明，现阶段从事物理管理工作的人员大多没有经过专业的学习，多由计算机和管理相关专业的人员承担。我国高校对这方面关注程度不高，人才缺口达百万，从根本上影响着绿色物流的实施进程，因此要大力培养绿色物流专业人才。

**对点案例**

近年来，我国在物流绿色集约高效发展方面取得了不少积极进展——新能源和清洁能源运输装备加快应用。全国铁路电气化率达到75%、电力机车占比达到66.5%。沿海主要港口煤炭、铁矿石绿色疏运比例分别达到91.6%和78.1%。长江经济带船舶岸电使用量、渤海湾客(货)滚装船舶岸电使用量同比增长64%和200%。深入推进快递包装绿色转型三年行动，电子商务快件不再二次包装比例达到90%。

## 任务三　冷链物流认知

**任务引入**

低温市场首先看的是产品，在乳业市场主要产品就是酸奶。众所周知，酸奶的保质期短，一般是14~21天，而且对冷链要求非常高。从牛奶挤出运送到车间加工，直到运到市场销售，全过程都必须保持2~6 ℃的条件下贮存。然而，建设冷链配送系统要靠冷藏罐、冷藏车等，人力、物力成本投入非常大。因此，运作酸奶产品，考验的不仅是企业新品研发与渠道管理，更要考虑其冷链建设能力。

**任务**

(1)讨论分析：如何突破冷链配送的瓶颈把产自大草原的酸奶送到其他地区的市场呢？

(2)搜集资料分析我国冷链物流的市场发展前景？

**任务准备**

(1)以“冷链物流”“冷链技术”“冷链市场”“冷链需求”等作为关键词搜索冷链物流相关知识。

(2)以小组为单位调查当地的冷链物流企业的运作情况，撰写调查报告《冷链物流的发展现状及前景分析》。

## 任务重点与实施

## 一、冷链物流的内涵

《物流术语》(GB/T 18354－2021)对冷链定义为："根据物品特性，从生产到消费的过程中使物品始终处于保持其品质所需温度环境的物流技术与组织系统"。

冷链物流指冷藏冷冻类食品在从生产、储存、运输、销售到消费前的各个环节中，始终处于规定的低温环境下，以保证食品质量，减少食品损耗的一项系统工程。它是随着科学技术的进步、制冷技术的发展而建立起来的，是以冷冻工艺学为基础、以制冷技术为手段的低温物流过程。近年来，我国农产品冷链物流业发展迅速，有关冷链物流的宏观政策陆续出台。冷链物流的要求比较高，相应管理和资金方面的投入也比普通常温物流要大得多。

冷链物流的特点如下。

### (一)适用范围广

冷链物流的适用范围包括：初级农产品，如蔬菜、水果、肉、禽、蛋、水产品、花卉产品；加工食品，如速冻食品、冰激凌和奶制品、巧克力、快餐原料；特殊商品，如药品等其他品类。

### (二)建设投资大

冷链物流系统庞大复杂，比一般常温物流系统的要求更高、更复杂，建设投资也要大很多，是一个庞大的系统工程。

### (三)时效性强

冷链物流要求各环节具有更高的组织协调性，易腐食品的时效性要求冷链系统中的各个环节都具有更高的组织协调性，所以食品冷链的运作始终和能耗成本相关联，有效控制运作成本与食品冷链的发展密切相关。

### (四)高成本性

为了确保生鲜果蔬、药品等产品在流通各环节中始终处于规定的低温条件下，必须安装温控设备，使用冷藏车或低温仓库，采用先进的信息系统等。相比其他物流系统成本，冷链物流成本要更高。

#### 对点案例

**中远海运物流：宁波冷链物流园项目**

中远海运物流(宁波冷链物流园)位于宁波市江北区，占地101.2亩，建筑面积50 165平方米，设有冷库、恒温库、普库，其中冷冻库容1.5万吨，冷藏库容4 700

立方，主要作业品类包括进口冻肉、水产等温控品类和其他常温产品。

该项目依托中远海运产业集群优势，以冷链产业园区为核心资源，在仓储配一体化、港口物流、海陆空多式联运、供应链金融、电子商务等领域与客户开展深度合作，旨在打造具有冷链端到端一体化能力，提供全程解决方案的国内领先的冷链全供应链服务商。

## 二、冷链物流的技术

### (一)冷藏设备技术

(1)冷库。冷库是冷链物流中不可或缺的设施，用于储存需要低温保存的货物。冷库应具备良好的保温性能，以减少外界温度对库内温度的影响。

(2)制冷设备。制冷设备包括压缩机、冷凝器、蒸发器等，用于维持冷库内的低温环境。制冷设备应高效、可靠，能够持续稳定地运行。

(3)温度传感器和控制系统。温度传感器和控制系统用于实时监测冷库内的温度，并根据需要调整制冷设备的运行，以确保库内温度始终保持在设定的范围内。

### (二)运输技术

冷藏车辆是冷链物流运输的主要工具，应具备良好的保温性能和制冷能力。车辆应配备温度记录仪，以便实时监测和记录运输过程中的温度变化。

合理规划运输路径和时间，能减少运输过程中的温度波动和延误。同时，应尽量避免在高温或极端天气条件下进行运输。

### (三)包装技术

(1)保温包装：采用保温材料对货物进行包装，以减少运输过程中外界温度对货物的影响。保温包装应具备良好的隔热性能和密封性能。

(2)冷藏包装和冷冻包装：根据货物的不同温度要求，采用相应的冷藏或冷冻包装方式。包装材料应符合卫生标准，且不会对货物造成污染。

### (四)监测技术

(1)实时温度监测：在冷链物流的各个环节中安装温度传感器和监测设备，实时监测货物的温度变化，并及时记录和报警。

(2)追溯体系：建立完善的追溯体系，记录货物的来源、流向和温度变化情况，以便在出现问题时能够快速定位和处理。

### (五)其他技术要求

(1)湿度控制技术：对于某些对湿度敏感的货物，需要采用湿度传感器和湿度控制仪器等技术来监测和控制运输过程中的湿度。

(2)自动化和信息化技术：应用自动化和信息化技术提高冷链物流的运转效率和管理水平。例如，使用自动化装卸设备和堆垛机减少人为因素的影响；通过物联网技术实现物流信息的实时监控和管理。

(3)应急处理机制：制定应急处理机制以应对可能出现的故障或紧急情况，如设备故障、交通事故等。确保在出现问题时能够迅速采取措施，减少损失。

## 三、冷链物流发展趋势

### （一）市场需求持续增长

随着生鲜电子商务、食品工业和医药行业的快速发展，对冷链物流服务的需求持续增加。消费者对食品安全和品质要求的提高，以及对生鲜食品、药品等易腐产品的需求增加，将进一步推动冷链物流市场的增长。预计未来几年，冷链物流市场规模将继续保持快速增长，年均增速可达较高水平。

### （二）基础设施不断完善

为了满足冷链物流的需求，各地政府和企业纷纷加大投入，加快建设冷库、冷藏车等基础设施。这些基础设施的完善将进一步提升冷链物流的运输能力和效率，降低物流成本，提高服务质量。

### （三）智能化、信息化水平提升

随着物联网、大数据、人工智能等技术的不断发展，冷链物流行业将呈现智能化、信息化的趋势。这些技术的应用将提高冷链物流的运输效率、降低成本，并提升产品质量和安全。通过信息化技术，可以实现对冷链物流的全过程跟踪和追溯，提高冷链物流的透明度和可控性。

### （四）绿色可持续发展

随着环保意识的提高和绿色物流的发展，冷链物流行业也将越来越注重绿色可持续发展。企业将采用环保的冷藏设备和材料，优化运输路线以减少能耗和排放，实施节能减排措施等，以降低冷链物流的碳排放和环境污染。

### （五）国际化和区域化发展

随着全球化的深入和跨境电子商务的兴起，冷链物流行业将更加注重与国际市场的对接和合作。通过与国际物流园区的合作，实现跨境货物的联运和配送，拓展国际市场。同时，在国内也将形成区域性的物流中心，服务于更广泛的地区，满足地区经济的发展需求。

### （六）标准化和规范化水平提高

为了提高冷链物流的服务质量和效率，行业将更加注重标准化和规范化的发展。通过制定和执行统一的标准和规范，促进冷链物流行业的健康发展。标准化和规范化水平的提高将有利于降低运营成本，提高服务质量，增强行业竞争力。

### （七）专业化服务需求增加

随着冷链物流市场的不断发展，专业化服务需求将逐渐增加。企业需要提供更加灵活、个性化的服务，以满足不同客户的需求。这包括定制化冷链物流解决方案、全程温控服务、快速响应机制等。

知识链接

### 新技术在冷链物流中的应用

新技术在冷链物流中的应用包括以下几方面。

(1)物联网技术：通过传感器和智能设备实时监控冷链运输过程中的温度、湿度和气体成分等数据，确保商品在运输和存储过程中始终处于适宜的环境。

(2)区块链技术：区块链可用于跟踪商品从生产到消费的整个过程，增强透明度和安全性，确保冷链物流系统的数据不可篡改，提升供应链的信任度。

(3)智能包装：某些包装材料配备传感器，可以监测商品的状态(如温度变化、保鲜时间等)，并通过手机应用等方式实时反馈信息，帮助物流管理者及时作出调整。

(4)无人机和自动驾驶车辆：在偏远地区或城市高峰期，无人机和自动驾驶车辆可以有效地进行冷链配送，提高配送效率，减少人为错误。

(5)先进的制冷技术：新型制冷剂和制冷设备的研发，使得冷链运输过程中的能效比得以提升，同时减小对环境的影响。例如，使用固态制冷和热电冷却技术。

(6)云计算平台：通过云计算技术，物流公司可以更好地整合、分析和共享冷链数据，提高决策的及时性和准确性。

(7)AI与大数据分析：利用人工智能和大数据技术，优化冷链物流的路线规划和库存管理，从而降低成本，提高效率。

## 任务四　电子商务物流认知

任务引入

中国物流与采购联合会、京东集团联合发布数据显示，2024年11月份中国电子商务物流指数为115.5点，较10月份提高0.5点。与往年不同，今年“双11”促销活动于10月上旬开始，持续超过1个月，因此11月份电子商务物流需求相较往年增幅有所收窄，但总指数仍达到115.5点，创近七年新高。据相关机构统计，今年“双11”各大平台销售额均实现了两位数增长。分项指数中，电子商务物流总业务量指数小幅上涨。11月份，电子商务物流总业务量指数为134.1点，比10月提高0.4点。分地区来看，全国所有地区总业务量指数均有所上升，其中东北部地区升幅最大，回升2.3个点。农村电子商务物流业务量指数继续上升。11月份，农村电子商务物流业务量指数为134.5点，比10月份高2.3点。

## 任务准备

(1)通过文献检索国内外电子商务物流现状，并实地调研家乡或校园周边相关电子商务物流企业。

(2)查找主要电子商务物流企业门户网站，并基于网站简要了解常见的电子商务物流活动。

(3)小组为单位，讨论形成《中国电子商务物流发展现状及前景》的调查报告。

## 任务重点与实施

## 一、电子商务物流概述

电子商务物流广义上是指依靠计算机技术、互联网技术、电子商务技术，以及信息技术等进行物流运作与管理，实现企业间物流资源共享和优化配置的物流方式。

电子商务物流狭义上是指电子商务商务提供运输、存储、装卸、搬运、包装、流通加工、配送、代收货款、信息处理、退换货等服务的活动。

电子商务物流的特点如下。

### （一）信息化

电子商务物流以信息技术为支撑，实现了物流信息的实时传递、处理和共享，提高了物流运作的透明度和效率。

### （二）自动化

通过引入自动化设备和系统，如自动分拣系统、自动存取系统等，降低了人力成本，提高了物流作业的准确性和效率。

### （三）网络化

电子商务物流依托互联网和物联网技术，构建了覆盖全球的物流网络，实现了物流资源的优化配置和高效利用。

### （四）智能化

利用大数据、人工智能等先进技术，对物流过程进行智能化管理和优化，提高了物流服务的个性化、精准化和高效化水平。

## 二、电子商务物流模式

### （一）自营物流模式

自营物流模式是指电子商务企业自行组织物流配送，从供应商处采购商品，然后通过自己的物流网络将商品配送给客户。

自营物流模式企业可以更好地控制物流环节，提高物流效率和服务质量。需要企业投入大量的资金和人力物力来建设和完善物流网络。京东物流在全国大量建设了仓储设施作为智慧物流服务网络的节点，末端配送也以自营为主体。

### （二）第三方物流模式

第三方物流模式是指电子商务企业将物流业务外包给专业的第三方物流公司，由第三方物流公司负责将商品配送给客户。

第三方物流模式企业可以减少对物流环节的投入，专注于自身的核心业务。需要企业选择合适的第三方物流公司，以确保物流服务的质量和效率。中小商家一般均采用这种服务外包的模式，如淘宝早期就与众多快递企业合作，接入淘宝平台，通过向商家推荐快递企业来实现物流配送的外包。

### （三）平台整合物流资源模式

平台整合物流资源模式是指利用智慧物流平台，搭建智慧物流骨干网，全面整合社会资源，建设服务于电子商务网购平台的智慧物流体系。

例如，菜鸟物流，基于阿里巴巴淘宝、天猫等电子商务平台的物流需求，联合多家快递企业、物流企业、物流技术服务企业，通过大数据驱动，建设中国和世界智慧物流骨干网。实现了物流资源的有效整合和高效利用，提高了物流配送的效率和准确性。

### （四）即时配送物流服务模式

即时配送模式是近几年外卖配送、新零售、电子商务物流等在配送末端推出的一种新的物流资源组织服务的模式。即时配送模式是指不经过仓储网点周转，直接点对点配送的物流服务模式。智能化的配送调度与管理平台是关键，能够实现快速、准确的配送服务。

目前同城邻近区域的本地生活服务类电子商务一般运用此服务模式。

### （五）供应链物流模式

供应链物流模式是在电子商务领域中比较流行的物流模式，它的主要特点是完全实现供应链信息化和物流自动化。供应链物流模式可以实现从采购、仓储到配送全流程的自动化，大大提高了物流效率，降低了成本，同时也提升了服务质量。适用于大型电子商务平台和跨境电子商务企业，能够实现全球范围内的供应链协同和优化。

### （六）跨境物流模式

跨境物流模式是指实现国际供应链的快速、便捷和高效的物流模式。跨境物流模式需要同时应对国内和国际双重要求，了解不同国家的规则、海关和税法等信息。操作难度相对较大，但能够满足跨境电子商务企业的全球化发展需求。

## 三、我国电子商务物流发展现状及趋势

### （一）我国电子商务物流发展现状

#### 1. 市场规模持续增长

根据中研普华产业院研究报告《2024—2029年中国电子商务物流行业行业市场深度调研及发展投资预测研究报告》分析，随着电子商务的蓬勃发展，电子商务物流市场迎来了持续增长的机会。消费者对于快速、可靠、便捷的物流服务需求日益增长，推动了电子商务物流市场的不断扩大。特别是在“双11”“618”等购物节期间，物流业务量更是达到了高峰。

#### 2. 技术创新与服务提升

为满足消费者对于物流服务的高品质要求，物流企业不断加大投入，提升物流效率和服务质量，不断创新服务模式。例如，无人机、无人车等智能配送设备的探索和应用，为电子商务物流行业带来了新的发展机遇。同时，智能仓储系统的应用也提高了仓储效率和质量，降低了仓储成本和风险。

#### 3. 市场竞争激烈

电子商务物流市场竞争激烈，各大电子商务平台纷纷加大物流领域的投入，通过自建物流体系、与第三方物流公司合作等方式，提升物流效率和服务质量。传统物流公司也积极转型，拓展电子商务物流业务，以应对市场竞争。

#### 4. 政策支持与绿色发展

国家和地方政府出台了一系列政策措施，旨在支持和引导物流行业的健康发展。例如，加强物流基础设施建设、推动物流行业绿色发展等。这些政策为电子商务物流行业的发展提供了有力保障。同时，随着环保意识的提高，物流企业也在积极推动绿色物流的发展，减少包装使用、推广可循环利用的包装材料、优化运输路径等。

### （二）我国电子商务物流的发展趋势

#### 1. 智能化、数字化转型

随着电子商务和新零售等新模式的快速发展，消费者对物流服务时效性的要求越来越高。数字化和智能化已成为行业转型升级的关键。物流数字化转型能够打破资源信息孤岛，实现万物互联，并打破传统物流运营困境，帮助企业实现降本增效。

#### 2. 追求规模和网络经济效益

物流企业积极加速网络建设，优化网络层级，不仅有效扩大了企业规模，还推动了物流成本的降低与效率的提升。未来物流市场竞争将围绕服务质量展开，体现优质优价的新特征。

### 3. 区域化协同发展

深化区域合作与一体化发展是物流行业迈向高质量发展的关键步骤。通过深化区域合作与一体化发展，物流行业可以更加高效地优化资源配置，降低运营成本，提高整体效率。

### 4. 综合服务能力成为核心竞争力

在跨境电子商务领域，物流企业的综合服务能力将成为其核心竞争力。通过快速建立全球化物流服务能力，物流企业将有效畅通供应链、服务产业链、融入价值链。

### 5. 绿色物流成为重要发展方向

随着环保意识的增强和绿色发展的要求，绿色物流将成为电子商务物流行业的重要发展方向。物流企业需要积极推广绿色包装、优化运输路径、减少碳排放等环保措施，以实现可持续发展。

## 任务五　物流金融认知

### 任务引入

#### 物流金融：中外运护航客户资金链

LS 轮胎公司是中外运的一个重要客户，主营轮胎业务。轮胎采购款占用了企业的大量资金，同时账面上还有数额巨大的轮胎存货，存货占有资金的情况也非常严重，由于企业经营扩张，流动资金吃紧。LS 轮胎公司在中外运物流公司的帮助下，采用物流金融的方法使公司出现了转机，快速解决了资金链的问题。

针对存货，核定货值，采用货物质押方式解决存货问题。公司将 LS 轮胎存货作为质押物向招商银行取得融资，委托符合招商银行准入条件的中外运物流公司进行监管（仓储）。招商银行根据融资金额和质押率，确定由中外运物流公司监管的最低价值，超过最低价值以上的存货由中外运物流公司自行控制替换货。同时，中外运物流公司负责轮胎质押的全程监控，而被监控的轮胎正是向招商银行贷款的质押物，这就解决了采购款的资金问题。

中外运物流公司通过参与物流金融服务，获得两份收入：一是常规的物流服务费，二是物流监管费。更为重要的是通过物流金融服务稳定了客户关系。对 LS 轮胎公司来说，通过中外运物流公司解决了资金链问题，经营规模得到扩张。对银行来说，扩充了投资渠道，并且资金风险大大降低。

## 任务

物流金融如何让LS轮胎公司快速解决了资金链的问题。

## 任务准备

(1)通过文献检索查阅物流金融相关知识，了解国内外物流金融现状。

(2)以小组为单位，调查当地物流金融的发展现状，撰写当期物流金融发展调查报告。

## 任务重点与实施

### 一、物流金融的内涵

物流金融是指在面向物流业的运营过程，通过应用和开发各种金融产品，有效地组织和调剂物流领域中货币资金的运动。这些资金运动包括发生在物流过程中的各种存款、贷款、投资、信托、租赁、抵押、贴现、保险、有价证券发行与交易，以及金融机构所办理的各类涉及物流业的中间业务等。物流金融是为物流产业提供资金融通、结算、保险等服务的金融业务，它伴随着物流产业的发展而产生。

物流金融涉及三个主体：物流企业，客户和金融机构。物流企业与金融机构联合起来为资金需求方企业提供融资，物流金融的开展对这三方都有非常迫切的现实需要。物流和金融的紧密融合能有力支持社会商品的流通，促使流通体制改革顺利进行。物流金融正成为国内银行一项重要的金融业务，并逐步显现其作用。

物流金融是物流与金融相结合的复合业务概念，它不仅能提升第三方物流企业的业务能力及效益，尚可为企业融资及提升资本运用的效率。对于金融业务来说，物流金融的功能是帮助金融机构扩大贷款规模降低信贷风险，在业务扩展服务上能协助金融机构处置部分不良资产、有效管理CRM客户，提升质押物评估、企业理财等顾问服务项目。从企业行为研究出发，可以看到物流金融发展起源于“以物融资”业务活动。物流金融服务是伴随着现代第三方物流企业而生，在金融物流服务中，现代第三方物流企业业务更加复杂，除了要提供现代物流服务外，还要与金融机构合作一起提供部分金融服务。于是，物流金融在实践上已经迈开了步子，这个起因将“物流金融学术理论”远远地甩在了后边。

物流金融是金融机构为降低交易成本和风险，利用物流企业提供的物流信息和物流监管，依据物流供应链而进行的金融活动。

从广义上讲，物流金融是物流企业在供应链业务活动中，运用金融工具有效地组织和调剂物流领域中货币资金，实现物流价值增值的融资活动。

从狭义上讲，物流金融是物流企业在物流业务过程中利用贷款、承兑汇票等多种信用工具为生产商及其下游经销商、上游供应商和最终客户提供集融资、结算、资金汇划、信息查询等于一体的金融产品和服务。

在面向物流企业的运营过程中，金融机构可以利用物流信息，应用和开发各种产品，有效组织和调剂物流领域中货币资金的运动。

## 二、物流金融的作用

### （一）帮助中小企业消除资金融通的劣势，提升其信用等级

党的二十大报告指出："深化金融体制改革，建设现代中央银行制度，加强和完善现代金融监管，强化金融稳定保障体系，依法将各类金融活动全部纳入监管，守住不发生系统性风险底线。"中小企业由于受其资产有限、生产经营规模小、产品市场变化快、财务信息透明度低等特点的限制，信用等级较低，从而使得银行等金融机构对其存在惜贷心理。融资难已经成为困扰中小企业发展的主要问题。

物流金融能够帮助银行等金融机构及时获取中小企业内部的准确信息，并且在这些信息的基础上，对中小企业的盈利能力和还款能力进行科学判断，从而保证资金的安全性和收益性，减少银行和企业间的信息不对称，这也有利于中小企业信用体系的建立，降低中小企业在融资过程中的"逆向选择"和"道德风险"，提高银行对中小企业贷款的积极性。

### （二）提高融资企业的资金利用效率

商品在从原材料制造到最终消费者手中的整个供应链过程中，原材料、在制品及产成品占用了大量资金，还存在着大量库存，过多的库存就意味着相应资金成本占用的增加。而企业在发展过程中面临的最大威胁是流动资金不足，特别是对中小企业来说，流动资金堪称企业的生命线。物流金融通过允许融资企业利用运输合同和在市场上经营的商品做质押进行贷款，解决了企业实现规模经营与扩大发展的融资问题，有效激活了沉淀的资金，提高了资金的流转效率，降低了结算风险。

### （三）有效降低企业的物流成本，提高企业的核心竞争力

由于物流企业有效融入生产企业的原材料供应链和产成品的分销供应链中，能以其专业的物流知识和丰富的物流操作经验，为企业实施物流方案的策划和物流项目的实际运作，根据水、公、铁、空多式联运，提供普通货物、危险品货物的仓储、搬运、装卸、配送、集装箱运输等多种优质的第三方物流服务。这样不仅能有效降低企业的物流成本，而且能使其把有限的资金和精力投入到企业的核心业务，提高企业的核心竞争力。

## 三、物流金融的运作模式

### （一）仓单质押模式

仓单质押指的是业主公司的承诺货物存储在物流公司的仓库，然后依靠仓库单向银行申请贷款，银行依据商品和其他相关因素的价值承诺向客户提供一定比例的贷款。

在这一过程中，抵押货物的监督和保管由物流公司负责。

### （二）保兑仓模式

保兑仓模式的特征是，在收到票据后，在买方（经销商）支付一定金额的定金后，银行开具承兑汇票，接收方为制造公司，制造公司接受银行的承兑。然后，制造商依照汇票承兑银行的指定，把货物转到指定的物流公司的仓库。接着，就可以把这些货物转变为仓单抵押。最后，物流公司根据银行的指示分批把货物发给经销公司。

仓单质押的延伸就是保兑仓。在保兑仓模式里：分销公司、制造企业、银行、第三方物流供应公司四方签订“保兑仓”业务合作协议，分销公司和制造企业根据《买卖合同书》的签署内容向银行支付一定比例的押金，并且此金额不应低于分销公司在此期间向制造企业支付的货款，并应申请开立银行承兑汇票，并仅用于支付给制造企业，第三方物流公司的作用就是保证人的角色。经销公司反担保货物给第三方物流供应公司。

第三方物流公司根据货物销售情况和库存情况，来计算保险金额，并收回监管的成本。银行在向制造企业开出承兑汇票以后，制造企业交付货物给保兑仓库。在这个时候，它被转换成仓单质押。保兑仓可以减轻双方的现金流转不足的情况，实现了多赢。

### （三）融通仓模式

融通仓是指物流公司被银行机构直接授权贷款数额，然后根据客户是否满足资格，进行质押贷款和最后的结算。在这种模式下，给银行提供信用担保的是物流公司，最后，这些被授权的信用额度直接用于为达到条件的企业提供更方便的质押贷款服务。因此，银行机构能从担保贷款计划的流程中解放出来。

金融机构按经营规模、经营绩效、经营状况、资产负债率、信用等级等指标，向融通仓储中心授予一定的信贷额度。这时，在融通仓全过程监控抵押贷款服务的情况下，为相关公司提供便捷的抵押贷款服务，可由融通仓储中心根据这些信贷额度来完成。

银行等金融机构就放弃了该抵押贷款项目的实际操作：融通仓直接联系、沟通需要抵押贷款的公司，并与其洽谈，并代表金融机构与需要贷款的公司签署抵押贷款协定和仓储管理服务协议。这样既可为相关公司提供质押融资，同时为该公司被寄存的货物提供仓储和管理服务，因而整合了质押贷款和物资仓储两项原来分开的任务，提升了金融机构的抵押贷款业务的运营效率。

在货物储存期间内，申请贷款的公司如果需要不断地在仓库中进行货物的进出，那么需要金融机构确认企业开具的出入库单，之后融通仓才根据金融机构的出库或入库通知进行审查。但如今只需要由融通仓库确认这些相关的凭据，将这些凭据的审核过程与融通仓的确认过程合二为一。如此一来，在对金融机构的信贷安全有保证的前提下，取消了金融机构中间的确认、通知、协调、处理等烦琐环节，减少了库存运转周期，提升了贷款公司的生产和销售供应链的运转效率。

## 四、物流金融业务的发展趋势

### (一)从静态质押监管向动态质押监管发展

静态质押监管就是这批质押后不再变动，一直到质押期结束才放贷。事实上这种静态的情况很少见，很多企业都要不断进行生产，不断采购原料，不断出货和生产。实际上货物处于流动过程，是一种动态变化。传统的基于静态的质押贷款服务已逐渐被动态物流过程中的金融服务所取代。

### (二)从物流型客户向生产型客户发展

最初对物流金融有大量需求的客户主要是无足够固定资产，以便获得银行贷款的流通型贸易商。随着物流金融的便利性和可操作性大为改观，越来越多的生产型企业开始参与到享受物流金融服务的行业中。

### (三)从货物质押向买方信贷发展

从货物质押向买方信贷发展趋势实际上就是物流金融的实施者正从第三方物流发展到第四方物流，也就是融通商、保兑商与物流相结合的形式，是贸易商、供应商、监管方、银行四方合作的业务模式。同时，向更多参与者发展的趋势很明显。

### (四)从自有仓库向外仓库发展

专业化的运作方式使企业非核心业务的操作流程外包成为主流。

### (五)从单一环节向供应链过程发展

由于有供货者的参与，物流金融服务的提供商对于货物从供应商到客户手中的全过程监管发展比较迅速。

## 项目总结

本项目从现代物流发展趋势来认知物流，系统介绍了智慧物流、绿色物流、冷链物流、电子商务物流、物流金融等的概念和特点；系统概括了智慧物流、冷链物流、电子商务物流、物流金融的发展趋势；系统分析了智慧物流技术、冷链物流技术等先进物流技术。通过本项目的学习，让学生认识到所学专业的实用性和发展前景，从而激发学习兴趣和动力，提高学习的主动性和积极性。

## 项目习题

**一、判断题**

1. 采购物流不属于流通企业的物流形式。(　　)
2. 3PL 是第三方物流的英文简写。(　　)
3. 供应链金融为供应链中的上下游中小企业及供应链的核心企业提供融资服务。(　　)
4. 快餐原料物流不属于冷链物流范围。(　　)

5. 绿色物流尽管基于可持续发展理念，但其最终目标依然是利润最大化。(　　)

6. 物流金融只是传统的抵押贷款或质押融资的发展。(　　)

7. 发展智慧物流可以降低物流业成本，提高企业利润。(　　)

**二、选择题**

1. 企业物流的内容包括采购与供应物流、生产物流、(　　)、废弃物与回收物流。

A. 销售物流　　B. 宏观物流

C. 中观物流　　D. 微观物流

2. 下列属于物流金融的特点的是(　　)。

A. 标准化　　B. 信息化　　C. 远程化　　D. 以上都是

3. 下列不属于冷链物流适用范围的有(　　)。

A. 蔬菜、水果　　B. 肉、禽、蛋

C. 水产品、花卉产品　　D. 日化品

4. 物流金融的产生是为了解决中小企业的(　　)。

A. 信用等级评级问题　　B. 可抵押资产少问题

C. 财务制度不健全问题　　D. 融资难问题

5. 电子商务是(　　)的一个完整的商务活动。

A. 网上信息传递+网上交易+网上结算

B. 网上信息传递+网上结算+物流配送

C. 网上交易+网上结算+物流配送

D. 网上信息传递+网上交易+网上结算+物流配送

6. 电子商务的物流模式有(　　)。

A. 企业自营物流模式　　B. 借助传统流通渠道

C. 建立物流联盟　　D. 第三方物流

**三、简答题**

1. 简述电子商务物流的模式。

2. 同一般物流相比，冷链物流有何不同？

3. 与普通物流相比，智慧物流的“智慧”如何体现？

**四、案例分析**

## 智慧物流赋能制造升级：顺丰与中国重汽产前物流数字化转型实践

在制造业快速发展与市场竞争日益激烈的当下，生产制造企业对供应链物流的效率、成本和服务质量提出了更高要求。汽车制造行业零部件种类繁多、供应链复杂，传统产前物流模式弊端尽显。零部件供应商各自为政，在主机厂周边设置仓库，库存积压严重，占用大量资金；物流环节缺乏协同，运输、仓储、分拣配送等流程效率低下，难以满足主机厂柔性化生产需求；信息沟通不畅，导致生产与物流脱节，影响生产计划按时执行。

顺丰物流作为物流行业的领军企业，具备强大的物流网络、先进的技术实力和丰富的行业经验，一直致力于通过智慧物流创新为客户提供优质供应链解决方案。中国重汽作为知名卡车制造企业，为提升自身竞争力，降低供应链成本，决定与顺丰合作，探索产前物流数字化转型之路。

### （一）顺丰智慧物流解决方案

#### 1. 智慧仓储建设

顺丰建设12 000平方米自动化仓库，包括托盘立体库和料箱立体库，大幅提升储存密度和空间利用率。托盘立体库可储存约30 000个托盘位，料箱立体库可储存约60 000个料盒。仓库应用行业领先的RFID系统，实现货物实时追踪与精准管理，货物出入库信息能及时准确更新，避免货物丢失或错放。

#### 2. 智能设备应用

顺丰在分拣中心投入30台AGV，实现从立体库到分拣中心全过程货到人拣选。AGV根据系统指令自动行驶，准确将货物运送到指定位置，减少人工搬运工作量，提高分拣效率和准确性，降低人工成本和错误率。

#### 3. 信息系统集成

顺丰自动化仓库系统与中国重汽的ERP、智慧供应链物流管理系统(logistics execution system，LES)直接对接，实现信息实时共享与交互。根据生产计划实时发起物料需求指令给仓储管理系统(warehouse management system，WMS)，WMS将任务下达给仓储控制系统(warehouse control system，WCS)，WCS调度各种物流设备完成对应任务。顺丰自主研发循环取货系统，根据客户生产计划和物料需求计划，分析区域内各供应商货量数据，制定最优循环取货路线和拼载计划，提高车辆装载率，降低运输成本。

#### 4. 运营管理优化

顺丰建立完整资产管理体系、高效分工合作、资产管理责任制、人才培养机制和“三步”缺件管理法五大管理模块。通过完整资产管理体系，对仓库内货物和设备进行全生命周期管理；明确各岗位分工与职责，实现高效协作；落实资产管理责任制，确保资产安全与账实一致；建立人才培养机制，提升员工业务能力和专业素养；采用“三步”缺件管理法，有效预防和处理缺件问题，保证工厂生产顺利进行。

### （二）实施效果

#### 1. 成本降低

顺丰搭建产前集约化物流中心，通过仓储控制，产前段物流成本降低10%左右。减少供应商库存积压，释放资金；优化运输路线和车辆调度，降低运输成本；智能设备应用减少人工需求，降低人力成本。

### 2. 效率提升

人员能效提升15%～20%，现场操作人员减少约8%。智能设备和自动化系统提高作业效率，减少人工操作环节和时间；信息系统集成实现生产与物流快速联动，物料配送及时准确，减少生产等待时间。

### 3. 服务质量改善

年度物流费用节省约1 200万，同时实现全程物流信息实时监控与追溯，客户可随时掌握货物运输状态。提高订单交付准时率，满足客户对高品质履约需求；及时处理物流异常情况，提升客户满意度。

问题：

(1)顺丰与中国重汽合作后，在成本降低方面取得了什么成效?

(2)结合上述案例，谈谈你对智慧物流发展趋势的认识。

# 参考文献


[1]刘华，王月．现代物流管理与实务[M].3版．北京：清华大学出版社，2022.

[2]郑彬，章华锋．物流基础[M].3版．北京：中国财政经济出版社，2023.

[3]陈雄寅．现代物流基础[M].2版．北京：电子工业出版社，2023.

[4]于坤．物流信息技术在现代物流管理中的应用[J]．中国科技期刊数据库工业A，2023，(4)：17-20.

[5]国务院办公厅关于印发"十四五"现代物流发展规划的通知(国办发[2022]17号)[J]．中华人民共和国国务院公报，2023，(1)：47-60.

[6]王钰涵，位倩．信息技术在物流企业中的应用问题及对策研究[J]．中国储运，2024，(1)：62-63.

[7]孟圆，高帅．恢复向好质效提升：2023年物流运行情况分析[J]．物流技术与应用，2024，(3)：73-75.

[8]关堂春，何赟．物流基础[M]．北京：高等教育出版社，2024.

[9]许晓东，陈敏．物流基础[M]．北京：清华大学出版社，2024.

[10]胡建波．现代物流基础[M].5版．北京：清华大学出版社，2024.